博士后文库
中国博士后科学基金资助出版

中国古代林业管理

郑　辉　著

科　学　出　版　社
北　京

内 容 简 介

本书以中国古代林业管理为研究对象，对先秦至明清时期林业政策的内容、影响和管理职能、机构设置情况进行了整理分析。首次采用林木保护、林木培育和林木利用三个指标体系分析各个时期林业政策和管理的特点；以林业政策和管理重点变化为依据，展示了中国古代林业政策和管理的演进态势，填补了学界关于我国古代林业政策和管理通史研究的空白。研究认为，中国古代林业政策和管理经历了萌芽、雏形、兴起、发展、成熟和健全6个阶段。通过对以上6个阶段的研究，发现中国古代林业政策和管理展示出“利用→利用和培育→利用、培育和保护→培育→保护和培育→利用和保护”的演进态势。最后，通过总结中国古代林业政策和管理的经验和教训，探讨了对我国当前生态文明建设的借鉴和启示。

本书可供管理学、经济学、农学、历史学等学科教学、科研和行政管理人员使用，也适合关心农林经济管理、生态文明建设的社会各界人士阅读。

图书在版编目（CIP）数据

中国古代林业管理/郑辉著. —北京：科学出版社，2016.10
（博士后文库）
ISBN 978-7-03-050265-0

Ⅰ. ①中… Ⅱ. ①郑… Ⅲ. ①林业管理-林业史-研究-中国-古代 Ⅳ. ①F326.29

中国版本图书馆 CIP 数据核字（2016）第 247243 号

责任编辑：王玉时 / 责任校对：杜子昂
责任印制：徐晓晨 / 封面设计：庆全新光

科学出版社出版
北京东黄城根北街 16 号
邮政编码：100717
http://www.sciencep.com

北京凌奇印刷有限责任公司印刷
科学出版社发行 各地新华书店经销

*

2016 年 10 月第 一 版 开本：720×1000 1/16
2020 年 3 月第三次印刷 印张：11 3/4
字数：237 000

定价：78.00 元

（如有印装质量问题，我社负责调换）

《博士后文库》序言

博士后制度已有 100 多年的历史。世界上普遍认为，博士后研究经历不仅是博士们在取得博士学位后找到理想工作前的过渡阶段，也被看成未来科学家职业生涯中必要的准备阶段。中国的博士后制度虽然起步晚，但已形成独具特色和相对独立、完善的人才培养和使用机制，成为造就高水平人才的重要途径，它已经并将继续为推进中国的科技教育事业和经济发展发挥越来越重要的作用。

中国博士后制度实施之初，国家就设立了博士后科学基金，专门资助博士后研究人员开展创新探索。与其他基金主要资助“项目”不同，博士后科学基金的资助目标是“人”，也就是通过评价博士后研究人员的创新能力给予基金资助。博士后科学基金针对博士后研究人员处于科研创新“黄金时期”的成长特点，通过竞争申请、独立使用基金，使博士后研究人员树立科研自信心，塑造独立科研人格。经过 30 年的发展，截至 2015 年年底，博士后科学基金资助总额约 26.5 亿元人民币，资助博士后研究人员 53 000 余人，约占博士后招收人数的 1/3。截至 2014 年年底，在我国具有博士后经历的院士中，博士后科学基金资助获得者占 72.5%。博士后科学基金已成为激发博士后研究人员成才的一颗“金种子”。

在博士后科学基金的资助下，博士后研究人员取得了众多前沿的科研成果。将这些科研成果出版成书，既是对博士后研究人员创新能力的肯定，也可以激发在站博士后研究人员开展创新研究的热情，同时可以使博士后科研成果在更广范围内传播，更好地为社会所利用，进一步提高博士后科学基金的资助效益。

中国博士后科学基金会从 2013 年起实施博士后优秀学术专著出版资助工作。经专家评审，评选出博士后优秀学术著作，中国博士后科学基金会资助出版费用。专著由科学出版社出版，统一命名为《博士后文库》。

资助出版工作是中国博士后科学基金会“十二五”期间进行基金资助改革的一项重要举措，虽然刚刚起步，但是我们对它寄予厚望。希望通过这项工作，博士后研究人员的创新成果能够更好地服务于国家创新驱动发展战略，服务于创新型国家的建设，也希望更多的博士后研究人员借助这颗“金种子”迅速成长为国家需要的创新型、复合型、战略型人才。

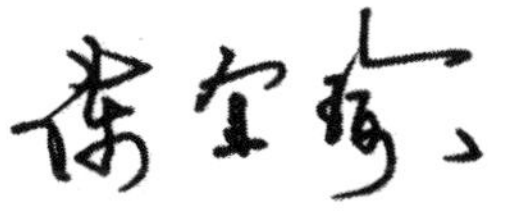

中国博士后科学基金会理事长

前　　言

本书以中国古代林业政策和管理为研究对象，对先秦至明清时期林业政策的内容、影响和管理职能、机构设置情况进行了整理分析。首次采用林木保护、林木培育和林木利用三个指标体系分析各个时期林业政策和管理的特点；以林业政策和管理重点变化为依据，展示中国古代林业政策和管理的演进态势，填补了学界关于我国古代林业政策和管理通史研究的空白。研究认为，中国古代林业政策和管理经历了萌芽、雏形、兴起、发展、成熟和健全6个阶段。

第一阶段是中国古代林业政策和管理的萌芽（先秦，公元前221年以前）。先秦时期，林业政策和管理的重点是林木利用。这一时期林木茂盛、人口稀少，人类活动对森林影响微弱。西周以后，人们对天地自然认识逐步深入并受先秦文化影响，统治者进行了初步的林木利用引导。

第二阶段是中国古代林业政策和管理的雏形（秦汉，公元前221—公元220年）。秦汉时期，林业政策和管理的重点是林木利用和培育。统治者制定了很多史无前例、影响至今的政策，其中，森林军事防御功能利用、园林文化的滥觞和行道树栽培等影响深远，但是，林木保护的意识不足，政策制定和管理还很简单。

第三阶段是中国古代林业政策和管理的兴起（魏晋南北朝，220—581年）。魏晋南北朝时期，林业政策和管理以林木利用、林木培育和林木保护并重。这一时期是中国历史上最混乱的阶段，多个政权频繁交替。为了尽快稳定社会和发展生产，各个统治者都在主政初始就频繁地颁布有序利用、劝课农桑和禁止毁林等政策，林业管理均衡、全面开展。

第四阶段是中国古代林业政策和管理的发展（隋唐，581—960年）。隋唐时期，林业政策和管理的重点是林木培育。这一时期国力日渐强盛，生产力水平不断提高。统治者认识到森林的经济和环境价值，对森林的管理转变为以种植、栽培为主，绿化林、观赏林和经济林等人工种植林发展迅速。

第五阶段是中国古代林业政策和管理的成熟（宋元，960—1368年）。宋元时期，林业政策和管理的重点是林木保护和林木培育。这一时期我国进入了快速发展阶段，森林资源需求量不断增长，出现了迅速减少的森林资源无法满足不断增长的林木需求量，以及天然林趋于砍伐殆尽急需人工培育林木补充的局面。统治者受到社会发展受制于森林资源供应不足的影响，在继续加强林木培育政策的基础上，首次将林木保护作为缓解矛盾的主要措施，并且列为政府林业管理的重点。

第六阶段是中国古代林业政策和管理的健全（明清，1368—1840年）。明清时期，林业政策和管理的重点是林木利用和林木保护。这一时期中国封建社会发展到了最高点，社会快速发展带来森林资源消耗量空前剧增，同时，受到都城建设、农垦等因素影响，森林面积严重萎缩。统治者受到日益枯竭的森林资源已经远远不能满足巨大的木材需要量及灾害频发的影响，被迫制定了更加严格的林木保护政策，加强林木利用管理，各项林业政策和管理与当代已比较接近。

通过对以上 6 个阶段的研究，作者发现中国古代林业政策和管理展示出“利用→利用和培育→利用、培育和保护→培育→保护和培育→利用和保护”的演进态势。最后，本书通过总结中国古代林业政策和管理的经验和教训，探讨了对我国当前生态文明建设的借鉴和启示。

郑　辉

2016 年 4 月

目　　录

绪　论

一、选题的意义

在浩瀚的宇宙中，人类赖以生存的地球是一个生机勃勃、丰富多彩的星球，适宜的森林生态环境是地球存在生命的重要条件。随着人类文明的发展，特别是近几千年来人类通过各种生产活动获取大量森林资源，以满足自身需要，造成了森林资源锐减、森林生态环境日益恶化，人类的生存及可持续发展受到严重威胁，森林生态和林业管理问题已经成为全人类面临并普遍关注的头等大事。

2012 年，中共第十八次全国代表大会将生态文明建设列入“五位一体”的中国特色社会主义事业总体布局，并明确写入党章。会议继中共第十七次全国代表大会之后，再次在党的最高级别会议上强调了生态文明建设的重要意义。会议指出，建设生态文明，是关系人民福祉、关乎民族未来的长远大计，一定要在全国营造大力推进生态文明建设的浓厚氛围。当前，我国的经济发展面临着资源约束趋紧、环境污染严重、生态系统退化的严峻形势，只有树立尊重自然、顺应自然、保护自然的生态文明理念，只有把生态文明建设融入经济建设、政治建设、文化建设、社会建设各方面和全过程，才能建设好我们美丽的祖国，才能实现中华民族持续稳定发展。

林业政策和管理代表着一个国家的林业管理水平，体现着政府林业管理思想和体系建设思路。研究中国古代林业政策和管理发展历程，探究其中的成功经验与失败教训，对指导我国开展“盛世兴林”事业，实现人与自然的和谐发展，具有重要的现实意义，也必将为生态文明建设带来重要的历史启示。解决生态环境问题的一个重要途径就是发展林业，如何制定、完善国家林业政策法规，如何建立、健全国家林业管理机构和职能设置，成为了一项重要而紧迫的任务。政府行使林业管理职能不仅需要制定完善的政策，更需要配备设置科学、职能清晰的管理机构来执行各项方针政策，从某种意义上说，林业政策和管理（也称为林政）问题在一定程度上决定和影响着林业科学发展的成败。概括地说，林业政策和管理对林业发展所起的作用，主要是通过给予适宜的政策和管理，有效提高森林的各项功能指标，提高森林为国家发展、人民生活服务的能力，进而达到促进政治、经济、文化水平快速发展的目的。这主要体现在以下三个方面：第一，它是通过影响或者调动“人”的积极性对林业进行干预，采取认识引导、政策宣传、法律约束、奖惩激励等方法，调动更多的社会资源和多方力量进入林业领域。第二，利用国家强制力规范林木利用，保护森林资源安全，实现以生态文明为指导思想的森林可持续发展。第三，促进林业科学技术发展，提高林业科技生产力水平，增强国家林业综合实力。因此，林业政策和管理是决定着一个国家或政府林业管理水平的重要标志和初始动力，在林业发展中处于核心地位并起着主导作用。

中国林业政策和管理史研究是林业科学研究、历史科学研究和行政科学研究的深化，是由以上三方面科学相互交叉、相互融合的综合科学，内容丰富、影响广泛。政，谓策之行；策，谓政之依。有政无策或者有策无政，都是于政府实行各项管理职能不利的。因此，可以将有政无策称为乱政，将有策无政称为空策，只有把良策和实政很好地结合起来，才能实现预期的效果和目标。研究中国古代林业政策和管理发展演进轨迹，总结各个历史时期的政策成因和所取得的效果，必将为当代制定更加科学的林业政策，以及采取有效的管理措施提供有益的借鉴和参考。关于中国古代林业政策和管理史的研究，从目前掌握的情况看还很薄弱，没有引起学界的过多关注，相关研究成果较少；仅有的林业政策和管理史研究也只是针对个别阶段进行了断代研究，研究内容各有侧重，缺少通史性质的综合、系统的研究，亟待丰富和补充。因此，当下着手对中国古代林业政策和管理史料进行整理，并开展通史性质的完整研究，并进行纵向的比较，理清历史上涉及林业管理的政策法规和管理机构的变迁和发展特点，将对促进我国林业政策和管理史研究发展起到积极的推动和促进作用，也必将成为我国生态文明建设的重要组成部分。

二、论题释义和论域

1. 概念界定

林业政策和管理是一个国家林业管理水平的重要标志，决定着林业发展的思路和目标，集行政、技术、经济管理于一体，既有行政管理问题，也包括政策的制定、管理机构的设置和组织实施等内容。林业政策和管理研究是一门系统、综合的科学，包括林业规划、决策、组织领导、协调等活动，它研究的内容主要是林业资源保护、培育、利用的政策和管理。既包括林业内部的部门、单位、地区之间经济关系和经济活动的政策，也包括林业与其他行业之间经济关系和经济活动的政策。

林业政策和管理学即林政学，指从事政府林业政策和管理研究的一门科学。关于林政学的概念，由于受到国家的政治、经济、文化及社会背景的影响，各国专家、学者从不同的角度，以不同的重点，对林政学作了多个不同的定义，目前主要有三种解释。第一种解释认为林政学就是政府林业政策学，这一观点主要由日本学者提出。日本学者谷勉氏在所著的《林政学》著作中提出，林政学的主要研究内容就是林业政策，将林业政策范畴的知识经过系统整理归纳，使之成为一个完整体系就是林政学。[①]日本北海道大学的小关隆琪教授认为林政学是经济政策

① （日）谷勉氏．林政学［M］．东京：日本地球编集室，1973．

学中的一部分，是以林业经济政策为主要研究对象的学问。[①]日本学者岛田锦藏主编的《林政学概要》一书认为，林政学的主要内容就是各项林业政策，属于国家政策研究的一部分。[②]第二种解释认为林政学由政府林业政策和林业行政管理两部分组成。美国耶鲁大学森林资源政策荣誉教授 A. C. Worrell 持这一观点，在其撰写的 *Principles of Forest Policy* 一书中作了阐述，认为林政学是关于如何利用森林资源，以便达到社会期望的原则的学问。[③]美国学者 P. F. Graves 在其撰写的 *Forest Policy and Administration* 一书中指出，林政学的研究内容应该包括林业政策与管理两个方面，主要职能是阐述一个国家或政府的林业施政和讨论林业管理的效能，评述涉及林业的政策、法律、方针和实施的得失等。[④]我国台湾学者李顺卿认为林政学由综合林业政策学及林业行政学组成，主要讲述林业经营原则与林业管理方法。[⑤]我国台湾学者焦国模在其主编的《林政学》一书中指出，林政学分为两个部分，分别是制定政策和实施政策，凡是涉及林业的政策法规和行政管理的内容等都属于林政学的研究范围。焦国模认为林政学是以为国家和国民谋利益作为研究基础，采用适应社会需求的经济原则和法律规范，是研究利用和开发森林资源为人类提供最大服务的学问。[⑥]第三种解释认为林政学不仅包括国家林业政策、林业行政管理，还应当包括部门或地方林业规范。我国学者刘平康在其主编的《林政学》一书中结合我国国情和林情对林政学作了概述，认为林政学是利用各项林业政策法规引导林业建设按照自然规律和经济规律的要求发展，是以林业政策法规为准绳，以规范的行政管理方法为手段，实现林业有效管理和永续利用的科学。[⑦]以上三种观点虽各有特点，但围绕如何保护森林、发展林业和科学利用的主题思想是统一的。综合以上专家对林政学研究所持的观点，本书认为林政学研究范围具有广义和狭义之分。广义上的林政研究包括土地政策、水利政策、农垦政策、城市建设政策、人口政策、原材料的利用政策等所有与林业有关的政策，这些政策法规都直接或间接地影响到森林和林木的使用、管理、消耗、培育及林业贸易等方面。狭义上的林政研究指政府和林业管理行政机构制定并施行的，直接指导林业发展的政策法规。

中国古代林业政策和管理主要由历代林业政策和管理两部分内容组成。中国古代林业政策主要指林业内容诏令和法规，即皇帝颁布的诏令和官方制定的法规。中国古代林业管理主要指林业施政，即林业管理机构设置和职能管理。林业政策

---

① （日）小关隆棋．日本林业经济情况［M］．北京：全国林业经济教学资料交流中心，1982．

② （日）岛田锦藏．林政学概要［M］．东京：日本地球编集室，1973．

③ （美）Worrell AC．Principles of Forest Policy［M］．New Haven: Yale University Press，1970．

④ （美）Graves PF．Forest Policy and Administration［M］．Seattle: University of Washington Press，1964．

⑤ 李顺卿．林政学［M］．台北：台湾正中书局，1960．

⑥ 焦国模．林政学［M］．台北：台湾商务印书馆，1980．

⑦ 刘平康．林政学［M］．哈尔滨：东北林业大学出版社，1989．

和管理史研究，主要是站在历史的角度、以发展的眼光来梳理中国古代林业政策法规的内容，总结各个历史时期林业管理的特点，并探讨政策和管理的演变规律及经验教训。“政”的意思有政治、行政、政权、政令、法制等。《论语·为政》载：“道之以政，齐之以刑。”[①]《孟子·梁惠王》载：“察邻国之政，无如寡人之用心者。”[②]《周礼·天官·小宰》载：“掌建邦之宫刑，以治王宫之政令。”[③]《周礼正义》载：“凡施行为政，布告为令。”[④]以上古籍中都提到了“政”，认为“政”就是指国家施政，政府行使管理的意思。“策”的意思包括册简、谋略、方法、途径等，在古代还有马鞭、鞭打的意思。将“政”和“策”组合在一起，以“政策”的形式使用是近代才开始的。在现代社会中，政策可以说是无处不在，已经渗透到生活的各个层面，如积极的财政政策、计划生育政策、房产调控政策等，政府需要进行国家和社会事务管理，政策是必要的手段，没有政策的必要干预，就难以保证社会正常运转。美国学者詹姆斯 E. 安德森认为，政策是一个或一组行动者为解决一个问题或相关事务所采取的相对稳定的、有目的的一系列行动。其认为政策产生于政府官员和政府机构，并对大多数人构成影响。[⑤]美国学者伊斯顿在编著的《政治生活的系统分析》中指出，公共政策是对全社会的价值做有权威的分配。强调公共政策是政府为解决社会发展中的重大问题而实施的管理手段，是从政府自身利益出发进行的具体管理。[⑥]孙光在所著的《现代政策科学》中指出，政策是国家和政党为了实现一定的总目标而确定的行动准则，它表现为对人们的利益进行分配和调节的政治措施和复杂过程。[⑦]王福生在所著的《政策学研究》中指出，政策可以解释为人们为实现某一目标而确定的行为准则和谋略，即政策就是治党治国的规则和方略。[⑧]刁田丁等编著的《政策学》中指出，政策是国家、政党为实现一定历史时期的任务和目标而规定的行动准则和行动方向。[⑨]本书所言中国古代林业政策，主要指中国古代帝王颁布的诏令、口谕和官方制定的律令、法规等。

中国古代林业政策和管理史研究的目的在于，整理清楚中国历史上各个朝代或时期制定了哪些林业政策法规，设置了哪些林业管理机构；总结政策和管理在当时的社会和林业资源条件下起着什么样的作用，取得了哪些效果；政府赋予了林业管理机构哪些职能；林业管理的特点是什么；林业政策和管理对当时的林业

① 孔子. 论语 [M]. 哈尔滨：黑龙江人民出版社，2004.
② 杨伯峻. 孟子译注 [M]. 北京：中华书局，1960.
③（汉）郑玄. 周礼注疏·山虞 [M]. 北京：北京大学出版社，2000.
④（清）孙诒让. 周礼正义 [M]. 北京：中华书局，1987.
⑤（美）詹姆斯 E. 安德森. 公共政策制定 [M]. 北京：中国人民大学出版社，2009.
⑥（美）戴维·伊斯顿. 政治生活的系统分析 [M]. 北京：人民出版社，2012.
⑦ 孙光. 现代政策科学 [M]. 杭州：浙江教育出版社，1998.
⑧ 王福生. 政策学研究 [M]. 成都：四川人民出版社，1991.
⑨ 刁田丁、兰秉洁、冯静. 政策学 [M]. 北京：中国统计出版社，2000.

生产、生态环境产生了什么影响；我们从中可以汲取什么样的经验和教训。林业政策和管理史研究的另一个重要目的是指导当代林业政策和管理，就是力求进一步把林业政策和管理与政府其他管理职能有效结合，形成统一的政策目标，并做到既有分工又有配合，使林业政策和管理更加科学化、规范化。所以，探讨如何加强林业科学全面发展，如何加强林业均衡协调和以人为本的发展，如何加强生态文明建设和可持续发展，也就成为当前林业政策和管理研究的重中之重。因为评价政策和管理是否科学的主要标准是有没有紧密结合社会实际需要，只有适应同时期的政治、经济及各项社会事业需要的林业政策和管理，才能真正发挥作用，实现预期的目标。

2. 论域界定

研究的时间范围：从先秦（公元前221年以前）始，至清鸦片战争（1840年）止。分为6个时期，分别是先秦时期（公元前221年以前），秦汉时期（公元前221—公元220年），魏晋南北朝时期（220—581年），隋唐时期（581—960年），宋元时期（960—1368年），明清时期（1368—1840年）。

研究的主要内容：中国古代林业政策和管理史的研究主要包括政策法规和管理两个方面，但鉴于中国古代并没有建立专职林业管理体系，所以本书着重从林业政策和管理的内容与机构设置两个方面来研究历代林业政策和管理的演进轨迹。其中林业政策属于统治者对林业的宏观认识和要求，林业管理属于官僚管理体系的具体执行和落实。具体分为以下4个方面：一是各时期林业发展概况，包括政治、经济、社会发展水平和森林资源概况，这是林业政策和管理的基础。二是林业政策，包括各时期林木保护政策、林木培育政策、林木利用政策三个方面，涉及诏令、法规、律令及乡规民约等，探讨各项政策的内容和效果。三是林业管理，包括从中央到地方各级管理机构的设置和职能，探讨管理机构职能的设置和特点。四是历代林业政策和管理的发展比较，比较政策法规的内容、范围、疏密和管理机构的设置、职能等，分析各时期林业政策和管理的实效，为当代林业管理提供借鉴和启示。

三、研究现状综述

1. 国内研究现状

（1）中国古代林业政策和管理史专题研究

关于中国古代林业政策和管理史专题研究的文献较少，专著更无，现将搜集整理的文献以时期为序介绍如下。

先秦时期：袁清林撰写了“先秦环境保护的若干问题”[①]一文，分别对五帝时

① 袁清林. 先秦环境保护的若干问题［J］. 中国科技史料，1985，(1)：35-41.

代、周代、管仲的环保思想，孟轲的环保思想和荀况的保护思想进行了初步阐释，认为世界上最早的环保机构是4000年前舜时期由益担任的虞官。余明撰写了三篇先秦时期林政的文章，分别是“夏商林政雏形”[①]一文，认为夏商时期森林采伐没有任何形式的政策管理和法规约束，人们把森林当作取之不尽的资源，但受当时生产力水平极为落后的影响，加之当时森林资源极为丰富，所以造成的破坏不大；“秦朝林政初探”[②]认为秦代对林业贡献主要是“焚书坑儒”而保留种树之书和首开种植行道树先河，但是由于大兴土木建设和奢侈享乐而无限制砍木材，为后世帝王树立了不好的榜样；“西周林政初探”[③]认为中国古代林业管理至周代才初步具有林政的特征，周统治者重视森林职官设置和加强林木采伐管理，明确当时的森林归周天子和分封的各路诸侯所有，林木采伐要在政府允许的时间和地点进行，并由专门的官吏负责管理执行。刘瑞赞撰写的“周代林业政策及其生态思想探析”[④]一文，对周代及先秦时期的林政进行了介绍，包括周代森林开发与利用、西周末年林地交易、春秋战国林业体系初步形成，以及林业立法、林业职官、林产经营等内容。杨霞蓉撰写了“略论周代的山林管理”[⑤]，认为西周初期政府已经树立了正确的山林管理思想并开始实施管理职能，进行了相关山林管理官员设置、明确职责，还制定了有关的刑法和律令。

秦汉时期：仝晰刚撰写的“秦汉郡国农官考实”[⑥]一文，对秦汉时期的田官与农长、都水厂、仓官、均输官等农林管理职官进行了研究。樊金玲的硕士学位论文《秦汉时期林业的发展及对社会影响考述》[⑦]，系统研究了秦汉时期从中央到地方职掌林业的职官设置情况，重点研究了森林培育、经济林栽培、林业管理政策法规等方面，系统分析了秦汉时期林业管理成效对当时社会、经济发展和人们生产生活产生的影响。陈业新撰写的“秦汉政府行为与生态”[⑧]一文，分别从秦汉时期中央和地方两个层面的生态保护和管理机构职能设置和人员安排等方面进行了研究，分析了当时政策的利弊，虽然为生态保护提供了有力的政府保障，促进人口增长的政策实现阶段性经济的发展有了基本的人力支撑，但同时也增加了对生态环境的巨大压力。另外，引导移民、发展屯垦的政策得到推行，一方面使边疆大片荒地得到人工开发，另一方面却严重地破坏了开垦地的生态环境，特别是对黄河上中游地带的环境造成了巨大伤害，导致生态性灾害的频繁发生，还对统治者开展的土木工程与保护生态资源的关系等方面进

① 余明．夏商林政雏形［J］．自贡师范高等专科学校学报，2000，(1)：22-24.
② 余明．秦朝林政初探［J］．四川理工学院学报（社会科学版），2005，(1)：36-38.
③ 余明．西周林政初探［J］．四川师范大学学报（社会科学版），2000，(3)：72-75.
④ 刘瑞赞．周代林业政策及其生态思想探析［J］．绿色科技，2012，(1)：165-167.
⑤ 杨霞蓉．略论周代的山林管理［J］．学术月刊，1997，(11)：75-79.
⑥ 仝晰刚．秦汉郡国农官考实［J］．史林，1996，(4)：23-26.
⑦ 樊金玲．秦汉时期林业的发展及对社会影响考述［D］．长春：吉林大学硕士学位论文，2006.
⑧ 陈业新．秦汉政府行为与生态［J］．淮南师范学院学报，2004，(4)：63-68.

行了研究。

魏晋南北朝时期：李飞和袁婵撰写的“魏晋南北朝林政初探”[①]分析了魏晋南北朝时期涉及的林业管理机构、政策、法令、赋税等方面的内容，探讨了在当时动荡的时局下林政的演变，总结了这一时期林政在中国古代林政发展史中所处的位置及对林业发展产生的影响。刘春香撰写的“魏晋南北朝时期环境问题及环境保护”[②]研究了当时统治者为改善生态环境而采取的多项保护森林等自然资源的措施。

隋唐时期：徐丽娟的“隋唐生态管理机构考述”[③]分别从当时的生态机构设置、生态管理内容及生态管理机构特点三方面，对隋唐时期生态资源的保护、开发、利用进行了研究。林鸿荣撰写的“隋唐五代的林业官制”[④]、“隋唐五代社会的林业税制”[⑤]、“隋唐五代时期的林业法制”[⑥]三篇文章，详细介绍了隋唐时期林业官制的内容和特点，并对唐代林业官制进行了中央和地方层级的划分；分别从隋朝和唐初期、唐中晚期和五代十国时期三个时间段，介绍了各类林业产品税制设立的依据和目的；分别从隋朝和唐初期、唐中晚期和五代十国时期三个时间段，介绍了林业法制的主要内容和设立的依据。刘锡涛撰写了“唐代林政与唐人植树”[⑦]和“唐代用林特点及其影响”[⑧]，从唐代林业职官的设置、唐代的林木保护思想和唐代开展的各项植树造林活动三方面叙述了唐代的林业活动情况。他分析比较了唐前期植树造林、保护林木的情况与唐后期植树护林较少、而用林毁林情况严重情况，总结了由于森林的过度利用、毁林活动频繁发生，导致了全国森林分布的不平衡，是造成水土流失、自然灾害等频繁发生的主要原因，对政府参与林业管理进行了探讨。

宋元时期：郭文佳的“简论宋代的林业发展与保护”[⑨]介绍了宋代除了倡导和鼓励植树造林外，更重视对林业资源的管理与保护，采取了鼓励植树、减免赋税、保护山林、赏罚官吏等措施，对宋代的林业建设和保护发挥了重大作用。郭友亮的“两宋时期林业政策述论”[⑩]分别从设置专门林业管理机构，根据业绩赏罚官吏；鼓励百姓植树种桑，减免赋税；实行木材统制，严禁乱伐和私贩林木；结合经济、军事建设，大力发展经济林和军事防御林等方面，分析了宋代林业政策的作用和

① 李飞，袁婵．魏晋南北朝林政初探［J］．北京林业大学学报（社科版），2009，（1）：21-24．

② 刘春香．魏晋南北朝时期环境问题及环境保护［J］．许昌师专学报，2002，（1）：41-46．

③ 徐丽娟．隋唐生态管理机构考述［J］．新西部，2007，（6）：187-188．

④ 林鸿荣．隋唐五代的林业官制［J］．北京林业大学学报（社科版），2007，（1）：29-33．

⑤ 林鸿荣．隋唐五代社会的林业税制［J］．古今农业，2002，（4）：34-41．

⑥ 林鸿荣．隋唐五代时期的林业法制［J］．北京林业大学学报（社科版），2006，（1）：24-28．

⑦ 刘锡涛．唐代林政与唐人植树［J］．陕西师范大学继续教育学报（西安），2003，（2）：77-79．

⑧ 刘锡涛．唐代用林特点及其影响［J］．陕西师范大学继续教育学报（西安），2007，（2）：71-73．

⑨ 郭文佳．简论宋代的林业发展与保护［J］．中国历史，2003，（2）：28-34．

⑩ 郭友亮．两宋时期林业政策述论［J］．农业考古，2009，（4）：244-246．

历史意义。周方高的博士学位论文《宋朝农业管理初探》①，介绍了宋代较为重视农政的制度建设。在管理机构方面，宋代主要有户部、工部（在元丰官制改革之前主要为三司）、司农寺等中央管理机构，地方州县长官和地方监察机关等机构也承担有相应的管理林业的职责。这一时期，还首次设立了劝农机构——劝农司，使发展农林事务成为地方官的职责之一。从中央至地方，制定了一系列农林业法规条文，其内容涉及农林业生产的各个方面。谢志诚的“宋代的造林毁林对生态环境的影响”②，分别介绍了平原经济林、堤岸林、行道树、监牧林、园林、军事防御林等政府林业建设项目。王丽的硕士学位论文《宋代国家林木经营管理研究》③，概述了宋代林业资源分布特点、林木资源的采伐和利用情况，研究了宋代竹木等林业税收管理、林木运输、林木经营情况，总结了宋代林木资源的使用、各项管理制度和方法、管理机构设置和保护制度等方面的成功经验和不足，找出了宋代政府森林经营管理较前代的不同特点，以及产生这些新特点的原因，对我们了解宋代的林政具有重要帮助。白宏刚的硕士学位论文《宋代林业政策研究》④，以当时政府各项国家大政方针为背景，探讨了林业政策制定的目的和意义，以及大力开展林业生产建设的措施。他分别从加强林材管理、完善林业职官体系等方面介绍了宋代积极发挥政府职能，制定和实施的相应林业生产与管理政策。白宏刚还撰写了“南宋时期的军事防御林建设”⑤和“宋代林业职官述略”⑥两篇文章，介绍了南宋时期，在与金军对峙的北部漫长的军事分界线上，宋朝政府除了采取传统的派驻大量军队防守关隘等措施以外，还根据胡人军事特点而采取了大量种植榆树形成大片人工林带，利用大片的林带来阻挡敌军的骑兵，从而达到扼制金军骑兵速度、降低其战斗力的军事目的。还分别从南宋军事防御林的种植、管理、奖惩等方面进行了分析，探讨当时的林政特点和人工林发展对当时军事防御和历史林政发展所起的作用。林业管理机构方面，重点介绍了工部、将作监、都水监、太府寺及司农寺等涉林管理机构的设置情况和职能分工，以林业税收、林材运用与管理到林木栽植等方面为研究内容，分析了宋代林业管理机构的设置和职能特点。同时，以地方政府开展农桑林的种植和基层管理机构林业职能特点为研究对象，总结了宋代林业官制结构特点。

明清时期：樊宝敏的博士学位论文《中国清代以来林政史研究》⑦和 2009 年根据博士学位论文整理出版的《中国林业思想与政策史（1644—2008）》一书，重点研

---

① 周方高．宋朝农业管理初探［D］．杭州：浙江大学博士学位论文，2005.

② 谢志诚．宋代的造林毁林对生态环境的影响［J］．河北学刊，1996，(4)：95-99.

③ 王丽．宋代国家林木经营管理研究［D］．西安：陕西师范大学硕士学位论文，2009.

④ 白宏刚．宋代林业政策研究［D］．桂林：广西师范大学硕士学位论文，2007.

⑤ 白宏刚．南宋时期的军事防御林建设［J］．乐山师范学院学报，2010，(4)：97-99.

⑥ 白宏刚．宋代林业职官述略［J］．绵阳师范学院学报，2009，(12)：99-102.

⑦ 樊宝敏．中国清代以来林政史研究［D］．北京：北京林业大学博士学位论文，2002.

究了清代前中期（1644—1840年）、清代晚期（1840—1911年）、民国时期（1911—1949年）和中华人民共和国成立至今4个历史时期，以各个时期的政治、经济、社会发展，以及森林资源概况、人口数量、科技水平等方面为研究对象，分析了林政的效果和经验教训。同时，结合现代林业管理方法对明清时期的管理水平进行了评价，找出了失败的教训和成功的经验，得出了今后政府制定林业政策的几个必须遵守的原则。樊宝敏还撰写了“明清时期环北京地区的林业政策”①，介绍了明清时期政府为维护北京城的生态环境而制定的政策法规，分析了采取的各项措施的效果。当时的林业政策主要有以下几个方面：一是注重保护皇陵墓地森林树木，制定了严格的惩处法令。二是发展河堤植树，对劝课植树好的官吏进行奖励。三是提倡民众开展植树造林，严令禁止各种形式的毁林、焚林现象。四是发展林木漕运模式，利用运河航运便利条件来利用边远林木资源，从而保护京城附近的林地不被过度利用。五是制定多项赋税政策，设置大量税关，加强林业税收管理。以上这些政策措施，当时对北京城起到了一定的保护作用，延缓了京城周边的毁林现象和生态恶化速度。冯祖祥的“明代采木之役及其弊端”②分别从采办皇木、募商采办之弊端、土司献木的政治交易、木厂设置与采运、采木之役的艰苦等方面，分析了明代政府采伐树木之弊端。李志坚的“明代皇木采办的形式”③，介绍了明代政府开展皇木采办的方式方法：主要分为官办采木、商办采木和土司进献三种方式。分别介绍了三种不同皇木采办方式的特点、途径和效果。分析了明清时期统治者大兴土木建设，为营造众多宫殿而发起的皇木采办对林业带来的灾难性后果，以及对当时的生态环境和社会产生的不利影响。蓝勇的“明清时期的皇木采办”④介绍了明清时期皇木采办程序、采办管理办法、采办场景，以及对当时森林资源的影响、对当时社会发展的影响。倪根金的“明清护林碑研究”⑤分别列示了现存的百余通明清护林碑的内容，揭示了明清护林碑大量产生的原因，介绍了各个护林碑的主要内容和竖立背后的故事，认为在明清时期护林碑大量出现的原因主要有三个方面，分别是人们林木保护意识的增强、林木风水意识盛行和森林面积逐渐减少影响到生活、生存。介绍了护林碑的分类方法，主要是根据竖立者身份的不同区别，分别是官方型、民间型和混合型三大类，还利用碑文资料，具体考察了该时期的林业思想、毁林状况和护林机制，最后阐述了明清护林碑的社会、学术、文物和教育四大价值，并总结出对今日护林之启示。梁明武的博士学位论文《明清时期木材商品经济研究》⑥，对明清时期我国森林资源动态分

① 樊宝敏．明清时期环北京地区的林业政策［J］．北京林业大学学报（社科版），2002，（1）：56-61．
② 冯祖祥．明代采木之役及其弊端［J］．北京林业大学学报（社科版），2008，（2）：48-51．
③ 李志坚．明代皇木采办的形式［J］．安庆师范学院学报（社科版），2006，（6）：44-47．
④ 蓝勇．明清时期的皇木采办［J］．历史研究，1994，（6）：86-98．
⑤ 倪根金．明清护林碑研究［J］．中国农史，1995，（4）：176-184．
⑥ 梁明武．明清时期木材商品经济研究［D］．北京：北京林业大学博士学位论文，2008．

布、木材生产和运输、林业经营管理、木材商品经济的历史和社会经济基础、木材市场和经营、木材商人和流通组织、木材贸易进行了系统分析，阐述明清时期木材市场形成的深层次原因，探讨了对当代木材商品经济发展的启示。赵亮的“清前中期的农林政策研究”[①]从历史视角分析了清代前中期的农林政策，主要是垦荒屯田、发展生产、农桑并称、树植并举等政策。

（2）涉及中国古代林业政策和管理史的研究

涉及中国古代林业政策和管理研究的文章主要有：1987 年 12 月，中国林学会林业史学会成立。中国林学会林业史学会在 1990 年编辑出版了《林史文集》第一辑，其中有多篇古代林政研究。张钧成先生的《中国林业传统引论》[②]对我国传统林政进行了论述。张钧成先生还组织编写了《中国古代林业史·先秦篇》[③]，全书分为中国古代原始社会的林木利用及林业的发端、夏商及西周的林业、东周时期的林业三部分，对先秦时期包括林政在内的林业发展进行了详细研究。台湾学者焦国模的《中国林业史》[④]是通史形式的林业史专著，内容包括林业之官吏、森林之破坏、林业之施政、民国之林业、台湾之林业和林业学术等部分。陈嵘编著的《中国森林史略》研究内容涉及了多个朝代的林业政策，该书于 1951 年和 1982 年再版时更名为《中国森林史料》[⑤]，书中的内容也进行了调整，收入了自 1934 年至解放初期的相关林业史料，该书主要包括各个历史时期的林业思想、著作、科技、法规等的摘录文抄，并附有对应的分析和评价，基本上能反映中国林业发展的基本情况。凌大燮的“我国森林资源的变迁”[⑥]以现在中国的国土面积为准，对中国森林的资源状况进行了估计，为研究各历史时期林政发展提供了重要基础依据，并分析了包括林政在内的各种影响因素。

历史地理学、古生物学、环境史等学科专家也在专业研究中涉及了中国古代林政对自然环境的影响的研究，主要有：谭其骧撰写的论文“何以黄河在东汉以后会出现长期安流的局面”[⑦]，史念海撰写的论文“论历史时期我国植被的分布及其变迁”[⑧]和“历史时期黄河中游的森林”[⑨]，文焕然和何业恒撰写的“中国森林资源分布的历史概况”[⑩]，以上文章都涉及了政策对生态的影响因素。罗桂环和舒

① 赵亮．清前中期的农林政策研究［J］．安徽农业科学，2010，(31)：17986-17988．

② 张钧成．中国林业传统引论［M］．北京：中国林业出版社，1992．

③ 张钧成．中国古代林业史·先秦篇［M］．北京：北京林业大学林业史研究室，1994．

④ 焦国模．中国林业史［M］．台北：“国立”编译馆，1998．

⑤ 陈嵘．中国森林史料［M］．北京：中国林业出版社，1982．

⑥ 凌大燮．我国森林资源的变迁［J］．中国农史，1983，(2)：26-36．

⑦ 谭其骧．何以黄河在东汉以后会出现长期安流的局面［J］．学术月刊，1962，(2)：23-35．

⑧ 史念海．论历史时期我国植被的分布及其变迁［J］．中国历史地理论丛，1988，(1)：43-73．

⑨ 史念海．历史时期黄河中游的森林［J］//史念海．河山集二集自序．陕西师范大学学报（哲学社会科学），1980，(2)：43-49．

⑩ 文焕然，何业恒．中国森林资源分布的历史概况［J］．自然资源，1979，(2)：72-85．

俭民编著的《中国历史时期的人口变迁与环境保护》①，探讨了中国古代各历史时期的环境资源概况和保护措施开展情况，结合森林资源变化总结了环保工作的成效。

在中国古代林业法制史研究方面涉及中国古代林政研究的主要有：吴金赞的《中华民国林业法制史》②，阐述了当时的法制建设和发展。干铎编著的《中国林业技术史料初步研究》③综合了多部农书精华，整理了大量涉林内容。王长富的《东北近代林业科技史料研究》④以东北地区为研究对象，以森林科技利用为主要研究内容进行了深入探讨。陈登林和姜洪海编著的《中国自然保护史纲》⑤从宏观上对中国森林等自然资源保护进行了研究。罗桂环编著的《中国环境保护史稿》⑥研究内容包括我国环境保护思想的产生，历史上有关环境保护法制的形成与发展，森林保护和植树造林等方面。袁清林主编的《中国环境保护史话》⑦主要有古今环境的演变，古代的环境保护意识和古代环境保护实践等内容，以问题为分章，按时间为顺序对五帝三代到晚清民国进行了研究。

断代史林业史著述涉及中国古代林政研究的主要有：南京林业大学林业遗产研究室熊大桐主编的《中国近代林业史》⑧，该书以1840—1949年为时限，比较全面地总结了中国近代以来的林业思想、林业管理、林业教育、林业科技发展等方面的内容。陈植和凌大燮的“近百年来我国森林破坏的原因初析”⑨一文，以1840年鸦片战争开始到1949年中华人民共和国成立，中国社会由古代社会形态转向近代社会形态期间森林资源的变迁，分析归纳了林木资源被大量利用趋于枯竭的原因，指出西方国家侵略和封建顽固势力的腐化、享乐是造成近代森林破坏的主要因素，持续不断的战争毁林和人口迅速增长助推了森林资源的减少速度。樊宝敏和李智勇编著的《中国森林生态史引论》⑩一书，重点研究了我国自先秦至今森林生态历史的变迁，分别从森林生态保护利用思想、林业保护管理的开展、现代林业生态建设等方面开展论述。金麾的博士学位论文《清代森林变迁史研究》⑪介绍了清代森林的破坏和利用情况，⑪分析了我国由多林的国家转变成了少林国家的原因，探讨了政策法规在中国森林变迁过程中的作用。分别从自然因素和人为因

① 罗桂环，舒俭民．中国历史时期的人口变迁与环境保护［M］．北京：冶金工业出版社，1995．
② 吴金赞．中华民国林业法制史［M］．台北：正中书局，1991．
③ 干铎．中国林业技术史料初步研究［M］．北京：农业出版社，1962．
④ 王长富．东北近代林业科技史料研究［M］．哈尔滨：东北林业大学出版社，2000．
⑤ 陈登林，姜洪海．中国自然保护史纲［M］．哈尔滨：东北林业大学出版社，1991．
⑥ 罗桂环．中国环境保护史稿［M］．北京：中国环境科学出版社，1995．
⑦ 袁清林．中国环境保护史话［M］．北京：中国环境科学出版社，1989．
⑧ 熊大桐．中国近代林业史［M］．北京：中国林业出版社，1989．
⑨ 陈植，凌大燮．近百年来我国森林破坏的原因初析［J］．中国农史，1982，（2）：15-27．
⑩ 樊宝敏，李智勇．中国森林生态史引论［M］．北京：科学出版社，2008．
⑪ 金麾．清代森林变迁史研究［D］．北京：北京林业大学博士学位论文，2008．

素两个方面分析了对森林面积减少的影响，分析了人口增长对森林资源利用带来的压力。

近现代著作涉及中国古代林政研究的主要有：焦国模编著、由台北的“国立”编译馆出版的《林政学》①，和刘平康编著、由东北林业大学出版社出版的《林政学》②等。还有一些从事林业工作多年的老领导、老教授、老专家，也将自己多年来的林业思想和林业管理经验进行了整理和撰写，也给林业史学科留下了珍贵的史料，如《罗玉川纪念文集》③、《惠中权纪念文集》④、《吴中伦文集》⑤等。关于民国时期的林业政策和管理研究方面，台湾吴金赞编著的《中华民国林业法制史》，对林政学与法学进行了研究，该书是一部总结和评价国民政府林业法律法规的代表作。胡勇和丁伟于2003年合作撰写的“民国初年林政兴起和衰落的原因探析”和胡勇的“民国初年的林政论析”两篇论文，研究了民国初年中国林政的特点，探讨了西方林业思想对中国传统林业思想的冲击，总结了一些西式林务机关的设立、相关民间社团组成、森林法规颁布，对当时社会和生态环境的影响。樊宝敏撰写的“中国近现代林业产权制度变迁”一文中，以我国近现代林权制度的主要形式和变迁过程为研究对象，总结了现代林权制度的发展规律和历史经验。

新中国成立以来著作涉及中国古代林政研究的主要有：中国第一部林业史专著《当代中国的林业》⑥，其全面系统地介绍了新中国林业建设的主要成就、历史进程和经验教训。辛业江编著的《中国林业概貌》⑦，全面客观地介绍了新中国成立30多年来，我国林业生产建设取得的成就和存在的问题。1989年林业部教育宣传司编的《中国林业四十年（1949—1989年）》。我国从1987年开始，每年出版的一期《中国林业年鉴》，都对我国的林业政策和管理进行了介绍。

2. 国外研究现状

国外对林业政策和管理史研究开展较早，国际上也成立了林业研究机构和学术团体。国际林业研究组织联盟是国际性林业科学综合研究组织，下设森林历史学组，定期举办包括林政史研究在内的学术讨论会。美国于1964年成立了林业史学会。日本成立了德川林政史研究所，它是专业的林政史研究机构，代表刊物是《研究纪要》。此外，日本还设立有林业经济研究所、日本林业技术协会、日本林

① 焦国模．林政学［M］．台北：“国立”编译馆，1981．

② 刘平康．林政学［M］．哈尔滨：东北林业大学出版社，1989．

③ 《罗玉川纪念文集》编委会．罗玉川纪念文集［C］．北京：中国林业出版社，1992．

④ 《惠中权纪念文集》编委会．惠中权纪念文集［C］．北京：中国林业出版社，1997．

⑤ 《吴中伦文集》编委会．吴中伦文集［C］．北京：中国林业出版社，1998．

⑥ 《当代中国丛书编辑部》编辑委员会．当代中国的林业［M］．北京：中国社会科学出版社，1985．

⑦ 辛业江．中国林业概貌［M］．北京：中国林业出版社，1987．

业调查会等林业研究机构，也都出版了与林政史相关的著作、论文。例如，日本学者发表的文章主要有：日本学者荻野敏雄编写的《日本近代林政的发展过程》[①]，重点介绍了日本林政在近代的演进历程，总结了不同时期的政策特点。1924 年，日本学者松波秀实编写的《明治林业史要》，[②]介绍了 19 世纪 60 年代日本明治时期林业发展，研究了明治维新对日本林业管理的影响，以及在资本主义性质的全面西化与现代化改革运动中日本林政的变化。1960 年，船越昭治编写的《日本林业史》[③]，分别介绍了日本作为一个岛国，森林变迁、森林文化、林业发展历程和日本林政发展过程等方面的内容。1978 年，筒井迪夫编著的《日本林政史研究序说》[④]，分析了日本林政管理开展特点，以及取得的经验和教训。1983 年，日本岩手大学农学部的船越昭治教授在日本召开的“面向 21 世纪的日本森林与林业”讨论会上做了“林业政策的课题”[⑤]专题报告，认为林业政策必须以保障国家和人民的安全作为其基本方针，必须在这个基本方针指导下制定林业政策。林业政策体系应由两个方面构成：一个是要有合理的森林结构，并对此进行有效的经营和管理。二是林业采伐、运输、加工、销售各部门的密切配合。此外，其他一些国家也开展了林政史的相关研究，主要有：英国李约瑟博士长期从事中国科技史研究，他的巨著《中国科学技术史》[⑥]中有关于生物科学史、农学史部分，对我国的林业史也作了深入研究。澳大利亚的 Carron L. T. 教授 1985 年出版的 *A History of Forestry in Australia*[⑦]，介绍了澳大利亚森林面积和分布情况，研究了该国实行了天然林保护战略，以人工林为主要发展方向的林业思路。1998 年，英国的 Kirby K. J. 和 Watkins C. 教授合编论文集 *The Ecological History of European Forests*[⑧]，对欧洲森林变迁、森林面积减少情况进行了介绍，结合欧洲经济发展状况，探讨了应对方法和策略。

四、研究思路和方法

中国自古以劝课农桑为立国施政之根本，林业政策和管理是国家的重要职能之一。但是，据现有的史料看，在漫长的中国古代社会里，历代政府都没有形成明确的生态概念[⑨]，更没有清晰的保护森林资源的意识，所以，中国古代官制史上没有出现专业林业管理机构和专职林业官员，林业事务总是由其他机构和职官

---

① （日）荻野敏雄．日本近代林政的发展过程［M］．东京：日本林业调查会，1990．

② （日）松波秀实．明治林业史要［M］．东京：日本林业调查会，1924．

③ （日）船越昭治．日本林业史［M］．东京：日本林业调查会，1960．

④ （日）筒井迪夫．日本林政史研究序说［M］．东京：东京大学出版会，1978．

⑤ （日）船越昭治．林业政策的课题［J］．东京：日本林业调查会，1983．

⑥ （英）李约瑟．中国科学技术史（第二卷）科学思想史［M］．北京：科学出版社，1990．

⑦ （澳）Carron L T．A History of Forestry in Australia［M］．Canberra: Australian National University Press，1985．

⑧ （英）Kirby K J，Watkins C．The Ecological History of European Forests［M］．London：C．A．B．International，1998．

⑨ （美）Eugene P O, Barrett G W．生态学基础［M］．5 版．陆健健，王伟，王天慧，等译．北京：高等教育出版社，2009．

兼管。为了真实反映中国古代林业政策和管理的特点并展示出发展原貌，本书主要从历代林业政策和林业管理入手，以此为研究契机和重点。

课题研究以国家“十一五重点社科规划项目”《中华大典·林业典》史料为基础，按照国家林业公益性行业科研专项“生态建设驱动进程监测评价研究和生态文明绿皮书”《中国省域生态文明建设评价报告》评价方法，进行史料梳理和比较研究。参考了作者前期主持开展的中国古代园林文化研究和中国古代花卉文化研究的方法步骤，组织实施中国古代林业政策和管理研究。

通过对我国古代史料中关于林业政策和管理相关内容的搜集整理，清晰地展示出中国历代林业政策内容和管理机构的设置和职能，分析各时期林业政策的影响和管理机构的特点，纵向比较中国古代林业政策和管理的发展、演变历程，总结中国古代林业政策和管理发展轨迹。分别解决以下问题：一是中国古代不同时期林业政策的内容和制定的目的是什么；二是中国古代不同时期林业管理机构的设置和职能特点是什么；三是中国古代不同时期林业政策和管理的发展规律和态势是什么；四是通过对中国古代林业政策和管理发展史的研究能够对当代带来哪些启示和帮助。

主要采用以下研究方法：一是文献研究法。依托历代经、史、子、集，结合当代已开展的研究成果、论著、论文等开展研究。二是案例研究法。整理归纳历代林业政策和管理内容的特点，找出典型的、有代表性的事例、人物，通过总结成功的经验和失败的教训，由点到面分析出整体状况。三是分类研究法。在案例研究的基础上，将具有相同特点或相似主题的政策和管理机构进行分别分析，总结同类型政策和管理在不同时期的效果。采用通史研究模式，分为先秦、秦汉、魏晋南北朝、隋唐、宋元、明清 6 个历史时期，分析 6 个历史时期的林业政策影响和林业管理特点，最终总结出中国古代林业政策和管理的特点和发展轨迹。

第一章　中国古代林业管理的萌芽

（先秦，公元前221年以前）

先秦时期的林业政策和管理的重点是林木利用。这一时期林木茂盛、人口稀少，人类活动对森林影响微弱。西周以后，人们对天地自然认识逐步深入并受先秦文化影响，统治者进行了初步的林木利用引导。本期统治者的林业管理主要是利用，但也出现了朦胧的保护生态平衡的意识，制定了关于山林川泽资源利用因时而发的政策和法规。当时的人们把森林当作取之不尽、用之不竭的资源，一方面采伐木材以满足经济和生活的需要，另一方面为开垦耕地而砍伐和火焚了大量林木，使森林遭到了一定破坏。但由于当时生产力水平极为低下，人为因素对森林施加的影响力较小，因此基本没有对整个生态平衡产生影响。周代以后，开始设置了山虞、林衡等具有相应职能的林业管理机构，执行帝王的林业政策。虞官在魏晋南北朝以后的职能主要是林木保护，而在此时期职能则主要是林木利用。通过以上分析和研究，我们认为先秦时期的林政仅表现为统治者简单干预了林业事务，在林木利用方面起到了引导作用。通过以上分析和研究，作者认为先秦时期在我国古代林业政策和管理发展史上属于萌芽阶段。

第一节　先秦时期林业发展概况

先秦时期是中国传统文化的架构期，它奠定了古代几千年文化理论与实践的基础。此期，原始思维向理性思维发展，追求人与自然的和谐共生一直是其发展的主旋律，并最终形成了“天人合一”的生态哲学思想。以此为核心精神和理论基础，先秦诸家生态思想达于体系化，早期园林成为兼具物质生态与生态审美功能的场所，追求良好生态与优美景观的山水园林城市业已形成。

先秦时期是我国自商代开始有文字记载以来历史文献逐渐积累并达到一定程度的时期，这就为我们探究当时的森林生态状况提供了条件。而且这个时期，在今天的国土范围内，人口介于商代的140万到战国末的2000万[①]，人类对森林资源及自然生态系统的破坏程度相对较弱。因此，依据现有历史文献和已取得的考古成果，来具体地研究和阐述2000多年前我国森林资源的分布、野生动植物的多样性及生态环境的情况，对于我国今天的生态建设和林业发展是有借鉴和启发

---

① 王育民．中国人口史［M］．南京：江苏人民出版社，1995．

意义的。

中国先秦时期的森林资源状况与当时良好的气候环境有密切关系。根据考古学研究，距今4000～7000年以前，即我国仰韶、大汶口、龙山等文化时期，属于全新世气候最宜期。亚热带北界到达我国东部平原区京、津以南，晋东南和渭河谷地。根据物候学研究，在近5000年中的最初2000年，即从仰韶文化到安阳殷墟，黄河流域大部分时间的年平均气温高于现在2℃左右，1月温度比现在高3～5℃。春秋战国时期的气候比现在要温暖、湿润[①]。这样的气候条件对于森林生长是十分有利的。当时森林资源大的分布格局，虽然与今天很相似，主要集中于“东南半壁”，即年均降水量400mm等雨量线以东以南地区，包括我国东北、华北、华中、华东、华南和西南地区东部，然而由于400mm等雨量线比今天偏北偏西，故森林分布的范围要比今天广泛。在“西北半壁”包括新疆、甘肃、内蒙古、宁夏、西藏、青海等省区，由于整体上属于干旱半干旱性气候，森林主要分布于高山和河流附近，其他地区为草原、湿地、荒漠、寒漠和雪山。而且就全国范围而言，当时森林资源的数量和质量都要高于现代，绝大部分是天然林。尤其是先秦早期，森林资源的丰富程度就更高。

上古传说中三皇五帝时期，人类生活在茂密的原始森林里，依靠采集野果和捕捉野生动物为生，对森林进行着最原始和简单的利用。随着人类对自然环境适应能力的逐步增强，改造自然的能力也随之提高，从此人类逐步进入到了林木利用的新阶段。《庄子·盗跖》载：“吾闻之，古者禽犬多而人民少，于是民皆巢居以避之，昼拾橡栗暮栖木上，故命之曰有巢氏之民。”[②]《韩非子·五蠹》载：“上古之世，人民少而禽犬众，人民不胜禽犬虫蛇，有圣人作，构木为巢，以避群害，而民悦之，使王天下，号曰有巢氏。民食果蓏、蜯蛤、腥臊、恶臭而伤害腹胃，民多疾病，有圣人作，钻燧取火，以化腥臊，而民说之，使王天下，号之曰燧人氏。”[③]从用木材建造居所发展到结绳记事，在此时期人类逐步掌握了利用森林来改变生存状况的本领，意味着由人支配自然的大门开启了，从此人类文明的火种点燃了。据史料载，太昊伏羲氏命栗陆为水龙氏，繁滋草木，这是中国历史上有记载的第一位林业管理员。《淮南子·修务训》载：“古者民茹草饮水，采树木之实，食蠃蠬之肉，时多疾病毒伤之害，于是神农乃始教民播植五谷，相土地所宜，燥湿肥硗高下，尝百草之滋味，水泉之甘苦，令民知所辟就。”[④]神农氏斫木为耜，揉木为耒，是最早利用木材制作农具的人，教给当时的人们种植的技术和利用植物治疗疾病的方法，农林业逐渐成为影响人类社会的主要因素。黄帝轩辕氏开辟道路，修建房室，并且制作兵器和车辆等工具，拓展了林木利用的途径。《易经·系

① 竺可桢．中国近五千年来气候变迁的初步研究［J］．考古学报，1972，（1）：15-38．

② 郭庆藩．庄子集释［M］．北京：中华书局，1961．

③ 王先慎．韩非子集解［M］．北京：中华书局，1998．

④（汉）刘安．淮南子·修务训［M］．上海：上海古籍出版社，1991．

辞》载："黄帝命赤将为木正，共鼓、化弧刳木为舟，剡木为楫。"[①]开始教人利用木材制作舟楫。《史记·五帝本纪》载："黄帝顺天地之纪，幽明之古，死生之说，存亡之难，时播百谷草木。"[②]以上记载都是人类利用森林资源最早的记载。

尧、舜时期，森林茂密，禽兽大量繁殖，粮食匮乏，严重影响着人类的生存，所以当时的人们采取了砍伐林木和放火烧林的行动驱赶野兽，直接造成了大片森林被破坏，这是关于人为毁坏森林的最早记载。尧统治时期，农林业逐渐普遍，尧任命后稷为农师，领导人们发展农林业并传授生产技能。《史记·周本纪》载："弃为儿时，屹如巨人之志，其游戏好种树麻、菽麻、菽美。及成为人，遂好耕农，相地之宜，宜谷者稼穑焉，民皆法则之，帝尧闻之举弃为农师。"[③]这一时期不仅出现了农官后稷，还出现了管理林业的虞官的记载，"尧时有伯益者，实皋陶之子，佐禹治水土既平，舜命为虞官，掌上下草木鸟兽，然则尧时已有虞官，不始于文王。"[④]舜继位后命令益为虞，负责掌管农林事务。《尚书·舜典》载："帝曰：畴若予上下草木鸟兽，佥曰益哉。帝曰：俞咨益，汝作朕虞。"[⑤]《史记·五帝本纪》载："舜曰：谁能驯予上下草木鸟兽？皆曰益可。于是以益为朕虞。"[②]《孟子·滕文公》载："舜使益掌火，益烈山泽而焚之，禽兽逃匿。"[⑥]《史记》记载了当时林业管理的状况，"益主虞，山泽辟；弃主稷，百穀时茂。"[②]以上多部史书记载的是同一内容，就是在舜统治时期，任命益担任虞官，负责管理林业，而益的主要工作就是放火驱赶禽兽，以供时人捕捉，也可以说当时虞官的职能属于林木利用机构。

夏代（约公元前 2070—约公元前 1600 年）是中国历史上第一个国家，当时人类主要生活在黄河流域的中原地带，随着人口数量的增加，造成生存范围需要不断扩大才能取得足够的食物，造成毁林农垦的加剧，砍伐林木和焚林捕食现象不断增多。关于当时的林木利用状况有诸多记载，《管子·国准》载："黄帝之王，谨逃其爪牙，有虞之王，枯泽童山，夏后之王，烧增薮，焚沛泽，不益民之利。"[⑦]意思是说，在黄帝时代，人类还不能有效防御野兽袭击，无法保证生存安全。唐虞时代，人类还只是无序掠取自然资源。夏代建立后，虽然人类掌握了一定渔猎采集的技能，但仍处于生产力水平较低的奴隶社会初期。《商君书·画策》载："昔者，昊英之世，以伐木杀兽，人民少而木兽多。"[⑧]当时的自然资源丰富，人们猎取野兽为食，人口稀少而资源富足。《尚书·益稷》中有大禹治水过程中使用木材

---

① 王骧．易经注译［M］．北京：中国社会科学出版社，1990．
②（汉）司马迁．史记·五帝本纪［M］．北京：中华书局，1982．
③（汉）司马迁．史记·周本纪［M］．北京：中华书局，1982．
④（清）黄本骥．历代职官表［M］．上海：上海古籍出版社，2005．
⑤（清）孙星衍．尚书今古文注疏［M］．北京：中华书局，1986．
⑥ 孟轲．孟子［M］．北京：中国书店，1992．
⑦（周）管仲．黎翔凤校点．管子·国准［M］．北京：中华书局，2004．
⑧（战国）商鞅．商君书［M］．上海：上海古籍出版社，1989．

的记载："予（系禹自称）乘四载，随山刊木。"[①]大禹作为部落首领，水行乘舟，陆行乘车，泥行乘橇，山行乘欙，所需材料就地利用。《皇朝五经汇解》载："书言刊木，而孟子云益烈山泽而焚之，盖刊乃常法，间有深林穷谷，荟蔚蒙茏，斧斤不可胜除者，则以一炬空之，殊省人力。"《禹贡锥指》载："随山刊木，有五利焉，遥望山川之形势，规度土功，一也；往来之人，不迷厥道，二也；禽兽逃匿，登高避水者，得安其居，三也；奏庶鲜食，以救阻饥之民，四也；材木委积，可以供治洪水之用，五也。"[②]尧舜时期人类为了生存不断毁坏森林，造成森林面积的减少，到夏禹之后，划定天下为九州，区别草木的品种，合理种植，人类利用森林进入了新阶段。

商代（约公元前 1600—约公元前 1046 年）人类仍主要生活在中原地区，已破译的甲骨文中有许多与树木有关的文字，主要有榆、栎、桑、柏、栗、竹、筍、杜、柳、杞等，说明当时草木茂盛，人类已经区分出了多个树种并给予命名。商人也熟练掌握了纺织技能，《管子·轻重》载："伊尹以薄之游女工文绣纂组，一纯得粟百钟于桀之国。"[③]说明在商代已产生了种桑、养蚕、纺丝织布的行业，而且市场上已具备了规范的蚕丝制品兑换粮食的标准和方法。商汤在位期间，重视森林资源的保护，践行"网开三面"的仁政。《尚书·汤诰》载："天命弗僭，贲若草木，兆民允殖。"[①]说明当时统治者已经认识到农林乃立国之根本，开始带领民众开垦种植。商代是我国园林的滥觞期，《史记·殷本纪》有关于宫室、台榭、陂池、侈服以残害于尔万姓的记载。商纣王为满足奢靡的享乐欲望，增加包括林产品赋税在内的多种税收，横征暴敛的财富用于修筑大型苑囿，史料载："厚赋税以实鹿台之钱，而盈巨桥之粟。益收狗马奇物，充仞宫室。益广沙丘苑台，多取野兽蜚鸟置其中，慢于鬼神。大最乐戏于沙丘，以酒为池，悬肉为林，使男女裸相追逐其间，为长夜之饮。"[④]商纣王用了七年时间修建了高大的鹿台，史料中关于鹿台的记载有："纣为鹿台，七年而成，其大三里，高千尺，临望云雨。"[⑤]在当时生产力落后的情况下，修建如此宏大的建筑需要耗费数量庞大的林木资源和人力成本，最终因纣王的失德导致商朝灭亡。

周王朝（约公元前 1046—约公元前 221 年）是以周天子为中心，各个诸侯国围绕的朝代。特别是西周时期，按照"普天之下莫非王土，率土之滨莫非王臣"的所有权思想管理山林川泽，政治管理体制较为复杂，同时，依靠完善的礼乐制度，社会管理较为有序。这一时期，人口数量不断增长，人类在长江、黄河流域进行了更大规模的森林开发和利用，大量砍伐林木修造宫殿、陵寝，同时，为了

① （清）孙星衍．尚书今古文注疏［M］．北京：中华书局，1986．
② （清）胡渭．顾颉刚点校．禹贡锥指［M］．上海：上海古籍出版社，2006．
③ （周）管仲．黎翔凤校点．管子·轻重［M］．北京：中华书局，2004．
④ （汉）司马迁．史记·殷本纪［M］．北京：中华书局，1982．
⑤ （汉）刘向．新序·刺奢［M］．武汉：湖北人民出版社，1986．

提高粮食产量开始了大量毁林垦种。此时，人类早期文明逐渐融入更多的森林元素，以树木作为图腾和对植物的崇拜的原始宗教、山泽的祭祀出现并主导着当时的人的思想，“五行八卦”等早期学说中均出现了“木”的内容和设置。当时已制定了较完善的职官和管理制度，从《周礼》记载可以看出周朝各项管理制度严而有序，其中就有森林永续利用的法令，说明当时保护山林已成为统治者的职能之一。周代已有多种人工植树形式，包括墓地植树、边境造林和苑囿植树等，出现了人工经营果林、桑林、漆林等经济林木和林地买卖契约，林木利用不断深入。《易经·系辞》载：“刳木为舟，剡木为楫，舟楫之利，以济不通，致远以利天下。”[①] 说明当时已掌握了制作斧、锛、刀、锯等不同功能的林木采伐工具，并利用这些工具开展林木采伐；还掌握了木车和木舟的制作技术，采用水、陆并举的方式运输木材等林产品。春秋战国时期，诸子百家提出了很多有见地的政治、思想和科学技术方面的观点和思想，有力地促进了包括林业在内的多项社会事业的进步，林业体系在这一时期开始初露端倪。

第二节　林 业 政 策

据史料记载，先秦时期已经出现了简单的森林管理政策法规，法规的目的主要是引导民众规范、有序地利用林业资源。先秦后期多个流派的思想家提出各具特点的山林利用思想，为我们留下了宝贵的思想遗产。

一、林木保护政策

从史料记载来看，先秦时期没有严格意义上属于林木保护的政策，仅有关于森林焚火法规和限制狩猎的法规，主要目的是规范林木利用，间接地起着保护森林资源的作用，所以，在此勉强列入林木保护政策范畴。

我国自古很注重防范森林火灾的发生，在有效森林用火的同时制定相关用火的规范，避免大面积焚林的发生，起着林木保护的作用。早期的森林用火主要有两种作用：一是取暖和制作熟食，用火量较小，能够有效控制。二是焚林驱兽，通过大面积点燃森林将藏匿其中的禽兽驱赶出来，从而便于捕捉。这种方法因为用火量大，在当时的技术条件下不能有效控制，只能自然熄灭，所以焚毁了大量森林。鉴于此种情况，周代设置了专门的官吏“周烜”制定火禁制度。例如，《周礼》中说“春秋以木铎修火禁”，认为“火星以春出，以秋入，因天时而以戒。”[②] BH001[③]《管子·立政》认为“君子所务者五，一曰山泽不救于火，草木不植成，国之贫也……

① 王骥. 易经注译［M］. 北京：中国社会科学出版社，1990.

②（汉）郑玄. 周礼注疏·山虞［M］. 北京：北京大学出版社，2000.

③ “BH”表示林木保护政策，下同。

三曰桑麻不植于野，五谷不宜其地，国之贫也。”[①][BH002]意思是要想治理好国家，君王需要做好五件事，其中两件与林业有关，分别是森林防火和农桑种植。《荀子·王制》载有“修火宪，养山林”，[②][BH003]要制定严格的禁火政策，并作为国家林政的重要管理职责。

先秦时期还制定了规范狩猎时间和地点的法规，避免了森林野生动物被随意地、无限制地大量捕杀。《管子·七臣七主》载：“春政不禁则百长不生，夏政不禁则五谷不成。”[③][BH004]在这一时期管仲就提出了类似当代“依法治林”的思想，但却未被历代统治者看重和采纳。《管子·禁藏》载：“毋行大火，毋断大木。”[BH005]《管子·轻重》载：“为之厉禁而守之，凡畋猎者受令焉，禁麛卵者与其毒矢射者。”还有“毋杀畜生，毋柎卵，毋伐木，毋夭英，毋柎竿。”[④][BH006]在动物繁殖排卵的季节严禁各种捕捉活动，遵守自然规律。《周礼·雍氏》载：“禁山之为苑、泽之沉者。”[⑤][BH007]禁止沉药于河渠、湖泊之中捕捉鱼类。此外，《礼记·曲礼》载：“国君春田不围泽，大夫不掩群，士不取麛卵。”[⑥][BH008]意思是国君春天打猎（中国古代有将春季打猎称为“畋”，秋季打猎称为“狩”的习惯）不用围猎的方法抓尽野兽，大夫打猎时不能成群捕杀动物，士人不能捕捉幼小的动物和捡拾鸟蛋，也可以解释为不能用竭资源，要按照自然规律有序采用森林资源。《礼记·王制》载：“獭祭鱼，然后虞人入泽梁；豺祭兽，然后田猎；鸠化为鹰，然后设罻罗；草木零落，然后入山林；昆虫未蛰，不以火田。不麛，不卵，不杀胎，不殀夭，不覆巢。”[⑥][BH009]说明古人针对生态问题已有了较深入的认识和觉悟，待每年“獭祭鱼”之后，才能捕捉鱼类；“豹祭兽”之后，才能开展畋猎；“鸠化鹰”之后，可以张网捉鸟类；草木凋零之后，才能砍伐树木；昆虫蛰伏之后，才能焚烧草垦种。《论语·述而》载：“子钓而不网，弋不射宿。”[⑦][BH010]孔子提倡用竹竿钓鱼而不用网，不射返回巢穴抚育幼兽的动物。《春秋公羊解诂》载：“不以夏田者，《春秋》制也。以为飞鸟未去于巢，走兽未离于穴，恐伤害于幼稚，故于苑囿中去之。”[⑧][BH011]对于林产品买卖、交易也有相应的规定，《礼记·王制》载：“禽兽、鱼鳖不中杀，不鬻于市。”[⑥][BH012]意思是说林中的动物和鱼类在禁期内不能捕捉，不能在市场上买卖，属于间接保护森林资源的措施。

---

① （周）管仲．黎翔凤校点．管子·立政［M］．北京：中华书局，2004.

② （清）王先谦．荀子集解·王制［M］．北京：中华书局，1988.

③ （周）管仲．黎翔凤校点．管子·七臣七主［M］．北京：中华书局，2004.

④ （周）管仲．黎翔凤校点．管子·轻重［M］．北京：中华书局，2004.

⑤ （汉）郑玄．周礼注疏·雍氏［M］．北京：北京大学出版社，2000.

⑥ 王文锦．礼记译解［M］．北京：中华书局，2001.

⑦ 孔子．论语［M］．哈尔滨：黑龙江人民出版社，2004.

⑧ 杨伯峻．春秋左传注［M］．北京：中华书局，1990.

二、林木培育政策

黄帝时期就已经出现提倡种植树木的记载。《礼记》载："炎帝、神农氏始教民艺五谷……时播百谷草木。"[①] PY001 [②]当时的人们已认识到时令决定着草木的生长，并逐渐掌握遵照时令变化种植草木。《诗经·魏风·园有桃》和《墨子·天志》等记载有专门用来种植果树的园圃，当时已经出现具有一定规模的人工经济林园，庄子曾经做过漆园小吏。《管子·度地》中有筑堤防水并在堤上种树防溃的记载，《国语》中有"列树以表道" PY002的记载，这是我国种植堤岸林和行道树的最早记载。

先秦时期，森林培育注重采取择伐法将天然林加以人工整理，使乔木林得以保持郁闭状态。《诗经·大雅·皇矣》载："作之屏之，其菑其翳，修之平之，其灌其栵，启之辟之，其柽其椐，攘之剔之，其厌其柘。"[③] PY003管仲为了鼓励民众发展农桑，制定了优厚的奖励政策，规定"民之能树艺者，置之黄金一斤，直食八石；民之能树百果，使繁衮者，置之黄金一斤，直食八石。" PY004这是一个给予种植技术突出人才重奖的政策，鼓励民众积极从事种植业的政策。《管子》还记载："为人君而不能谨守其山林菹泽草莱，不可以为天下王。山林菹泽草莱者，薪蒸之所出，牺牲之所起也。故使民求之。"[④] PY005从以上记载可以看出，当时的统治者已非常重视林木种植和养护事务，并将管理山林列为统治机构的主要职能和任务。道路绿化方面，周代设置野庐氏专门管理国营行道树的栽植和养护，《周礼·山虞》载："掌国道路于四畿，比国郊及野之道路宿息井树，掌凡道禁。"[⑤] PY006春秋时期还有当时民众自觉爱护道路绿化树木的记载，《吕氏春秋》载："子产相郑，桃李垂于街，而莫敢授。"当时的绿化已经非常好了，路边都是茂盛的树木，人们自觉加以保护。春秋战国时期，贵族圈地造园、栽植纪念树之风兴盛，《诗经·大雅·灵台》载："王有灵囿，麀鹿攸伏。"[③] PY007《孟子》记载了齐宣王和孟子关于苑囿修建的一段对话，齐宣王问孟子曰："文王之囿方七十里[⑥]，有诸？"孟子对曰："于传有之。"曰："若是其大乎？"曰："民犹以为小也。"曰："寡人之囿方四十里，民犹以为大，何也？"[⑦] PY008通过以上宣王与孟子讨论文王的狩猎场修建的有七十里，但是文王的属民却觉得挺小，但是宣王的狩猎场只有四十里，属民却觉得太大了。说明春秋末期统治者已开始修建规模庞大的苑囿，当时苑囿的规模已达数十里甚至近百里，苑囿内开始了人工培育植物并养殖禽兽以供游玩

① 王文锦. 礼记译解［M］. 北京：中华书局，2001.

② "PY"表示林木培育政策，下同。

③ 王秀梅译注. 诗经［M］. 北京：中华书局，2006.

④（周）管仲. 黎翔凤校点. 管子·立政［M］. 北京：中华书局，2004.

⑤（汉）郑玄. 周礼注疏·山虞［M］. 北京：北京大学出版社，2000.

⑥ 1里=500米。

⑦ 杨伯峻. 孟子译注［M］. 北京：中华书局，1960.

观赏，中国古代皇家修建苑囿的历史大概由此而始。任昉编著的《述异记》中记载了“吴王别馆有楸梧成林焉，其梧子可食”，还有“梧宫秋，吴王愁”之说。① PY009 梧桐园，也称为琴川梧桐园，是先秦时期最有代表性的园林，是吴王夫差精心修建的在当时规模最大、功能最全面的苑囿。

三、林木利用政策

先秦时期，人们已具有了朦胧的生态意识，模糊地意识到人与森林之间存在着某种联系，人与自然之间是一个统一的整体，应该有序利用森林资源。上古人类构木为巢，采伐林木制作居室，《越绝书》载：“轩辕、神农、赫胥之时，断树木为宫室，死而龙藏。夫神祖使然。至黄帝之时，以玉为兵，以伐树木为宫室，凿地。”② LY001 ③ 禹为了治水“随山刊木，规度土功。”④ LY002 以上记载了当时采伐林木主要用于建造房屋，至禹统治时期砍伐的树木还用于防御洪水。《史记·殷本纪》记载了黄帝要求部落成员“劳勤心力耳目，节用水火材物”LY003，帝喾要求部落成员“取地之材而节用之”⑤ LY004 之语。黄帝带领民众在江湖陂泽、山林平原从事采摘和捕猎的过程中，有节制地取用、利用资源，能够满足需要即可，不再过度攫取资源。这些上古时期部落首领要求成员必须遵守的规定，因为体现了统治者的意图，并且具有普遍的约束力，可以视为早期的管理政策。《逸周书·大聚解》载：“禹之禁，春三月山林不登斧，以成草木之长；夏三月川泽不施网罟，以成鱼鳖之长；不麛不卵，以成鸟兽之长。”⑥LY005 夏代大禹统治时期，为了保护山林中的草木生长不准春季进山伐木，为了保护水中的鱼类等动物不准夏季在河里下网打捞，为了保护林中的动物不准随意畋猎。大禹以部落首领即统治者的身份制定了自然生物资源保护的两项明确禁令：一是“时禁”，在不同的时期禁止对不同的资源进行利用，也可以是有节制地利用资源；二是禁止在动植物繁殖期、生长期进行捕捉或利用，以保证资源生长繁衍，从而实现永续利用。以上两项禁令可以视为夏代的林业管理法规，也是最早的林业政策。孔子也继承了这种因时而发的思想传统，《礼记·祭义》中有：“树木以时伐焉，禽兽以时杀焉”，还有关于“木不中伐，不鬻于市，季夏之月……树木方盛，乃命虞人入山行木，毋有斩伐”，还有关于“禁禁其欲伐者，止止其方伐者”的记载。⑦ LY006《春秋繁露》载有“无伐名木，无斩山林。”⑧ LY007 西周时期周文王在讨伐崇侯的战争中，出现了

---

①（南朝梁）任昉．述异记［M］．杭州：浙江人民出版社，1984．
②（汉）袁康，吴平．越绝书［M］．上海：上海古籍出版社，1985．
③“LY”表示林木利用政策，下同。
④（清）孙星衍．尚书今古文注疏［M］．北京：中华书局，1986．
⑤（汉）司马迁．史记·殷本纪［M］．北京：中华书局，1982．
⑥ 黄怀信，张懋镕，田旭东．逸周书汇校集注［M］．上海：上海古籍出版社，1995．
⑦ 王文锦．礼记译解［M］．北京：中华书局，2001．
⑧（汉）董仲舒．春秋繁露［M］．北京：中华书局，1991．

士兵随意毁损林木稼禾的现象，文王遂以法令的形式颁布了《伐崇令》，这是中国较早的一个林木保护法规。《伐崇令》规定："毋伐树木，毋动六畜。有不如令者，死无赦。"① LY008 主要意思是说在战争中不准随意毁坏树木、不准随意宰杀牲畜，如果出现违反此命令的行为，立即处死。春秋时期盛行对亡者给予厚葬的风气，为表达对逝去人的尊重制作了奢华的葬品，造成大量林木被砍伐，齐桓公为扼制大量毁林现象颁布了一首禁令，规定"棺椁过度者戮其尸"。LY009 意思是对大量采伐树木制造各类葬品的人实施处罚，处罚方式是鞭打亡者尸体。《周礼·山虞》制定了详细的山林管理规定："春秋之斩木不入禁" LY010，还有"仲冬斩阳木，仲夏斩阴木" LY011 的记载。②意思是百姓春秋季砍伐林木不能进入封禁的山林，砍伐要根据时令的规定进行，不能违反规定。《礼记·月令》规定："季夏之月……树木方盛，乃命虞人入山行木，毋有斩伐。草木零落，然后入山林。"③ LY012 在林木茂盛的季节命令山虞入山巡视森林，防止有人盗伐林木，必须要等到草木凋零的冬季才能入山伐木。《周礼·地官》载："凡窃木者有刑罚。"④ LY013 政府对于违反规定而采伐木材者，将予以处罚，及至春秋战国时期，统治者在承袭前代制定的林业保护诸项法律法规外，还加大了对于违反林木采伐时间，对毁林、焚林等行为的处罚力度。《礼记·王制》载："五谷不时，果实未熟，不粥于市。木不中伐，不粥于市。"③ LY014 荀子从市场买卖的角度提出了林木保护的政策，不到时节不能从事相关林产的商品经营，还专门设置了胥师从事商业管理，以纠察和处置商人的不法行为。从夏代开始，兴起了社祀之风，社祀是一种祭祀土地、林木和农作物的活动，也称为郊祀、社祭。在社前种植崇奉的树木，或者适宜生长的树木，称为社木或社丛。《史记·封禅书》载："自禹兴而修社祀，后稷稼穑，故有稷祠，郊社所从来尚矣。"⑤ LY015《周礼》记载，周代对陵园植树和修建都有严格的规定，按照亡者的官阶、身份修建不同的陵园和种植不同的树种，对陵园的面积和树种的数量也有相应的规定，不能僭越。《论语·八佾》载："夏后氏以松"⑥ LY016，就是指以松树为社木，这一时期的社木神圣不可侵犯。先秦时期的兵书《六韬·略地》载："社丛勿伐。"⑦ LY017 此时期，还以树木为地名或国名，如杞、棠、桃、栎、北杏、桑等，说明当时的社木、社丛等树木文化渗透到了社会各方面。

先秦后期的林木利用政策主要是提倡森林永续利用的思想，管子、孟子、荀子等多个门派思想家从不同角度阐述了林业利用的观点。

---

①（汉）刘向．向宗鲁校．说苑校证［M］．北京：中华书局，1987．

②（汉）郑玄．周礼注疏·山虞［M］．北京：北京大学出版社，2000．

③ 王文锦．礼记译解［M］．北京：中华书局，2001．

④（汉）郑玄．周礼注疏·地官［M］．北京：北京大学出版社，2000．

⑤（汉）司马迁．史记·封禅书［M］．北京：中华书局，1982．

⑥ 孔子．论语［M］．哈尔滨：黑龙江人民出版社，2004．

⑦ 盛冬铃．六韬译注［M］．石家庄：河北人民出版社，1992．

《管子》认为森林是人类生存、繁衍的来源，提出很多合理开发利用森林的政策观点。认为“地者，万物之本源，诸生之根苑也”，草木是地利的根本。只有有序利用山林资源，才能使衣食之源用之不尽，提出“山不（同）童而用赡”。[①]《管子·立政》记载有管仲制定的多项林业富民政策，主要有：“泽立三虞，山立三衡，国之山林也，则而用之，山泽儆于火，草木殖成，国之富也，修火宪，敬山泽，林薮积草。天财之所出，以时禁发焉，使民于宫室之用，薪蒸之所积，虞师之事也，工尹伐材用，毋于三时，群材乃殖。”[②][LY018]设置了山林管理官员，并规范了管理职能。“立三等之租其山，巨家室重葬其亲者，服重租，小家菲葬其亲者，服小租；巨家室美修其宫室者，服重租，小家为室庐者，服小租。”[②][LY019]根据不同的情况以三种不同的标准，对林木利用征收赋税。《管子·立政》载有“山林梁泽以时禁发”，在禁止入山伐林木的时间不准“伐大木，斩大山”和“苟有动封山者，罪死而不赦”。[②][LY020]据《管子·地数》载：“山之见荣者，谨封而为禁。有动封山者罪死而不赦。有犯令者，左足入，左足断，右足入，右足断。”[③][LY021]古代帝王封禁山林的主要目的是保证皇家独享，满足帝王打猎、游乐所用，而不是为了保护森林，但从实施效果看保护森林的效果十分明显，切实起到了“不夭其生，不绝其长”的林木保护作用。关于节制利用林木的政策有，《管子·八观》载：“行其山泽，观其桑麻，计其六畜之产，而贫富之国可知也……故曰山林虽广，草木虽美，禁发必有时；国虽充盈，金玉虽多，宫室必有度；江海虽广，池泽虽博，鱼鳖虽多，网罟必有正，船网不可一财面民也。非私草木爱鱼鳖也，恶废民于生谷也。故曰：先王之禁山泽之作者，博民于生谷也。”[④][LY022]《管子·霸形》载：“泽梁时纵，关讥而不征。”[⑤][LY023]《管子·幼宫》载：“毋征薮泽，以时禁发之。”[⑥][LY024]要合理利用森林资源，遵从自然生长的规律。

孟轲主张爱护生物，认为生物资源只有养才能长，不养便会消亡。《孟子·梁惠王》载：“不违农时，谷不可胜食；数罟不入洿池，鱼鳖不可胜食；斧斤以时入山林，林木不可胜用也。谷与鱼鳖不可胜食，材木不可胜用，是使民养生丧死无憾。”[⑦][LY025]认为只要不违反自然的农时和节令从事农桑种植，就会永远有粮食吃；只要不用过于细密的网捕捞幼鱼，就会永远有鱼类等水产品吃；只要遵守森林管理法规和自然时节去砍伐林木，就会永远有林产品可用。《孟子·告子》载：“牛山之木尝美矣，以其郊于大国也，斧斤伐之，可以为美乎？是其日夜之所息，雨

① （周）管仲．黎翔凤校点．管子·水地［M］．北京：中华书局，2004．
② （周）管仲．黎翔凤校点．管子·立政［M］．北京：中华书局，2004．
③ （周）管仲．黎翔凤校点．管子·地数［M］．北京：中华书局，2004．
④ （周）管仲．黎翔凤校点．管子·八观［M］．北京：中华书局，2004．
⑤ （周）管仲．黎翔凤校点．管子·霸形［M］．北京：中华书局，2004．
⑥ （周）管仲．黎翔凤校点．管子·幼宫［M］．北京：中华书局，2004．
⑦ 杨伯峻．孟子译注［M］．北京：中华书局，1960．

露之所润，非无萌蘖之生焉，牛羊又从而牧也，是以若彼濯濯也。”[①] LY026认为牛山上的树木原来长得很好，由于被过量采伐造成树木无法再长得很好了。虽然有阳光雨露的滋润，有新芽新枝的成长，但是由于人的过度利用，原来森林茂盛的山就变成秃山了。

荀况继承了管仲的环境保护思想，并有新的发展。荀况提出了人定胜天的思想。《荀子·王制》载：“草木畴生，禽兽群焉”、“树成荫而众鸟息焉”、“林险，则鸟去之”、“川渊深而鱼鳖归之，山林茂而禽兽归之。”[②]提出了许多与现代相近的生态观念。荀子还对帝王管理森林提出了建议：“圣王之制也，草木荣华滋硕之时，则斧斤不入山林，不夭其生，不绝其长也；鼋鼍鱼鳖鳅鳣孕别之时，网罟毒药不入泽，不夭其生，不绝其长也；春耕、夏耘、秋收、冬藏，四时不失时，故五谷不绝，而百姓有余食也；污池渊沼川泽，谨其时禁，故鱼鳖尤多而百姓有余用也；斩伐养长不失其时，故山林不童而百姓有余材也。”[②]荀况认为，在树木、花草植物开花、结籽的时期，不要采摘；在鱼类等动物交配、产卵的时期，不要捕捉。只有这样才能让这些生物繁衍下去，如果能够认真执行利用法规，按时采伐和抚育山林，就会有用不完的资源。荀子提出在山林利用上遵从“强本节用”的观点，“强本而节用则天不能贫，养备而动时，则天不能病”，林木采用要顺应自然规律，达到人与森林协调发展的目的。荀子还率先提出要利用征收山林赋税的政策加强山林管理，控制资源利用，提出“山林泽梁，以时禁发而不税”LY027，荀况的山林利用思想显然达到了一个新的水平。

这一时期具有了利用人工种植的林木的记载，概括来说人工种植的树木用于以下三个方面：一是种植树木标示边界。《周礼·司徒》载：“设其社稷之遗而树之田主，各以其野之所宜木，逐以名其社与其野。”[③] LY028种植适宜的树木，利用树木标识出地名，用以区别其地。二是种植不同树木显示墓主的身份和社会地位。《古微书·礼纬·稽命征》载：“天子坟高三轫，树以松；诸侯半之，树以柏；大夫八尺，树以栾；士四尺，树以槐；庶人无坟，树以杨柳。”[④] LY029社木具有标示亡者身份的功能。三是种植树木表达后人对亡者的哀思。《诗经·甘棠》载：“又召伯巡行乡邑，断狱甘棠下，后人因思其德，而保护甘棠，以留纪念。”[⑤]《水经注·泗水》载：“……孔子死后，鲁人就冢次而居者百有余家，命曰孔里。”《水经注》收录的三国魏人王象、缪袭等编撰的《皇览》记载：“弟子各以四方奇木来植，故多诸异树，不生棘木刺草，今则无复遗条矣。”[⑥]《圣贤冢墓记》载：“孔子冢茔

① 杨伯峻．孟子译注［M］．北京：中华书局，1960．
② （清）王先谦．荀子集解·王制［M］．北京：中华书局，1988．
③ （汉）郑玄．周礼注疏·司徒［M］．北京：北京大学出版社，2000．
④ （明）孙谷．古微书［M］．上海：上海商务印书馆，1935．
⑤ 王秀梅译注．诗经［M］．北京：中华书局，2006．
⑥ （北魏）郦道元．水经注校证［M］．北京：中华书局，2007．

中树以百数，皆异种，世世无能名其树者。其树皆弟子持其方树来种之，有柞枌雒离女贞五味毚檀之树。”以上说明当时在墓地植树，表达了对亡者的哀思和尊敬。另外，统治者多方提倡种植经济林，促进经济和社会发展，起到富国强民的作用。《诗经·鄘风·定之方中》载：“树之榛栗，椅桐梓漆。”[①]意思是说卫文公徒居楚丘，开始建造城郭、宫室，种植了榛、栗、椅、桐、梓、漆等树种。《周礼·考工记》中还载有“轮、舆、弓、庐、匠、车、梓”等多种木工技术规范。[②]

四、林业政策的影响

（1）以天人合一的思想指导林业政策的制定

先秦时期统治者认为，林业生产要实现天时、地利、人和的有机统一，才能取得较好的效果。周文王提出了永续利用森林资源的观念，认为百物鸟兽鱼鳖无不顺时，生穑省用不滥其度，津不行火，薮林不伐。对林业资源利用的观点是“山林非时，不升斤斧，以成草木之长；川泽非时，不入网罟，以成鱼鳖之长。”[③]重点强调了“时”的重要，在利用森林资源时要顺其本性，顺其自然，因时而动。这一时期的大量著作都有关于“顺天之时，约地之宜”等思想的叙述，已经认识到了天、地、人“三才”的和谐统一是人类生存的基础。

（2）采用“神道设教”的方式推行林业管理

当时的统治者已经认识到敬天地鬼神是一种政治需要，宣扬“不明鬼神则陋民不悟，不祇山川则威令不行”的思想，所以在颁布政令时都会把天地鬼神抬出来，以表示庄严与正统，把限制林木的采伐与敬山泽神明联系起来。此种方式被后世历代统治者所沿用，统治者自称为“天子”、帝王诏书以“奉天承运”为开始等，都借助鬼神的力量来有效推行相关政策。

（3）统治者具有了保护森林资源的意识

西周时期，周文王颁布了《伐崇令》，这是中国历史上较早的林木保护法令，在林业法制史上具有重要意义。这一时期已将森林资源视为统治者的重要财富，并且是衡量国家贫富的重要标志之一，保护好森林资源，发展好林业生产，成为了当时统治者的主要政策。同时，主张对森林有节制的开发利用，认识到山林永续利用的思想，制定了天时、地宜、节用等“六务、四禁”政策，初步具有了林业可持续发展的朦胧意识。

（4）开创“设官教民”的先河

统治者逐步认识到林业的重要性，从中央到地方的各级官吏开始对林业生产进行干预，制定了设置虞人等专门的管理机构的制度，赋予林业机构相应职权管理林业，形成初步的林业管理体制，此种管理体制成为后世林政管理的萌芽。

---

① 王秀梅译注．诗经［M］．北京：中华书局，2006．

②（汉）郑玄．周礼注疏·考工记［M］．北京：北京大学出版社，2000．

③ 黄怀信，张懋镕，田旭东．逸周书汇校集注［M］．上海：上海古籍出版社，1995．

第三节　林业管理

先秦初期，统治者没有认识到森林管理的重要性，对森林资源是放任不管的，大片的森林属于狩猎和采集的场所。随着人们对火使用的普及，狩猎方式也发生了变化，开始采用焚烧草木的方法把野兽从森林中驱赶出来，再众人合力围捕，焚林驱兽成为当时森林管理的主要方式。舜继位后设立了一套行政管理机构，以禹为司空，以弃为后稷，以契为司徒，以皋陶为大理，以垂为共工，以益为朕虞，以伯夷为秩宗，以夔为典乐，以龙为纳言。其中与林业事务有关的是益管理山林，弃管理农桑。

夏朝设立了啬夫掌管农事赋役，《尚书·虞夏书》载："辰不集于房，瞽奏鼓，啬夫驰，庶人走。"[①]以上记载了啬夫巡视田间禾稼的情形，但夏代历史过于久远，找到的史料极少。

商朝方国（部落）林业，有了中央和地方之分，中央为内服，各方国为外服。内服商王之下为"尹"。尹下有各种事官，称为"臣"。例如，管理山林的职官称"小丘臣"，管理农耕的职官称"小籍臣"等。外服称"侯"、"伯"，中央派往地方管理农林事务的称"牧"或"甸"。另外，还设置了多犬、多尹、小众人臣等一系列管理林业的官员，负责监督田猎、收割及赋税等事务。《通典·曲礼》载："殷制……天子之六府曰司土，司木，司水，司草，司器，司货六职"[②]，郑玄的解释是：司土，土均也；司木，山虞也；司水，川衡也；司草，稻人也；司器，角人也；司货，钻人也。另外，还设置了六工，即土工、金工、石工、木工、兽工、草工，其中木工负责轮舆等木器的制作。可以看到商代农、林、水、矿等职官已设置了，社会管理走向规范。

周代是先秦最后阶段，出现了初期的社会管理。奴隶主为了创造更好的狩猎条件和环境，逐步开始设置了禁区、禁山，起到了保护森林的作用。与此同时，随着人口的增长和经济的发展，统治者开始了大规模的城邑建设，林木需求量大幅度增加，森林破坏日趋严重。统治者为了推行各种政策和法规，开始派驻官员并赋予其相应职能从事管理，继而逐步建立了相应的林业管理体系。据战国时成书的《周礼》记载，周代已设置了负责山林政令、林木贡赋、边境造林、山林防火、森林采伐运输等事务的管理机构和官员。天子封禅的山即"封山"、"禁山"，山上的土石草木都神圣不可侵犯，而且在森林立法、林政管理、林业经营、森林保护等方面都已初步形成体系，森林开发和利用进一步加强。

---

① 金景芳，吕绍刚.《尚书·虞夏书》新解［M］. 沈阳：辽宁古籍出版社，1996.

②（唐）杜佑. 王文锦点校. 通典·曲礼［M］. 北京：中华书局，1988.

一、林木保护机构

司爟

本期林木保护主要是森林防火，设立的机构主要是从事火禁的职官，主要有司爟。《周礼·夏官·司爟》载：“司爟掌行火之政令……时则施火令……凡国失火，野焚莱，则有刑罚焉。”①此职官负责森林防火，设下士二人及徒六人，掌行火的政令，遵照季节交替而执行不同的森林用火政策，处置用火不当造成焚林事故和未经许可擅自用火的事件，并且按规定惩罚肇事人。

二、林木培育机构

（1）遂人、封人、掌固、野庐氏、冢人

遂人、封人、掌固、野庐氏和冢人都属于林木种植机构。《周礼·地官·遂人》载：“遂人掌邦之野，以土地之图经田野，造县鄙形体之法……皆有地域沟树之。”②遂人是管辖范围较大的官员，其职务之一是划定邻、里、酂、鄙、县、遂的边界，并植树为标志，是边境林营造的组织者。据《周礼·地官·封人》载：“封人掌诏王之社壝，为畿封而树之。”③封人是大司徒领导下负责社壝植树和畿封边界植树的官员，所以种植和保护都城、边界的标示树木是封人的主要职责。畿封指周王室直辖之土地，当时规定为五百里，四周以沟堑划定，并植以树木。《周礼·夏官·掌固》载：“掌固掌修城郭沟池树渠之固……凡国都之竟，有沟树之固，郊亦如之，民皆有职焉。若有山川，则因之。”④掌固是负责城防的官员，职责包括护城河岸的植树和都市林营造。周代已认识到河堤植树造林可以保持水土，如《管子·度地》载：“树以荆棘，以固其地，杂以柏杨，以备决水。”⑤《周礼·夏官·野庐氏》载：“野庐氏掌国道路至于四畿，比国郊及野之道路宿息井树，掌凡道禁。”⑥野庐氏是公路及驿站管理官员，宿息为驿站，也称为鄙食、野庐，古代规定每十里设一庐，以供行人饮食，井树皆为驿站所必备。《周礼·地官·冢人》载：“冢人掌公墓之地……以爵等为丘封之度，与其树数。”⑦冢人与墓大夫的职责不同，墓大夫是处理墓地所有权纠纷的官员，冢人是墓葬制度的管理官员，其职责包括墓地植树，其植树的树种和坟的高度按等级有不同的规定，当时墓地植树已成为一种习俗，并且形成了完善的制度。

---

①（汉）郑玄．周礼注疏·司爟［M］．北京：北京大学出版社，2000.

②（汉）郑玄．周礼注疏·遂人［M］．北京：北京大学出版社，2000.

③（汉）郑玄．周礼注疏·封人［M］．北京：北京大学出版社，2000.

④（汉）郑玄．周礼注疏·掌固［M］．北京：北京大学出版社，2000.

⑤（周）管仲．黎翔凤校点．管子·度地［M］．北京：中华书局，2004.

⑥（汉）郑玄．周礼注疏·野庐氏［M］．北京：北京大学出版社，2000.

⑦（汉）郑玄．周礼注疏·冢人［M］．北京：北京大学出版社，2000.

（2）囿人、场人、甸师、兽人

囿人、场人、甸师、兽人都属于苑囿动植物养护机构。《周礼·地官·囿人》载："囿人掌囿游之兽禁。牧百兽，祭祀丧纪宾客，共其生兽死兽之物。"囿人为王室动物园的管理员，负责豢养野生动物，并满足王室祭祀和招待宾客的需要。自文王建灵囿以来，在豢养野生动物的同时，往往具备树木、水域等自然环境，囿之功能已不仅限于牧百兽，故囿人的职责实际是王室苑囿的管理官员。《国语·周语》载："薮草有圃草，囿有林池，御灾也。"说明了囿人的职能和作用。《周礼·地官·场人》载："场人掌国之场圃，而树木之果蓏珍异之物。以时敛而藏之。凡祭祀宾客，共其果蓏，享亦如之。"场人是王室场圃的管理官员，负责供应王室瓜果之类。《周礼·天官·甸师》载："甸师掌率其属而耕王藉，以时入之，以供齍盛。祭祀，共萧茅，共野果蓏之荐；……帅其徒以薪蒸役外内饔之事。"甸师为王藉之管理官员。王藉为王之藉田，除负责供应粮食之外，还要供应祭祀用茅草、到远郊采集野果之类；齍盛为以黍、稷、稻、梁之类奉祀神灵的供物；饔为烹饪之事；同时还要供应王室需要的薪柴，其大者为薪，小枝曰蒸。《周礼·天官·兽人》载："掌罟田兽，辨其名物。冬献狼、夏献麋、春秋献兽物。时田，则守罟……凡田兽者，掌其政令。"兽人为掌管森林狩猎的官员，负责供应王室野生动物，同时负责狩猎的政令。

三、林木利用机构

（1）大司徒和大司马

大司徒和大司马属于综合林木利用机构。大司徒负责农林等事务全面工作，据《周礼·地官·大司徒》载："掌建邦之土地之图，与其人民数……辨其山林、川泽、丘陵、坟衍、原隰之名物，而辨其邦国都鄙之数，制其畿疆而沟封之。设其社稷之壝，而树之田主，各以其田野所宜木，遂以名其社与其野……以阜人民、以蕃鸟兽、以毓草木、以任土事……凡造都鄙，制其地域而沟封之。"大司徒实际是掌握、管理与保护全国自然资源和建立神坛的官员。根据土地及资源的状况，划定都鄙的边界；规定全国的贡赋；负责建立"社稷之壝"，即各地祭祀天地的社坛，并种植适宜的社木。小司徒是大司徒的助手，乡师、乡大夫、州长、党正、闾师、县师、遂人等则是其完成上述任务的下属地方官员。大司马是主管国防与军事的官员，包括组织四季军事狩猎，春季称为"蒐田"，夏季称为"苗田"，秋季称为"狝田"，冬季称为"狩田"；同时还负责有关防火、城郭的沟池植树、公路植树等。《周礼·夏官·大司马》载："大司马之职，掌建邦国之九法，以佐王平邦国。"①

① （汉）郑玄. 周礼注疏·大司马［M］. 北京：北京大学出版社，2000.

（2）山虞、林衡、柞氏、司险、职方氏、土方氏

山虞、林衡、柞氏、司险、职方氏和土方氏属于国有林木利用机构。“虞”指测量的意思，“衡”指权衡的意思。《周礼·地官·山虞》载：“山虞掌山林之政令，物为之厉而为之守禁。”还有“凡窃木者，有刑罚”的记载。山虞的职责是：“山虞掌山林之政令，物为之厉，而为之守禁。仲冬斩阳木，仲夏斩阴木，凡服耜斩季材，以时入之，令万民时斩材，有期日。凡封工入山林而抡材，不禁。春秋之斩木不入禁。凡窃木者有刑罚。若祭山林，则为主而脩除，且跸。若大田猎，则莱山田之野。及弊田，植虞旗于中，致禽而珥焉。”[①]意思是指山虞掌管山林采伐的数量和日期，有物产的地方设藩篱为界，制定山林管理禁令。仲冬山南边生长的树木，仲夏砍伐山北边生长的树木，制作车绞和耒时要砍伐较小的林木，按时送交工官车人。规定百姓在十月的时候才可以砍伐树木，不能越过山林的藩界，只能砍伐藩界以外的树木。如果有盗伐林木的，加以处罚。祭祀山林时，要清扫道路和壇场，并负责警戒和保卫，禁止闲杂人员通过。王者打猎时，芟除山地田猎场所的杂草，田猎结束时，在田猎场地竖立虞旗，将猎获的禽兽左耳割下，放在虞旗边。《左传·昭公二十年》载：“薮之薪蒸，虞衡守之。”其中虞指山虞，衡指林衡。

林衡的职责，据《周礼·地官·林衡》载：“林衡掌巡林麓之禁令，而平其守。以时计林麓而赏罚之。若斩材木，则受法于山虞，而掌其政令。”林衡掌管巡视林麓，是护林官员，负责执行禁令，调配守护林麓的人员，按时考核护林人员功绩，赏优罚劣。如果需要砍伐林木，需要山虞的法令。《左传·昭公二十年》载：“山林之木，衡鹿守之。”印证了林衡的职责。关于山虞和林衡的管理体系，《周礼·地官·山虞》中有这样的记载：“山虞每大山，中士四人，下士八人，府二人，史四人，胥八十人。中山，下士十六人，史二人，胥六人，徒六十人。小山，下士二人，史一人，徒二十人。”其还记载了：“林衡每大林麓，下士有二人，史四人，胥十有一人，徒百有二十人。中林麓如中山之虞，小林麓如小山之虞。”[②]

柞氏的职责为砍伐林木。《周礼·秋官·柞氏》载：“掌攻草木及林麓，夏日至，令刊阳木而火之，冬日至，令剥阴木而水之，若欲其化也，则春秋变其水火，凡攻木者，掌其政令。”[③]意思是因开拓耕地或建筑需要等原因需要砍伐林木的，由柞氏负责实施这种刀耕火种原始林业砍伐工作。

司险，“掌九州之图，以周知其山林川泽之阻，而达其道路。设国之五沟五涂而树之林，以为阻固，皆有守禁，而达其道路。”[④]负责管理国家公路，兼管公路

---

①（汉）郑玄．周礼注疏·山虞［M］．北京：北京大学出版社，2000.

②（汉）郑玄．周礼注疏·司徒［M］．北京：北京大学出版社，2000.

③（汉）郑玄．周礼注疏·柞氏［M］．北京：北京大学出版社，2000.

④（汉）郑玄．周礼注疏·司险［M］．北京：北京大学出版社，2000.

养护和沟渠植树的官员，职责包括公路植树和公路树木管理。司险也有管理体系，“司险，中士二人，下士四人，史二人，徒四十人。”①

职方氏，《周礼·夏官·职方氏》载：“掌天下之图，以掌天下之地……周知其利害，用辨九州之国，使同贯利。”负责指导农林生产，规定各地应植树种，属于掌管舆籍的顾问。土方氏，“以土圭之法测土深，正日景（影），以求地中。”②负责利用土圭方法以致四时日月，指导民众按时令种植。

（3）载师、闾师、山师、原师

载师、闾师、山师、原师属于私有林木利用机构。载师，“掌任土之法，授地职，而待其政令。以廛里任国中之地；以场圃任园地；以宅田、士田、贾田任近郊之地；以官田、牛田、赏田、牧田任远郊之地；以公邑之田任甸地；……凡任地，国宅无征，园廛二十而一，近郊十一，远郊二十而三……唯漆林之征二十而五……以时征其赋。”③载师是负责土地规划和管理赋税的官员。

闾师，“闾师掌国中及四郊之人民六畜之数，以任其力，以待其政令，以时征其赋。凡任民，任农以耕事，贡九谷；任圃以树事，贡草木；任工以饬材，贡器物；任牧以畜事，贡鸟兽；任商以市事，贡货贿；任嫔以女事，贡布帛；任衡以山事，贡其物；任虞以泽事，贡事物。凡无职者出夫布；凡庶民，不畜者祭无牲；不耕者祭无盛；不树者无椁；不蚕者不帛；不绩者不衰。”④闾师是基层政权的管理官员，其所辖人民的各种生产、赋贡皆在其职权范围内，其中也包括老百姓的林业生产。

山师，负责山林命名，辨其物与其利害而须之于邦国，使致其珍异之物。

原师，掌四方之地名，辨其丘陵坟衍原湿之名。

四、林业管理的特点

（1）首次建立职能清晰的林业管理机构

山虞和林衡的出现具有划时代的意义，代表着中国历史上首次出现了职能清晰、分工明确的林业管理机构。山虞属于行政机构，负责山林政令，林木、动物、矿石等森林资源的取用，以及祭祀、狩猎等的开展，均由山虞执掌。林衡为具体的林业执行机构，在山林间执行实地管理任务和法令，执行山虞下达的政令。所以，前者偏重于“立法”职能；后者偏重于“执法”职能，两者分工配合，各司其职，是统治者科学规范管理山林的初始。

（2）林业管理机构层级设置分明

设置了多个具有不同职能的林业管理机构，上至位列“三公”的大司徒、大

---

①（清）黄本骥．历代职官表［M］．上海：上海古籍出版社，2005．

②（汉）郑玄．周礼注疏·大司徒［M］．北京：北京大学出版社，2000．

③（汉）郑玄．周礼注疏·载师［M］．北京：北京大学出版社，2000．

④（汉）郑玄．周礼注疏·闾师［M］．北京：北京大学出版社，2000．

司马，下至无职无品的囿人、场人等，它们的职责和管辖范围都有着明确的规定，相关职官能够很好地各司其职，行使林业管理职能。根据山林川泽情况的不同，在“虞衡”内部也设置了不同的行政结构，提高了林业保护和自然资源合理利用的效率。如川衡，根据大川、中川、小川的不同，配备了级别、结构、规模不同的属吏。这样不仅提高了行政效率，更有助于协调区域间的林业管理，使他们相互配合，充分履行了林业管理的职能，这种较细致的分工为后代林业管理机构的演变提供了依据。

（3）森林资源利用成为林业管理的主要职能

先秦时期的林业管理部门注重对森林和动物资源进行管理，其中山虞、泽虞、川衡、林衡的主要工作都是负责森林资源有序利用。这与当时低下的生产力和恶劣的环境是分不开的。由于生产力水平低下，人们对自然资源有极大的依赖性，动植物资源的樵采渔猎在生产生活中占有重要地位，关系着国家的财政收入，所以先秦时期尤其注重动物资源和森林资源的规范利用。

第二章　中国古代林业管理的雏形

（秦汉，公元前 221—公元 220 年）

秦汉时期，林业政策和管理的重点是林木利用和培育。统治者制定了很多史无前例、影响至今的政策，其中，森林军事防御功能利用、园林文化滥觞和行道树栽培等影响深远，但是，林木保护的意识不足，还不能称为真正意义上的林业政策和管理。本期我国古代的林业思想和林业政策在先秦的基础上进一步发展。但是仍将森林视为财货，由君王统一运用。坚持山林封禁是国策，间隙性的山林开放是一时之需。当时森林具有保持水土的功能可能还没有被认识，虽然黄河水患已经很严重，国家采取很多措施治水，但没有见到提倡爱护森林保持水土的政策。随着冶铁、煮盐、铸钱等行业的发展，林木作为薪材被大量砍伐或制作成木炭，森林需求量逐渐增多。秦代由少府兼管山林政令、木材采伐、植树造林和林业赋税。汉代孝景帝时设置大司农管理农林，设置东园主章专管林木。汉平帝设置大司农专门从事劝农桑和教民植树事务。但"严刑峻法"只是针对庶民百姓的，对最高统治者并不起作用，因为我国的古代社会是皇权至上，法律对国君是没有约束力的，而对自然资源消耗最大的却恰恰是皇室。鼓励屯田的政策及农耕经济的发展，刺激了垦荒事业的兴起，愈演愈烈的滥垦行为直接破坏了森林生态平衡。森林、草原等多种具有涵养水源、保持水土功能的地上植被被破坏，产生了水土流失现象，并且越来越严重。以木材作为燃料，制作厚重的棺椁，以及大量砍伐林木营造富丽宏大的建筑，导致林木资源遭受严重破坏。秦汉时期的林业管理制度客观上对环境起到了保护森林的作用，但发挥的作用不大。通过以上分析和研究，作者认为秦汉时期在我国古代林业政策和管理发展史上属于雏形阶段。

第一节　秦汉时期林业发展概况

秦汉时期，农业开发较早的平原地区已经很少有大面积的自然森林，据史料记载，当时的森林资源主要分布在以下几个地区：关中西部的陇右地区，关中南部的秦岭地区，关中东部的黄土高原地区和江南地区。秦汉时期的森林面积虽然无法与先秦时期相提并论，但此时的森林覆盖状况与日后相比还是保持良好，虽然总体上是趋于恶化的。秦汉时期的林业取得了很大的发展，主要表现在以下几个方面：首先，体现在从中央到地方设置了少府、将作大将、水衡都尉等明确职掌林业的职官，加强对林业的管理；其次，秦汉时期不但提倡合理利用森林资源，加强防火，而且禁止滥砍滥伐，严惩毁坏树木者，这些严密详实的林业法规保证了林业的发展；最后，秦汉时期林业发展最富有积极意义的因素是植树造林取得了长足的发展，当时扩大了林木种植的规模，人工造林种类众多，如有经济林、行道树、军事防护林、园林、墓树和庭树等。尽管秦汉时期的林业受生产力发展的局限及日益增加的人口所带来的压力等因素制约，但总体而言，当时的林业一直是向前发展的，这点必须予以肯定。

秦汉时期林业的发展对社会产生了很大的影响，不仅对农业和畜牧业等社会生产产生了积极的影响，还为盐铁生产、舟车制造和纺织漆器等手工业生产提供了必需的燃料和原材料。林业发展还丰富了社会生产知识的积累和应用，促进了植树造林技术水平的提高，而且由发展林业附带而生了间接的社会生产效应，加深了林业与农业的结合。林业与人类社会的衣食住行甚至丧葬等方方面面都密切相关，并对之产生了巨大的影响，同时，秦汉时期的林业还影响着当时的社会民俗文化。

秦汉时期（公元前221—公元220年）存世441年，其中秦朝（公元前221—公元前206年）历经15年，西汉（公元前206—公元25年）历经231年，东汉（公元25—公元220年）历经195年。秦汉时期是在结束了“春秋”、“战国”长期分裂局面之后，首次建立了统一的中央集权的封建大帝国，统治权力集中于中央，在地方设置郡县，中央派官吏任郡县长官，改变了以前统治权力分散的状况，具有里程碑的意义。秦汉时期，林业开发较早的平原地区已经很少有大面积的自然森林，据史料记载，当时的关中西部的陇右地区、关中南部的秦岭地区、关中东部的黄土高原地区和江南地区森林覆盖率较高。秦汉时期的人类林木利用进一步加剧，后期森林面积已大面积减少，森林生态环境日趋恶化。前期黄河中下游地区虽然还没有完全形成单一农林业经济，但农林业在社会生产经济部门中占主导地位是毋庸置疑的。大规模的移民屯垦，已经破坏了原本良好的原始生态，使边郡生态环境遭到了严重破坏，边郡很多地区由绿洲变为沙漠。另外，战乱不断，兵燹森林严重。秦代后期大兴土木建造，大量宫殿、苑囿建设用材成为森林毁坏的主要原因。秦始皇建造阿房宫时，所需木材大部分从四川采伐而来，从这一点反映出当时中原地区森林已退化，无法提供大量可堪大梁的巨木了。《汉书》中杜牧的《阿房宫赋》载：“六王毕，四海一，蜀山兀，阿房出。”形象地揭示了当时因建造而造成的林木大量使用，致使整个地区的森林被砍伐殆尽。汉代张戎看到植被破坏造成严重的水土流失，指出：“河水重浊，号为一石水而六斗泥。”[①]《尚书·禹贡传》根据当时的地理知识，假托禹之名，以禹治理九州山川的传说为线索，论述了滥伐林木是造成水旱灾害发生的重要原因。汉以后对森林资源的保护逐步失控，甚至“罢山林之禁，与民共之”。百姓确实得到了实惠，但对于森林资源来说却是破坏的开端。秦汉时期林木培育也取得了较好成效，朝野以务农为本，

---

① （汉）班固. 汉书·武帝纪［M］. 北京：中华书局，1982.

上倡下效，农林事业大有起色。《淮南子·主术训》载："人君上因天时，下尽地利，中用人力，是以群生遂长，五谷蕃殖，教民养育六畜，以时种树，务修田畴，滋殖桑麻，肥硗高下，各因其宜，丘陵阪险，不生五谷者以树竹木，春伐枯槁，夏取果蓏，秋蓄蔬食，冬伐薪蒸。"已提出了一套完整的"三才"理论，并用于指导农林生产等事务。《汉书·地理志》载："巴、蜀、广汉本南夷，秦并以为郡。土地肥美，有江水沃野、山林竹木、蔬食果实之饶。"在树木栽培方面进行了一些新的举措，改变了前代"重利用，轻栽种"的状况。

第二节　林 业 政 策

秦汉时期的中国政治体系发展到了一个阶段，政府各项管理机构具有了初步的体系，制定、颁布了大量的林业管理政策，政策内容进一步明确和具体。但是，林业管理方面却远未达到应有的作用，人类赖以生存的黄土高原林带被严重消耗和毁坏，造成水土的严重流失，黄河从此混浊不堪，河床被淤泥不断抬高，水患延续至今，成为我国林业管理史的惨痛教训。

一、林木保护政策

秦始皇登泰山封禅途中，看到泰山的森林已不繁茂，遂下诏"无伐草木"，禁止任何形式的林木采伐。[①]秦代制定的《秦律·田律》是我国最早的林木保护法令。《田律》是已知的 18 种秦律之一，又有"畋猎之律"的说明。《田律》载："春二月，毋敢伐材木山林及雍堤水。不夏月，毋敢夜草为灰，取生荔、麛卵谷，毋……毒鱼鳖，置井网，到七月而纵之。唯不幸死而伐绾椁者，是不用时。邑之近皂及它禁苑者，麛时毋敢将之以田。百姓犬入禁苑中而不追兽及捕兽者，勿敢杀；其追兽及捕兽者，杀之。呵禁所杀犬，皆完入公；其它禁苑杀者，食其肉而入官。"BH001 这一段表达的是时禁的意思，分别规定在不同的季节不能从事哪些林业事务，比如春季不能砍伐林木，夏季不能焚林、采摘、捕幼兽等活动。唯有因死亡需要伐木材制作棺材，不受时禁的限制。还明确对城邑附近的封禁苑囿进行保护，禁止在幼兽繁殖时带着狗去狩猎，违反者按规定处罚。《吕氏春秋》中关于时禁的思想逐步融入《秦律》，在秦朝得以推行。其规定："孟春之月，禁止伐木，无覆巢，无杀孩虫、胎夭、飞鸟，无麛无卵。仲春之月，无竭川泽，无漉陂池，无焚山林。季春之月，田猎毕弋，罝罘罗网，喂兽之药，无出九门。孟夏之月，无伐大树……驱兽无害五谷，无大田猎。仲夏之月，令民无刈蓝以染，无烧炭。季夏之月，令渔师伐蛟取鳖，升龟取鼋……树木方盛，无或斩伐。孟秋之月，鹰乃祭鸟，始用行戮。季秋之月，草木黄落，乃伐薪为炭。仲冬之月，山林薮泽，有能取疏食田

① (汉) 司马迁. 史记·秦始皇本纪 [M]. 北京：中华书局，1982.

猎禽兽者，野虞教导之……日至短，则伐林木，取竹箭。”BH002《吕氏春秋》中记录的这些涉及林业的禁令与《田律》观点一致，互为补充，说明当时上至君王，下至大臣已对生态环境有了共同的认识，这些政策的出台表明秦代已明显比先秦的规定更加具体、更加详细、更加规范。《吕氏春秋》中的“十二纪”中指出，不论是对花草树木、鸟兽鱼虾的利用，还是对山川湖泽的利用和改造，都应顺时而动，维护生物群落自然生长、繁衍。《吕氏春秋》中的“十二纪”的规定基本能代表当时的林业管理政策，在汉代相继被《淮南子》采纳，成为中国早期最基本的林木管理政策。

汉武帝于元封元年（公元前 110 年）正月登临嵩山时下达了林木禁伐诏令：“禁无伐其草木。”① BH003 汉武帝于后元元年（公元前 88 年）下达了保护动物的诏令：“朕……巡于北边，见群鹤留止，以不罗网，靡所获献。”① BH004

汉宣帝元康三年（公元前 63 年）春天看到成群的鸟类飞至，并且在距都城不远的山林中筑巢、嬉戏，飞鸟、绿荫交相辉映的景色一直持续到了当年夏季六月。汉宣帝以此为由下达了保护森林资源和动物资源的诏令：“令三辅毋得以春夏摘巢探卵，弹射飞鸟具为令。”②BH005 明确规定在春、夏两季严禁在京城周边山林掏鸟巢、射猎鸟类。

东汉光武帝于建武四年（公元 28 年）下达保护山林的诏令：“吏民毋得伐山林。”BH006 20 世纪 70 年代出土的居延新简中也出现了林木保护的内容：“建武四年五月辛巳朔戊子，甲渠塞尉放行候事，敢言之。诏书曰：吏民毋得伐树木，有无四时言。谨案：部吏毋伐树木者，敢言”，“建武六年七月戊戌朔乙卯，甲渠鄣候敢言之，府书曰：吏民毋得伐树木，有无四时言，谨案：部吏毋伐树木。”③以皇帝诏书形式颁布法令，要求保护树木，诏令范围包括边塞军事基层组织，并要求基层官吏要严格检查，将结果随时上报，足以体现当时的统治者重视林业保护的程度。

东汉章帝也非常重视林业管理，下诏严禁随意毁坏林木，保护树木正常生长。章帝元和二年（公元 85 年）下诏规定：“方春生养，万物莩甲，宜助萌阳，以育时物。”④ BH007 春天禁止随意砍伐树木、捕捉动物，要帮助万物自然生长。元和三年（公元 86 年）诏令：“人君伐一草木不时谓之不孝。”BH008 汉代是非常重视孝道的，章帝指出如果帝王不遵守四时之禁而随意损毁草木，属于不孝的行为，将有序利用森林列为与孝道同等的地位。

东汉顺帝时期，发生了因为进山采凿石材引起山火、造成大片的森林被烧毁的事件，顺帝为警戒此类严重毁林事件的发生，于公元 129 年（永建四年）诏令：

① （汉）班固. 汉书·武帝纪［M］. 北京：中华书局，1982.
② （汉）班固. 汉书·宣帝纪［M］. 北京：中华书局，1982.
③ 薛英群. 居延新简释粹［M］. 兰州：兰州大学出版社，1988.
④ （南朝宋）范晔. 后汉书·章帝纪［M］. 北京：中华书局，1982.

“敕有司检察所当禁绝，如建武、永平故事。”① BH009

对违反规定者也制定了处罚政策。据考古发现，云梦秦简中有一个关于秦代林木保护方面的记载：“盗采桑叶，臧（赃）不盈一钱，可（何）论？赀徭三旬。”② BH010 意思是偷摘了别人的桑叶，价值还不到一钱，怎么处罚？罚三十天徭役。可见秦的严刑峻法十分苛刻，以至对小小的过错都要重罚，但是林业保护是一件好事。汉代也制定了严格的毁林处罚法规，汉律《贼律》载：“贼伐树木禾稼……准盗论”③ BH011，规定随意砍伐树木的属于偷盗行为，以偷盗罪处罚，对肆意“侵夺山林薮泽者，罪之不赦。”④ BH012 对皇家陵园种植的树木保护得更严格，如果有盗伐皇家陵园树木的不仅以偷盗处罚，甚至处于死刑。据《太平御览》引《三辅旧事》载：“汉诸陵皆属太常，有人盗柏者弃市。”BH013 对偷伐林木者以死刑论处，还陈尸街头以儆效尤，不仅盗伐者要受到严厉的处罚，就是失职的官吏也连带受到免职处罚。

二、林木培育政策

秦始皇统一六国后，修筑了以咸阳为中心通向全国的驰道，下令在驰道两侧“树以青松”，也就是今天的行道树，这是史料记载的最早以皇帝诏令形式出现的林木培育的法规。《国语·周语》载：“列树以表道。”《汉书·贾山传》载：“秦为驰道于天下，东穷燕齐，南极吴楚，江湖之上，濒海之观毕至，道广五十步，三丈而树，厚筑其外，隐以金锥，树以青松。”⑤ PY001 唐代诗人岑参曾用“青松夹驰道，宫观何玲珑”的诗句形容秦行道树与宫观相映成趣的壮丽图景，使人回味无穷。秦始皇焚书时，独“医药卜筮种树之书不去”。②秦为了统一国人思想，采取焚书坑儒的政策，宰相李斯建议，非秦记皆烧，而不烧种树之书，留下让士人读之，可见，秦始皇已认识到林木种植的重要。当时，偏远的岭南地区，人烟稀少，但是也在道路两旁种植了青松等行道树，说明行道树的种植在秦代得到大面积推广和实施，并被后世延续。明代诗人邝露《赤雅》记载了当时的情况：“自桂城（桂林）北至全湘七百里，皆长松夹道，秦人置郡时所植，少有摧毁，历代必补益之。”⑥

秦代经济林木种植面积不断增加，林果业具有了一定规模，《史记》载，安邑地区种植了大量枣树；燕、秦地区种植了大量栗树；蜀、汉、江陵地区种植了大量橘树；淮北、常山以南、河济之间的地区种植了大量萩树；陈、夏地区种植了

① （南朝宋）范晔．后汉书·顺帝纪［M］．北京：中华书局，1982．
② （汉）司马迁．史记·秦始皇本纪［M］．北京：中华书局，1982．
③ （清）张鹏一．汉律类纂［M］．//史料．格致堂排印本，1907．
④ 王文锦．礼记译解［M］．北京：中华书局，2001．
⑤ （汉）班固．汉书·贾山传［M］．北京：中华书局，1982．
⑥ （明）邝露．文渊阁四库全书·赤雅［M］．台北：台湾商务印书馆，2005．

大量漆树；齐、鲁地区种植了大量桑树；渭川地区种植了大量竹子。[①]以上记录了各地特色经济树种，说明秦代已开始关注树木的经济价值，已经形成具有地域特点、规模较大的经济林区。

汉高祖二年（公元前 205 年）冬十一月，下令“故秦苑囿园池，令民得田之”[②] PY002，将原来官府所有的园地分配给民众，从而避免了土地荒废，也使民有田可种植。

汉惠帝四年（公元前 191 年）下令：“春正月，举民孝弟力田者复其身”[③] PY003，吕后元年“初置孝弟力田二千石者一人”。[④]孝弟力田是汉代选拔官员的科目之一，二千石是官员的薪俸和官秩的代表，意思是惠帝时期以高级官员来管理农林事务，从而带动天下官员和百姓勤农桑。

汉文帝非常重视劝民植树。文帝时期发生蝗灾，十二年（公元前 168 年）三月下诏规定：“道民之路，在于务本。朕亲率天下农，十年于今，而野不加辟。岁一不登，民有饥色，是从事焉尚寡，而吏未加务也。吾诏书数下，岁劝民种树，而功未兴，是吏奉吾诏不勤，而劝民不明也。且吾农民甚苦，而吏莫之省，将何以劝焉？其赐农民今年租税之半。” PY004 文帝多次下劝农诏书，每年都劝民种树，而没有好的效果，原因是官吏没有尽心执行诏令，没有让民众明白农桑的重要性。为了进一步调动民众种植的积极性，下令将今年赋税减少一半。文帝十三年（公元前 167 年）二月诏：“朕亲率天下农耕以供粢盛，皇后亲桑以奉祭服。” PY005 同年六月再次下诏规定：“农，天下之本，务莫大焉。今勤身从事，而有租税之赋，是谓本末者无以异也，其于劝农之道未备。其除田之租税。赐天下孤寡布、帛、絮各有数。”[⑤] PY006

汉景帝也是一个勤勉的君王，在他任内不遗余力劝民农桑。景帝元年（公元前 156 年）春正月，下诏规定：“间者岁比不登，民多乏食，夭绝天年，朕甚痛之。郡国或硗狭，无所农桑系畜；或地饶广，荐草莽，水泉利，而不得徙。其议民欲徙宽大地者，听之。” PY007 二年（公元前 155 年）诏：“天下务农桑，二千石不事官职耗乱者罪之。” PY008 对包括二千石在内的高官务桑事务进行规定，不称职的给予处罚。三年（公元前 154 年）春诏：“郡国务劝农桑。” PY009《汉书·景帝纪》中是这样记载的，后三年（公元前 141 年）春正月曾经诏告天下：“农天下之本也，黄金珠玉，饥不可食，寒不可衣，以为币用，不识其始终。间岁或不登，竟为末者众，农民寡也。其令郡国务农桑，益种树，可得衣食物。”[⑥]景帝将农林业置于

---

①（汉）司马迁．史记·货殖列传［M］．北京：中华书局，1982.
②（汉）班固．汉书·高帝纪［M］．北京：中华书局，1982.
③（汉）班固．汉书·惠帝纪［M］．北京：中华书局，1982.
④（汉）班固．汉书·高后纪［M］．北京：中华书局，1982.
⑤（汉）班固．汉书·文帝纪［M］．北京：中华书局，1982.
⑥（汉）班固．汉书·景帝纪［M］．北京：中华书局，1982.

重要地位，要求郡国和官吏带领属地发展农林业，保证民众有粮食吃，有衣服穿，如果发现有官吏没尽力务农桑的要处罚，二千石官吏同罪。

汉武帝元鼎二年（公元前 115 年）下诏：“令吏民勉农尽地利”，[① PY010]要求广大官吏带领民众根据土地情况勤勉农务。武帝末期更是认识到农桑强国的关系，乃封丞相为富民侯，诏令当今务在于力劝农桑，还命赵过为搜票都尉，过能为代田，用力少，而得谷多。武帝已认识到新的种植技术对种植的重要性，开始派遣官员开展技术推广，帮助农民种植增加产量。

汉昭帝元平元年（公元前 74 年）二月下达了劝植诏令：“天下以农桑为根本。日者省用，罢不急官，减外徭，耕、桑者益众，而百姓未能家给，朕甚愍焉。其减口赋钱。”[② PY011]当时负责赋税的有司奏请减免部分林业赋税，昭帝同意了，并“耕于钩盾弄田”率先垂范于天下。昭帝视天下以农桑为立国之本，裁撤不称职的官员，减免赋税，极大地促进了当时农民务桑的积极性。

汉元帝建昭五年（公元前 34 年）下诏：“方春农桑兴，百姓戮力自尽之时也。故是月劳农劝民，无使后时。今不良之吏，覆案小罪，徵召证案，兴不急之事，以妨百姓，使失一时之作，亡终岁之功，公卿其明察申敕之。”[③ PY012]重申对妨碍农桑的官吏给予处罚，告诫官员不要耽误了农时而影响全年收获。

汉成帝阳朔四年（公元前 21 年）诏：“其令二千石勉劝农桑出入阡陌，致劳来之。”[④ PY013]重申二千石以下的官吏必须承担农桑任务。

王莽篡汉后，于始建国年间为推行林木培育政策，规定：“城郭中宅不树者为不毛，出三夫之布。”[⑤ PY014]王莽虽然主政时间不长，但对林业重要性的认识颇深，制定严厉的处罚政策迫使民众劝课农桑。

东汉诸帝仍将劝课农桑作为要务。光武帝建武六年（公元 30 年）诏：“二千石，勉加抚循，无令失职。”[⑥ PY015]明帝永平二年（公元 59 年）三月，皇后亲自养蚕，并于三年（公元 60 年）正月诏：“令有司勉顺时气，劝督农桑。”[PY016]十年（67 年）四月诏：“方盛夏长养之时，荡滌宿恶，以报农功，百姓勉务桑稼，以备灾害，吏敬厥职，无令愆惰。”[⑦ PY017]章帝建初元年（公元 76 年）出现粮价太高、百姓流亡的情况，于正月下诏：“其令二千石勉劝农桑出入阡陌致劳來之。”[⑧PY018]

---

①（汉）班固．汉书·武帝纪［M］．北京：中华书局，1982．

②（汉）班固．汉书·昭帝纪［M］．北京：中华书局，1982．

③（汉）班固．汉书·元帝纪［M］．北京：中华书局，1982．

④（汉）班固．汉书·成帝纪［M］．北京：中华书局，1982．

⑤（汉）班固．汉书·食货志［M］．北京：中华书局，1982．

⑥（南朝宋）范晔．后汉书·光武帝纪［M］．北京：中华书局，1982．

⑦（南朝宋）范晔．后汉书·明帝纪［M］．北京：中华书局，1982．

⑧（南朝宋）范晔．后汉书·章帝纪［M］．北京：中华书局，1982．

三、林木利用政策

秦代发展林木种植，已不仅局限于绿化和经济功能，而是扩展到兼具军事防御作用。秦始皇三十三年（公元前214年），秦代大将蒙恬率军抗击匈奴，在军事部署上将原来的秦、赵、燕三国分别修筑的长城连接起来，并且沿长城一线种植了大量榆树，从而扼制了匈奴骑兵突袭。这一举措在中国古代军事史上被称为“树榆为塞”，广阔的林带防御骑兵效果极好，《汉书·韩安国传》载：“蒙恬为秦侵胡，辟数千里，以河为竟，累石为城，树榆为塞，匈奴不敢饮马于河。”① LY001 这就是历史上著名的“榆溪塞”，用泥土、石块垒砌长城，种植榆树作为屏障，此后历代都采取边塞植树的方式阻止外敌入侵，影响深远。

汉代的山林封禁政策是持续执行固定政策，对国有山泽完全禁止百姓渔猎，这包括禁苑，但是，在某些时期或受到某些事件影响，多次出现短期的山林开放政策，期限一到即恢复禁止，现存史料中有许多关于弛山泽之禁的记载。高祖开放秦苑囿并驰山泽之禁，令民得田。《史记·高祖本纪》记载了高祖二年（公元前205年）冬十月开放秦时的苑囿园池的诏令：“诸故秦苑囿园池，皆令人得田之。”② LY002 汉代前期尊崇道家思想，主张社会经济生活的自然发展，而反对过多的行政干预，在制定国家宏观政策时遵从“善者因之，其次利导之，其次教诲之，其次整齐之，最下者与之争”的“因之”思想，减少对山林川泽的管理，频开山泽之禁与民众共享。LY003《史记·货殖列传》记载了：“汉兴，海内为一，开关梁，驰山泽之禁。”③ LY004

文帝后元六年（公元前158年）夏四月，遭遇大旱，出现蝗虫灾害，文帝下诏规定：“令诸侯毋入贡，弛山泽，减诸服御狗马，损郎吏员，发仓庾以振贫民，民得卖爵。”④ LY005 命令各诸侯暂停物品进贡，取消山泽封禁的政策，开放仓库振济百姓。

武帝元鼎二年（公元前115年）秋九月，下诏规定：“仁不异远，义不辞难，今京师虽未为丰年，山林、池泽之饶与民共之”⑤ LY006，现在还不是丰年，民间百姓生活还不富裕，要开放山林池泽，任百姓享用。

元帝初元元年（公元前48年）夏四月京师发生地震，关东地区受灾严重，元帝下达了减免赋税的诏令，下诏规定：“关东今年谷不登，民多困乏。其令郡国被灾害甚者毋出租赋。江海陂湖园池属少府者以假贫民，勿租赋。”⑥ LY007 初元二年

---

①（汉）班固．汉书·韩安国传［M］．北京：中华书局，1982．
②（汉）司马迁．史记·高祖本纪［M］．北京：中华书局，1982．
③（汉）司马迁．史记·货殖列传［M］．北京：中华书局，1982．
④（汉）班固．汉书·文帝纪［M］．北京：中华书局，1982．
⑤（汉）班固．汉书·武帝纪［M］．北京：中华书局，1982．
⑥（汉）班固．汉书·元帝纪［M］．北京：中华书局，1982．

（公元前 47 年）春三月，又下诏："诏罢黄门乘舆狗马，水衡禁囿、宜春下苑、少府佽飞外池、严籞池田假与贫民。"① LY008 元帝初元三年（公元前 46 年）再次诏诫"有可勉之，毋犯四时之禁。"① LY009 告诫各级官吏要遵守四时之禁规定和永续利用原则，不要过度攫取森林资源。

这些弛禁诏书有的在四月、有的在九月，有的指明放松对皇家及地方官府苑囿，或属少府的江海陂湖园池的禁令，有的是泛说放松对山泽的禁令，况且在文帝时像上林苑等皇家囿苑还没完全建立，从中我们可以判定西汉除了时禁，皇室及官府还对另外一些山林、池泽进行了封禁。皇帝发布诏令部分解除对山泽的禁令，正好印证了当时山泽之禁是常制，而开禁是临时、偶尔实行的政策。对山泽的禁令，阻止了百姓对山川资源的利用，在效果上也减轻了随着人口增多而愈来愈烈的对山川资源和环境的破坏。

王莽设五均六筦之令，开山泽之防，收盐铁山泽之利，始建国二年（公元 10 年）下诏规定："命县官酤酒，卖盐铁器，铸钱，诸采取名山大泽众物者税之。"② LY010《汉书·王莽传》载："地皇四年，莽下书，开山泽之防。"② LY011 王莽也开禁山林，推行国家直管部分事务的同时实行新的山林赋税政策，允许民众取用各类山林资源，但需要根据取用多寡按规定缴纳相应赋税。

后汉和帝免征山林之税，并开放国有园林。和帝则多次颁布暂停收税诏令，《后汉书·和帝纪》载，永元五年（公元 93 年）二月下诏："自京师离宫果园上林广成囿悉以假贫民，恣得采捕，不收其税。"③ LY012 意思是不论是何种级别、规模的苑囿，都要向民众开放，任凭民众利用，不征收赋税，还规定国有池塘、池沼也开放，山林资源与民众共享。永元九年（公元 97 年）六月，发生蝗灾、旱灾。和帝下达了减免赋税的诏令："今年秋稼为蝗虫所伤，皆勿收租、更、刍稿；若有所损失，以实除之，余当收租者亦半入。其山林饶利，陂池渔采，以赡元元，勿收假税。"③ LY013 永元十一年（公元 99 年）春二月诏："遣使循行郡国，禀贷被灾害不能自存者，令得渔采山林池泽，不收假税。"③ LY014 永元十二年（公元 100 年）春二月诏："贷被灾诸郡民种粮。赐下贫、鳏、寡、孤、独、不能自存者，及郡国流民，听入陂池渔采，以助蔬食。"③ LY015 永元十五年（公元 103 年）六月诏："令百姓鳏寡渔采陂池，勿收假税二岁。"③ LY016 和帝如此频繁地发布诏令，暂停渔猎采捕进行收税，只能说明对采捕猎伐进行收税是常规。对采伐渔猎进行征税，在某种意义上阻止了对山泽自然生物资源的过度开发。

①（汉）班固．汉书·元帝纪［M］．北京：中华书局，1982．
②（汉）班固．汉书·王莽传［M］．北京：中华书局，1982．
③（南朝宋）范晔．后汉书·和帝纪［M］．北京：中华书局，1982．

四、林业政策的影响

（1）人工种植林木逐步成为政策调控重点

秦汉时期，栽植树木已经成为当时常见的经济活动，出现大规模人工经济林，并产生了许多林木专业大户，专门从事竹木的商品生产与经销活动，促进了秦汉商品经济的发展。秦代始皇焚书时也不毁种树书籍，西汉开创“文景之治”的文帝和景帝两位皇帝多次颁布诏令要求官吏引导民众种树。王莽执政时期要求更严格，甚至对完不成植树任务的官吏进行严厉处罚，这都说明当时统治者对植树的重视。除了这些参与商品流通的人工经济林木外，秦汉时期的皇家苑囿里还有很多人工栽培的林木，这些对保护林木资源都起了不可或缺的作用。

（2）人工林的军事防御功能成为林木利用重点

秦代蒙恬率军抗御匈奴时，进行常规军事打击的同时，还采取“树榆为塞”的办法防御匈奴骑兵突袭。“树榆为塞”就是用人工培植的榆林以为城塞，使得草原骑兵不能轻易南下。《汉书·韩安国传》记载了蒙恬通过在广阔的分界线种植榆树等适宜树种，逐渐形成了茂密的、面积广阔的人工林带，大片的人工林连接在一起形成了绿色的隔离带，使匈奴的骑兵不能快速通过，有利于汉代官兵防守。汉代至武帝时期，经过各级官吏的持续种植和树木成长，林带面积逐渐扩大，与天然林混合形成了广阔的森林。《汉书·武帝纪》记载的“广长榆，开朔方，匈奴折伤。”①史念海在撰写的《河山集二集自序》中这样评价：“这一林区是与汉长城并行的一条绿色长城，不论从其长度和广度方面都远远超过了汉长城。”②这种以种植树木作为防卫线是从大规模栽种榆树开始的，现在位于兰州市东南的榆中县就由于被大片榆树林包围而得名，“榆溪塞”后来成为边关、边防的代称。

（3）皇家园林为主导的园林文化的产生

秦汉园林是中国古代园林文化的开端，开启了融植物、动物、建筑、山水于一体的景观组合方式，对后世园林文化产生了深远的影响。秦始皇君临天下，为了显示皇威，穷奢极欲，大造宫殿。汉代统治集团统治时间较长，各项政策相对稳定延续，人民得以休养生息，国力逐渐雄厚，统治者具备了建设大型宫苑的能力，开启了帝王大型苑囿修建的开端。苑囿除了供皇家观赏游玩外，还种养了大量奇花异草和野生动物。较著名的是上林苑，始建于秦代，至汉武帝时期，建成门十二、苑三十六、宫十二、观二十五的皇家园林，栽培植物类型异常丰富，是我国历史上有记载的早期规模最大的皇家园林。皇帝率群臣在苑囿中议政、观赏，设置的园林景观越来越精致，被赋予的内容也更加丰富和生动。

---

①（汉）班固. 汉书·武帝纪［M］. 北京：中华书局，1982.

② 史念海. 河山集二集自序［J］. 陕西师范大学学报（哲学社会科学），1980，（2）：43-49.

第三节　林 业 管 理

秦代采取中央集权，地方设置郡县分地巡守的政治模式，前代掌管林务的山虞、林衡等职官取消，成立了以少府为主的新的林业管理机构。汉承秦制，所以秦汉时期的官制一脉相传。汉代制定有《上计律》[①]实行上计管理制度，上计管理制度将劝课农桑作为了对官员的考核指标之一，这在历史上是首次。据《汉书》和《后汉书》的官志记载，当时设立了田曹掾、劝农掾史、力田等机构和职官来进行农林业管理。《中国历代劝农考》记载有督促民众从事农桑劳作的管理方法，“春令民毕出在野，冬则毕入于邑，春将出民，里胥平旦坐于右塾，邻长坐于左塾，毕出然后归，夕亦如之，里胥邻长坐于门侧者，盖奉功令以事督劝，知其早晏，防怠惰也。”[②]这种方式改变了以往农民各自劳动的方式，开始了有组织的集体劳动。

一、林木保护机构

前代负责森林火禁的司爟和时禁管理的虞官在这时期没有设置，也没有见到增设承担相应保护职能机构的记载，所以这一时期可以说没有专门负责林业保护的机构，林木保护职能被其他林木管理机构兼具。少府在这一时期承担了主要的林业管理职能，其中负责的森林木材采伐的限令，具有处罚随意砍伐毁坏林木的职能，属于兼职林木保护机构。

二、林木培育机构

（1）大司农

大司农在秦汉时期经历了三次改变，在秦朝的时候称为治粟内史，至汉景帝时期改称为大农令，武帝太初时再次改称为大司农。汉景帝时设大司农管理农林，汉平帝元始元年（公元 1 年）置大司农桑丞十三人，以劝农桑并教民植树。《后汉书·百官志》记载：“大司农，掌诸钱谷金帛诸货币。郡国四时上月旦见钱谷簿，其逋未毕，各具别之。”[③]农林业是基础产业，农林业主管机构属于政府的重要生产部门和掌管着国家经济收入的主要来源，对政权稳定起着重要作用。大司农正是管理农林业的管理机构，掌管着农田、土地、林业等多种资源和相关的各种事务，“司农领天下钱谷，以供国之常用。”[④]根据史料可以看出，大司农与少府的职权范围有类似之处，都从事农林管理等工作，但是两个机构是有区别的，大司农职掌国家或政策林业事务，少府职掌皇家川泽苑囿事务。

---

① 已佚失．今仅在《周礼·春官·典路》记载有律目．

② 宋希庠．中国历代劝农考［M］．南京：正中书局，1936．

③（南朝宋）范晔．后汉书·百官志［M］．北京：中华书局，1982．

④（清）黄本骥．历代职官表［M］．上海：上海古籍出版社，2005．

（2）都水长

都水长为大司农下属专管水利的职官，简称“都水”或“水官”。还设置有都水丞，作为都水长之副职。秦汉时期随着社会经济的发展，对水利资源的利用越来越多，再加上这一时期随着大量苑囿的修建，人工湖泊也逐渐出现，在江、河、湖、泊等处设立多个相应湖官、陂官等机构进行管理。都水长掌管全国水利事务，主要职责有两项：一是治河守渠和农田灌溉，二是征收渔税。《通典·职官》记载：“秦汉有都水长，主陂池灌溉，保守河渠，自太常、少府及三辅等，皆有其官。”①汉武帝时期进一步完善了都水长的机构配置，增设了左、右都水使者为统率。东汉时期，又将“都水长”的机构名称改称为“河堤谒者”。

（3）上林苑令

《通典·职官》载：“上林署，汉水衡都尉之职，后汉曰上林苑令丞，主苑中禽兽，颇有人居，皆主之”①，清晰地记录了上林苑令的职责。《历代职官表》载：“后汉罢水衡都尉之官，置上林苑令，属之司农，为历代上林令之所自昉。”②这是上林苑令第一次明确设置。《后汉书·百官志》在少府条下记载：“上林苑令一人，六百石。主苑中禽兽。颇有民居，皆主之。捕得其兽送太官。丞、尉各一人。”上林苑令的主要职责就是管理苑中的植物种植和鸟兽喂养，下辖上林苑丞、上林苑尉等职官。

秦代皇家的御苑称为上林苑，设在长安县西盩厔、鄠县一带，是一个“聚土为山，十里九坂，种奇树，育麀鹿麑麛，鸟兽百种”的大型动植物区，具有开放的形态。但是因秦代存世太短，建造的苑囿除上林苑和宜春苑外，其他都没有留下详细建设情况的记载。《历代职官表》载：“秦苑囿之官，史传未见，韩非子载秦有五苑，亦未详其何名。”②

汉代修建了众多皇家宫室苑囿，设置专门的职官来管理。《宋书·百官志》载：“汉西京上林苑中有八丞十二尉，十池监。丞尉属水衡都尉，池监属少府。”③汉初的上林尉负责管理苑中禽兽。苑官的主要职责是掌管皇家宫室苑囿，饲养苑内动物以供皇帝秋、冬季打猎。还有管理苑内的奇花异木，以供皇室贵族观赏、游乐。《后汉书·明帝纪》记载有汉明帝永平十五年（公元 72 年），“冬，车骑校猎上林苑。”④《后汉书·顺帝纪》也记载有汉顺帝永和四年（公元 139 年），“冬十月戊午，校猎上林苑，历函谷关而还。十一月丙寅，幸广成苑。”⑤《后汉书·灵帝纪》记载有汉灵帝光和五年（公元 182 年）冬十月，“校猎山林苑，历函谷关，遂巡狩

① （唐）杜佑．王文锦点校．通典·职官［M］．北京：中华书局，1988．

② （清）黄本骥．历代职官表［M］．上海：上海古籍出版社，2005．

③ （南朝梁）沈约．宋书·百官志［M］．北京：中华书局，1974．

④ （南朝宋）范晔．后汉书·明帝纪［M］．北京：中华书局，1982．

⑤ （南朝宋）范晔．后汉书·顺帝纪［M］．北京：中华书局，1982．

于广成苑。十二月，还。”[①]

三、林木利用机构

（1）少府

少府总理皇室所有事务，兼管山林政令、木材采伐、植树和山泽税收，位列九卿之一。《历代职官表》载：“少府以供养宫禁，位列九卿，凡诸奉御之职，无所不统。”[②]《汉书·百官公卿表》载：“少府，秦官，掌山海池泽之税，以给共养，有六丞。王莽改少府曰共工。”[③]掌管皇帝私奉养，私奉养指皇帝个人的收入，包括由少府所执掌的皇家苑囿的林木、山林川泽的物产和人工蔬果园的赋税收入等。汉承秦制，秦时管理林业的少府一职，在汉代仍存，王莽篡位时将少府改为共工。《汉书·食货志》也载：“山川园池市肆租税之入，自天子以至封君汤沐邑，皆各为私奉养，不领于天子之经费。”[④]山林川池包括山岭、草原、沼泽地、江湖河海水面及其出产的各种矿产、林木、特产、盐、水产的税收。例如，西汉元帝初元元年（公元前 48 年）发生地震灾害，元帝下达了免赋税的诏令：“关东今年谷不登，民多困乏。其令郡国被灾害甚者毋出租赋。江海陂湖园池属少府者以假贫民，勿租赋。”[⑤]少府到东汉时发生了一定变化，当时政治体制进行了相关改革，实行由太尉、司徒、司空组成的三公制，下辖九卿，大司农和少府被列入九卿，由司空总辖。

少府的主要职责是掌管全国的山林政令，江海陂湖园池皆属其管辖范围，还兼管木材之采伐及山泽税收征管，为皇室营造提供木材。秦代少府辖多个从事林业管理的属官，主要有将作少府、牺牲雁鹜、苑官、陂官等分别管理皇家苑囿和森林资源等。汉代少府辖都水长丞、东园匠和钩盾令丞等。东汉时期，少府的职能已发生了变化，据《后汉书·百官志》记载：“少府，卿一人，中二千石。掌中服御诸物，衣服宝货珍膳之属。丞一人，比千石。职属少府者，自太医、上林凡四官。自侍巾至御史，皆以文属焉。承秦，凡山泽陂池之税，名曰禁钱，属少府。光武帝时改属司农，考工转属太仆，都水属郡国。”[⑥]上面的记载显示，东汉时期少府原来负责的山林税收的职能划归司农，考工和都水职能划归太仆和郡国，少府的管理职权已经很小了。

（2）将作大匠

秦代在少府下置将作少府，负责建造、修缮等事务。杜佑著《通典·职官》

---

①（南朝宋）范晔．后汉书·灵帝纪［M］．北京：中华书局，1982．

②（清）黄本骥．历代职官表［M］．上海：上海古籍出版社，2005．

③（汉）班固．汉书·百官公卿表［M］．北京：中华书局，1962．

④（汉）班固．汉书·食货志［M］．北京：中华书局，1962．

⑤（汉）班固．汉书·元帝纪［M］．北京：中华书局，1962．

⑥（南朝宋）范晔．后汉书·百官志［M］．北京：中华书局，1982．

载："秦有将作少府，掌治宫室。"[①]《汉书·百官公卿表》载："将作少府，秦官，掌治宫室，有两丞、左右中候。"[②]汉景帝中元六年（公元前151年）把将作少府改称为将作大匠，下辖有东园主章（武帝太初元年改称木工）和主章长丞。《后汉书·百官志》载："将作大匠一人，二千石，掌修作宗庙，路寝宫室，陵园木土之工，并树桐梓之类，列于道侧。丞一人，六百石，左校令一人，六百石，掌左工徒丞一人，右校令一人，六百石，掌右工丞一人"[③]，说明将作大匠机构设置较细致，分工也较明确，职责是主管基础木土工程修建，同时负责管理修建事务所涉林木使用等事务。《后汉书》注引《汉官篇》记载："树栗、漆、梓、桐。"胡广注释："古者列树以表道，并以为林囿。四者皆木名，治宫室并主之。"[③]还记载了陆玑《草木疏》关于将作大匠职能的记载："梓实桐皮曰椅，今人云梧桐是也。梓，今人所谓梓楸者是也。"[③]以上史料显示将作大匠不仅具有基础建设职能，还负责掌管树木栽培和皇宫、宗庙、寝宫、陵园的林木种植养护事务。

（3）水衡都尉

水衡都尉设置于西汉武帝元鼎二年（公元前115年），主要负责管理上林苑与林业事务，《汉书·百官公卿表》有相关记载："古山林之官曰衡。主都水及上林苑，故曰水衡。主诸官，故曰都。有卒徒武事，故曰尉。"[②]其存在时间不长，仅在武帝之后至王莽篡位前，王莽篡权后更名为予虞。东汉初，罢黜此职，其管辖的事务也重新归少府管理，史料称之为"世祖省之，并职于少府。"

汉代上林苑面积非常大，据史料记载南边界到宜春，西边界到长杨，北边界到黄山，东边界到濒临渭南，方圆数百里，苑内有山川、河流、湖泊及各种动植物资源。据《汉书·百官公卿表》载："水衡都尉掌上林苑，有五丞。属官有上林、均输、御羞、禁圃、辑濯、钟官、技巧、六厩、辨铜九官令丞。又衡官、水司官、都水、农仓、又甘泉上林、都水七官长丞皆属焉……王莽改水衡都尉称予虞。"[②]《历代职官表》载："汉水衡都尉之职，掌上林苑，与今（清）之奉宸苑相合，惟所领之官自率徒武事又兼主渔牧之政。"[④]水衡都尉在武帝时乃至以后，其职权之大，可以与少府相提并论。到了东汉时期，水衡都尉改为上林苑令并职于少府，权利大大削弱。据《后汉书·百官志》载："每立秋刘之日，辄暂置水衡都尉，事讫乃罢之。"[③]对于"刘"，《后汉书·礼仪志》记载："立秋之日，（皇帝）自郊礼毕……还宫，遣使者束帛以赐武官。武官肆兵，习战阵之仪、斩牲之礼，名曰刘。"[⑤]由上面的史料可以看出，东汉时期的水衡都尉已完全没有了西汉时期的职

① （唐）杜佑．王文锦点校．通典·职官［M］．北京：中华书局，1988．
② （汉）班固．汉书·百官公卿表［M］．北京：中华书局，1962．
③ （南朝宋）范晔．后汉书·百官志［M］．北京：中华书局，1982．
④ （清）黄本骥．历代职官表［M］．上海：上海古籍出版社，2005．
⑤ （南朝宋）范晔．后汉书·礼仪志［M］．北京：中华书局，1982．

权，被削弱成了祭祀类的临时机构。

（4）地方管理机构

地方官员负责属地所有林业事务，本时期大多是承担各种林产品利用职能，所以在此列入林木利用机构类。秦汉时期，不仅在中央的职官设置上有管理林业的官吏，就是在地方上也因地制宜地设置了一些职官。例如，《汉书·地理志》记载，汉代在地方也设立了多个具有相应职能和基层林业管理机构，主要有：在蜀郡设置了“木官”，负责山泽林木采伐；在江夏郡设置了“云梦官”，负责林产品经营和税务；在巴郡的朐忍、鱼复、交趾等地设置了“桔官”，负责人工经济林中种植的柑橘的管理、采摘、买卖、运输等，还包括每年为皇室准备贡橘。《封泥汇编》一书中所收录有“严道橘丞”、“常山漆园司马”等古代印章，说明当时地方设置有相应职官，林事成为地方官吏重要职掌之一。此外，当时一些地方官府的官吏也很重视林业管理与保护，并因业绩突出，受到了很高的奖励。

汉武帝时期的颍川太守黄霸，在林业方面为当地百姓做了很多实事。任职期间指派邮亭乡官都养殖鸡豚以赡鳏寡贫穷者，从事耕桑种植，节用殖材，种树畜养等都制定有政策，各项事业开展有序。汉宣帝为了弘扬黄霸的事迹，给予了很高的奖赏，“秩比二千石，居官赐车盖，特高一丈，别驾主簿车，缇油屏泥于轼前，以章有德。”[①]汉宣帝时期的渤海太守龚遂，史称他“劝民农桑，令口种株榆百本”[②]，使当地农桑事务短期内有了明显起色。东汉时，见诸文献的相关记载很多，例如：“钜鹿太守樊准课农桑，广施方略，期年间，谷粟丰贱数十倍。”“范克为桂阳郡……教民益种桑、柘……数年之间，大赖其利。”[③]农桑作为古代社会衣食的根本而受到重视，但桑树较为广泛地栽植也促进了当时林业的发展。据史料载，汉代通过鼓励城市绿化，在各级官吏数年的积极努力下，汉长安城街道两旁种植着茂盛的槐、榆、松、柏等行道树，林木茂盛，蔽日成荫。《汉书·朱博传》载：“御史府中列柏树，常有野鸟数千，栖宿其上，晨去暮来，号曰朝夕鸟”[④]，展现出一幅美妙的自然美景。

四、林业管理的特点

（1）建立了基本的林业管理体系

秦始皇统一六国后，建立了由皇帝独裁的专制主义中央集权的政治体制，设置少府执掌林业管理职能。汉承秦制的同时，其林业管理机构也随之发展成职能更明确、设置更规范的林业管理体系。秦汉时期的林业管理机构设置切合统治需

① 李铁．中国文官制度［M］．北京：中国政法大学出版社，1989.

② （汉）班固．汉书·龚遂传［M］．北京：中华书局，1982.

③ （汉）班固．汉书·百官志［M］．北京：中华书局，1982.

④ （汉）班固．汉书·朱博传［M］．北京：中华书局，1982.

要，对当时的林业进行了有效管理，为保护和发展林业资源做出了贡献，但是秦汉时期由于经历了秦末农民起义、楚汉战争、王莽改制等历史事件，导致林业管理机构职能不一，体制多变，这些因素都弱化了林业管理的作用。当然，秦汉时期林业管理机构的职能、编制及管理体系的利弊，也为后世提供了宝贵的借鉴经验。

（2）设置专门皇家林木管理机构

秦汉时期首次出现了将国家事务和皇家事务划归不同的机构来承担，出现了国有机构和皇家机构。大司农属国有机构，掌管国家经费和各项国有林业事务；少府掌管皇帝私奉养和皇家苑囿。官方经费的来源是向全国征收的各种赋税，而私奉养则是皇帝的个人收入。以少府、水衡都尉为代表的专门服务皇家的林业管理机构的出现，反映了皇权制度的形成，更说明了当时皇家林业事务繁重到需专门职官来管理的境地。自秦汉时期始，承担皇家林业事务的机构和管理国家林业事务的机构长期并存。

（3）林业事务由高规格职官兼管

秦汉时期的林业管理机构地位较高，管理职官被视为国家重臣。例如，少府位居九卿之一，特别是将作大匠在汉代更是禄秩为二千石，属于中央高级官员。这样的机构设置显示出林业事务早在秦汉时期已引起统治者重视，设立高规格的职官掌管，为此后长达两千年的封建政府起到了示范作用，并影响着后代官方林业职能的设置。同时，少府和大司农两个主要林业管理机构都将林业赋税作为重要职能，说明当时不管是国家，还是皇家，都将林业资源作为增加收入的重要措施，对林业的认识还是以利用为主。

第三章　中国古代林业管理的兴起

（魏晋南北朝，220—581年）

魏晋南北朝时期，林业政策和管理以林木利用、林木培育和林木保护并重。这一时期是中国历史上最混乱的阶段，多个政权频繁交替。为了尽快稳定社会和发展生产，各个统治者都在主政初始就频繁地颁布有序利用、劝课农桑和禁止毁林等政策，林业管理均衡、全面开展。本期由于气候的变化，导致了森林资源随之发生了相应的变化，在此期间，再加上人口的增多、战争的破坏及生产、生活的需求，导致了动植物资源的缩减。这一系列因素不但造成了森林面积的减少，而且招致自然灾害频繁发生，影响着统治阶级对林业重要性的认识。通过对魏晋南北朝时期林业政策、法令及林业管理特点的分析研究，作者发现当时的林政既体现着中国古代林业的共有特征，还具有在特殊政治环境下的独特形态。本期的林政依然在大农业经济背景下缓慢的发展，但是随着政权不断更迭，统治思想不断进步，林业对于政权稳固、百姓安居乐业的重要作用日益被帝王所认识和重视。这一时期的林业管理职能仍然归属于司农、将作等上层管理机构，从机构设置上看没有全职的、专业的林业职官；许多林木保护、植树造林的林业政策与活动，也都是在农林、农桑并举的前提下提出并得到执行。南北朝时期主管林业的职官，梁称大匠卿，北齐称大匠，北周称匠师中大夫、司木中大夫；管理苑圃的，宋初归尚书殿中曹，梁、陈、北齐属司农司管辖。总的来说，魏晋南北朝时期的林政具有特殊的历史背景，由于长期的封建割据和连绵不断的战争，各个政权都是建立在废墟和混乱之上的，尽快地稳定社会和发展生产成为不同的统治者共同的任务。魏晋时立市设官税货，但没有独立的林业赋税管理政策，但开始征收林产品税收规定已经比较明确，还可以看出，当时的林业赋税已经给百姓带来比较沉重的负担，引起了统治者的注意。统治者大都在继位初始就制定了劝课农桑、禁伐林木和山泽开禁等政策，既是政治需要，也促进了林业的发展。统治者频繁发布发展农桑的诏令，尽力挽救因为战争而损毁的大量林业资源，同时，在林权国有的前提下部分实行了山林私有化，使中国古代林业产权出现公私并存的局面。这一时期随着文化的交融，儒、释、道三种思想并存，促进了寺庙园林、皇家园林、私人园林的快速发展。通过以上分析和研究，作者认为魏晋南北朝时期在我国古代林业政策和管理发展史上属于兴起阶段。

第一节 魏晋南北朝时期林业发展概况

魏晋南北朝时期（220—581年）存世360余年，其中曹魏（220—265年）历经45年，两晋（265—420年）历经155年，南北朝（420—581年）历经161年。这一时期是一个民族融合的时代，在政治、经济、文化等领域发生了一系列变革。期间战争频繁，30多个大小王朝交替兴灭，是中国历史上政权更迭最频繁的时期，也是中国历史上最为混乱和动荡的时期，林业政策变动很大。由于长期的封建割据和连绵不断的战争，使这一时期中国文化的发展受到特别严重的影响。其突出表现则是玄学的兴起、佛教的输入、道教的勃兴及波斯、希腊文化的羼入，形成了这一时期多种文化交织的特殊社会状况。各国统治者为了取得正统的统治地位，在法规、管理上多承袭汉制，并进行适宜的改进，林业政策和管理也同样得以承袭和发展，在频繁的变更过程中得以兴起。自曹魏始，经晋至南北朝，战争、垦荒等因素毁林严重，林木资源迅速减少。当时，毁坏森林的原因和方式是不同的：有的为了垦殖而砍伐、铲除和焚烧森林；有的是建筑用材、薪炭消耗、棺木用材、手工业用材等，其对森林的破坏也极为严重。另外，这一时期战争频繁，因战争而引发了多起大面积的焚林和砍伐森林事件，三国时期的博望坡大火焚林、陆逊在夷陵火攻刘备营盘，还有南朝梁武帝大量砍伐林木修筑浮山堰，计划阻断淮河，水淹北魏的寿阳城。著名气象学家和地理学家竺可桢将我国近5000年的气候变化过程分为四个温暖期，同时还有四个寒冷期与之交替。①魏晋南北朝时期，恰好处在我国历史上第二个寒冷期。据史料记载，三国时期气候已很寒冷，魏文帝曹丕到广陵（今江苏淮阴）参加军事演练时，由于天气特别寒冷致使淮河结冰严重，迫使要举行的10万大军军事演练临时取消。②极寒等极端天气往往会造成生态环境改变，导致旱灾、蝗灾、水灾等灾害接连出现。据相关史料记载，魏晋南北朝时期发生的自然灾害中，地震发生116次，水灾发生83次，旱灾发生65次，风、霜、雷、雹发生34次，虫害发生28次，饥荒发生49次。③加上此时期中原地区战乱不已，自然生态也遭到极大破坏，导致中原地区大面积的森林被采伐殆尽，黄土大面积裸露。同时，随着各项科技水平的不断进步、生产力持续发展，对资源利用量也在不断增加，由官方主导的采矿冶铸业迅速发展，随着矿业的大规模开采、冶炼，也消耗了大量木材。

第二节 林业政策

魏晋南北朝时期，政局动荡不安，自然灾害频繁发生，社会生活极不稳定。

---

① 竺可桢．中国近五千年来气候变迁的初步研究［J］．考古学报，1972，(1)：15-38.

②（晋）陈寿．三国志·魏志［M］．北京：中华书局，1974.

③ 中国社会科学院历史研究所资料编纂组．中国历代自然灾害及历代盛世农业政策资料［M］．北京：农业出版社，1985：26-54.

各个政权主政期间制定了多项政策和措施稳固政权和繁荣经济，鼓励民众发展农桑就是其中重要的一项措施。这一时期林木保护首次被统治者列入重要林业政策内容，林木保护、培育和利用的林业政策密集出台，在历史上处于少有的均衡状态。政策影响除了传统的促进经济发展外，还兼具救灾、救荒的职能，在这一特殊时期起着重要的作用。

一、林木保护政策

曹魏时期，由于汉末连续多年的战争，各路诸侯逐鹿中原，损毁、消耗了大片的森林资源，森林面积不断减少。魏明帝继位后，命令陈群等大臣以汉代各项政策为基础，制定了《魏律》十八篇，史称曹魏“新律”。其中《治民》部分有关于“贼伐树木”的刑律。[BH001]《通典》记载有魏武帝期林业保护军令，“军行不得斫伐田中五果、桑、柘、棘、枣。”[①] [BH002]曹操不愧为一代枭雄，用兵之余林业管理也颇为细致，直至要求官兵在作战中都不得随意砍伐田地中生长的树木，对恢复北方林业资源取得的功绩令人赞赏。三国时，魏明帝把河南荥阳周围近千里的范围划分为禁猎区，不许擅自进入狩猎。魏文帝时期规定有湖池之禁。《册府元龟》载：“关津所以通商旅，池苑所以御灾荒，设禁重税，非所以便民。”[②] [BH003]魏文帝以设置禁山，并采取征收重税的方式控制民众利用林产品，以赋税保护山林的方式由此而出。魏明帝太和六年（232年）下诏规定：“虎狼猛暴，食肉残生，取捕之日，每多伤害，既无所益，损费良多，从今勿复捕贡。”[③] [BH004]设置禁猎区是为皇家狩猎服务的，但间接地保护了一定范围内的生态环境。明帝下诏罢山泽之禁，让山林水泽与民共享，在开禁的同时，要求地方官员有所节制，不可滥砍滥捕。《三国志·魏志·高柔传》还记载有违反禁猎区规定的处罚政策，“是时杀禁地鹿者，身死财产没官，有能觉告者，厚加赏赐”，[④] [BH005]还记载了一个处罚事例是“刘龟窃于禁内射兔，其功曹张京诣校事言之。帝匿京名，收龟付狱。”[④]曹魏时期对农林业是非常重视的，制定的一些管理政策保护了北方地区残存的森林资源。

西晋的《泰始律》属于这一时期林业管理的法典。西晋武帝司马炎在泰始三年（267年）完成并于次年颁布实施《晋律》，又称《泰始律》，内容包括对毁坏陵园林木的处罚规定。西晋武帝在位期间多次严斥贵族、大臣随意杀害动物的行为，并亲自表率将进献的雉头裘大衣烧毁，并“敕内外敢有献奇技异服者，罪之”。[⑤] [BH006]西晋武帝泰始三年（267年）下诏：“自今鳞介羽毛，肴核众品，非时月可采，器

①（唐）杜佑．王文锦点校．通典·食货［M］．北京：中华书局，1988．

②（宋）王钦若．册府元龟·帝王部［M］．北京：中华书局，1960．

③（北齐）魏收．魏书·烈祖纪［M］．北京：中华书局，1974．

④（晋）陈寿．三国志·魏志［M］．北京：中华书局，1974．

⑤（宋）司马光．资治通鉴［M］．北京：中华书局，1956．

味所须，可皆禁断，严为科制。”① BH007这些诏令体现了当时统治阶层已经对森林资源利用有了明确的节制意识，并下令不能随意地破坏、取用包括动植物在内的各类林业资源，并且制定法规、律令，对违犯者依律处罚。

东晋制定了林木保护、严禁私占山林、不得随意砍伐和毁坏森林的法令。东晋成帝咸康二年（336 年）壬辰诏：“擅占山泽，强盗律论，赃一丈以上，皆弃市”② BH008，这一诏令后来被称为“壬辰之制”，执行了一百余年。但是在那个战乱的时代，许多禁律基本上可以说只是一纸空文，政权的更迭必然造成政策的废止，很难改变“富强者兼岭而占，贫弱者薪苏无托”的局面。梁武帝统治时期，由于过度利用造成了大量森林被破坏，下达了禁伐诏令：“复公私传、屯、邸、冶，爰至僧尼，当其地界，止应依限守视。乃至广加封固，越界分断。水陆采捕及以樵苏，遂致细民措手无所。凡自今有越界禁断者，禁断之身，皆以军法从事。若是公家创内，止不得辄自立屯，与公竞作以收私利。至百姓樵采以供烟爨者，悉不得禁。及以采捕，亦勿诃问。若不遵承，皆以死罪结正。”③ BH009对明确的对象作了具体的规定，并对违规行为的处罚作了严格的规定。还对权势家庭，严令必须开禁山林，不能阻拦民众利用山林资源。这一时期，不仅朝廷重视林木保护，在有的地方也制定了一些乡规民约，号召属地居民合理利用森林资源，不要破坏森林资源。例如，“无恃险，无怙乱，无暴邻，无抽屋，无樵采人所植，无谋非德，无犯非义，戮力一心，同恤危难。”④ BH010

南朝宋孝武帝下诏规定：“水陆捕杀，各顺时月。”⑤ BH011宋明帝泰始三年（467年）下诏规定：“古者衡虞置制，蝝蚳不收；川泽产育，登器进御。所以繁阜民财，养遂生德。顷商贩逐末，竞早争新，折未实之果，收豪家之利，笼非膳之翼，为戏童之资。岂所以还风尚本，捐华务实，宜修道布仁，以革斯蠹。自今鳞介羽毛，肴核众品，非时月所采，器味所需，可一皆禁断，严为科制。”⑥BH012从诏书的内容可以看出，统治者强调虞衡管理山林的制度，认为应有具体的法规来约束人们随意捕捉、破坏动植物资源的行为，破除不好的玩赏动物的风俗或社会风尚，建立严格的保护制度和处罚制度。

北朝时期统治者也多次下达关于保护林木的诏令和处理毁林事件，这一时期统治集团大都雄起于草原，对草原怀着特殊的感情，所以涉及保护发祥地草原的诏令和法规频频出现。

北魏时期制定有皇家陵园保护政策，规定在汉魏晋等诸位皇帝的陵园周围百

---

①（南朝梁）沈约．宋书·武帝纪［M］．北京：中华书局，1974．
②（元）马端临．文献通考·征榷考［M］．北京：中华书局，1986．
③（唐）姚思廉．梁书［M］．北京：中华书局，1973．
④（唐）房玄龄．晋书［M］．北京：中华书局，1974．
⑤（南朝梁）沈约．宋书·孝武帝纪［M］．北京：中华书局，1974．
⑥（南朝梁）沈约．宋书·明帝纪［M］．北京：中华书局，1974．

步的范围内严禁任何形式的砍伐、樵牧等行为，虽然直接目的是为了保护前代帝王陵墓，但实际上却严格保护了皇陵地区的森林资源。北魏道武帝皇始元年（396年）冬十一月，“别诏……军之所行，不得伤民桑枣。”① BH013 北魏明元帝永兴元年（409 年）敕令：“教行虞衡，山泽作材，教行薮牧，养畜鸟兽。”② BH014 要求管理山林的虞官要保护好森林资源和养护好动物资源。北魏文成帝看到王公贵戚大量捕捉野生动物以供娱乐，也曾下达了保护虎、豹、狼、狸等野生动物的诏令，严禁任意捕捉，并制定有相应法规。从诏令的效果来看，不论是官方的诏令、法规，还是地方制定的乡规民约都不能有效扼制森林面积减少、林业资源继续被破坏的趋势。北魏文成帝和平四年（463 年）八月下诏规定：“朕顺时畋猎，而从官杀获过度，既殚禽兽，乖不合围之义。其敕从官及典围将校自今以后，不听滥杀。其畋获皮肉，别自颁赉。”③ BH015《魏书·世宗纪》记载北魏宣武帝保护孕育时期野生动物的诏令：“永平二年（509 年）冬十一月甲申，诏禁屠杀含孕，以为永制。”④ BH016

北齐立国仅 27 年，但统治者多次下诏保护自然资源。据《北齐书·文宣帝纪》记载，北齐文宣帝天保六年（555 年）八月诏：“诸牧民之官，仰专意农桑，勤心劝课，广收天地之利以备水旱之灾。”⑤ BH017 天保八年（557 年）夏四月诏：“诸取虾、蟹、蚬、蛤之类，悉令停断。诸公私鹰鹞亦禁断。”⑤ BH018 天保九年（558年）二月诏：“限仲冬一月燎原，不得他时行火，损昆虫草木。”⑤ BH019 从诏令的内容可以看出当时在草原地区也参照林木保护模式实行了“时禁”政策，规定每年只有在冬季有一个月时间可以放火烧荒，其他时间实行火禁，避免影响各种昆虫、草木的生长。北齐后主武平元年（570 年）二月诏：“禁网捕鹰鹞及畜养笼放之物。”⑥ BH020 北齐统治集团发迹于草原，属于游牧民族，他们的思想认识与中原传统文化思想差异很大，也很落后，但北齐统治期间统治者竟然接受了本属于中原正统的生态思想，继而推行保护森林动植物资源的政策，是很值得称颂的。

北周建德四年（575 年）八月，周武帝率军“入于齐境，禁伐树践苗稼，犯者以军法从事。”⑦ BH021 这是既保护森林资源又防止山林火灾的重要措施，对于护林具有积极意义，可见当时统治者的林业保护意识在不断加强。

特殊地域护林法规：主要是指宫苑园林与寺院石窟等地方。魏晋南北朝时期统治者在借鉴秦汉人工园林雄伟高大的基础上，增添了许多人造的精致装饰和景观，使园林作为游玩、休憩、观赏的功能更加完备，现代园林设计中大量使用的

---

①（北齐）魏收．魏书·太祖纪［M］．北京：中华书局，1974．
②（北齐）魏收．魏书·食货志［M］．北京：中华书局，1974．
③（北齐）魏收．魏书·文成帝纪［M］．北京：中华书局，1974．
④（北齐）魏收．魏书·世宗纪［M］．北京：中华书局，1974．
⑤（唐）李百药．北齐书·文宣帝纪［M］．北京：中华书局，1972．
⑥（唐）李百药．北齐书·后主纪［M］．北京：中华书局，1972．
⑦（唐）令狐德棻．周书·武帝纪［M］．北京：中华书局，1971．

亭、榭、阁、廊等建筑形式在那一时期已经出现，大量的奇花异草被移植入皇家、大臣的苑囿，并得到精心的栽培和保护。另外，这一时期政权变更频繁，多种文化交替主导，形成了儒、道、释并存的多元思想格局，佛教也在这一时期传入中国并不断发展、壮大，并成为多个政权的信仰，大量的寺院、庙宇、佛院建成，当时大部分时期寺院正在兴盛状态，而这一时期各类寺院无不是茂林环绕，清静幽深，所以历来寺院被称为“静修之地”，寺院的林木称为禅林，世俗人等不得擅自入内。所以，我国现存的几百年甚至上千年的名木古树大都现存于一些著名寺庙中。杜牧著名的诗句“南朝四百八十寺，多少楼台烟雨中”就是受到南北朝时期佛教兴起的触动，有感而发所作。据史料记载，当时的都下（今建康）建造了寺院、佛院大概有五百余座。[①]北朝的北魏末年，洛阳有寺一千三百六十七所，州郡有三万余所。[②]

二、林木培育政策

曹魏时期，曹操曾令司空掾邢颙负责农桑事务，在任期间劝课农桑，下令要求各地官员在战争间隙发展农林业，大行风化。魏明帝时期的将作大匠郑浑重视生产，积极劝课农桑，促进当地经济繁荣，属民日渐富足，受到当地民众的爱戴。他在山阳郡和魏郡担任太守时期，“以郡下百姓苦乏材木，乃课树榆为篱，并益树五果。榆皆成藩，五果丰实。入魏郡界村落，齐整如一，民得财足用饶。”[③]魏文帝时期京兆太守颜裴，到任之后乃令属县整阡陌，树桑果，几年之后京兆变成丰沃之地。并州刺史梁习，安抚汉、胡，边境肃清，百姓布野，勤劝农桑，地方保安。[③]

西晋武帝建国后，各项施政举措中以“競农务功，弃末反本”著称，深刻认识到吏治为百事之先，只有调动了官员的积极性，才能保证各项治国方略的执行。武帝泰始四年（268 年）考核百官的《五条课郡县法》，其中有一项是“敦本息末”，就是指劝课农桑。同年，武帝亲自到田间劳动、皇后亲自从事桑蚕事务，亲自示范天下，从而劝民从事桑蚕生产。武帝泰始八年（272 年）批复司徒石苞关于要求制定农桑奖罚条例的奏折，设置掾属十人，督察州郡农桑事宜，执行《五条课郡县法》。[PY001]

东晋元帝大兴元年（318 年）诏：“二千石令长劝课农桑。”[④] [PY002] 大兴二年（319 年）批准后军将军应詹的奏折，设立寿春镇（今安徽寿县），召集流散，劝课农功。

两晋时朝野注重植树，很多知名官吏留下劝农的佳话。司马懿之子扶风王司

---

① （唐）李延寿．南史·郭祖深传［M］．北京：中华书局，1974．

② 范文澜．中国通史简编［M］．2 编．北京：人民出版社，1965．

③ （晋）陈寿．三国志·魏书［M］．北京：中华书局，1959．

④ （唐）房玄龄．晋书·元帝纪［M］．北京：中华书局，1974．

马骏镇守关中时，亲自督促当地民众发展农桑，还让各级官吏全部和士兵们一起植树劳动，每人种田十亩[①]，具以表闻，还要求所属的各州郡，都要推行适宜的农桑种植事务。[②]荆州刺使陶侃不仅以搬砖锻炼身体闻名，更重视农林业，“尝课诸营种柳”[③]，要求在军队营地种柳。以“闻鸡起舞”而被后人尊重的祖逖，担任豫州刺使期间，躬自俭约，劝督农桑，对自己要求非常严格，命令子女都从事农林生产，负担樵薪。[④]

十六国时期，前秦苻坚属统兵百万的武将，但在其治内也勤于劝课农桑。《晋书·苻坚载记》记载，苻坚灭燕赵后，从长安去往诸州，皆夹路树槐柳，二十里一亭，四十里一驿旅，行者取给于途，工商资贩于道。[⑤] PY003 后赵石勒元年（319年）遣使循行州郡，劝课农桑。后来，任命右常侍霍皓担任劝课大夫与典农使者，朱表担任典劝都尉循行到各个州郡，核定民籍，劝课农桑，业绩突出的官吏赏赐爵为大夫。石勒称帝后，还亲自耕籍田，为百官和民众作表率。石勒的侄子石虎酷爱园林建设，在邺城地区将曹魏时期修建的铜爵园等大型苑囿扩建，业绩骄人。[⑥]石勒、石虎属北方胡人，在草原骑射，但是建国后认识到农桑的重要，并能及时学习汉人文化，调整治国方针。北燕冯跋重视农桑，勤心政事，于太平六年（414 年）下诏规定：“今海宇无虞，百姓宁业，而田亩荒秽，有司不随时督察，欲令家给人足，不亦难乎？桑柘之益，有生之本，此土少桑，人未见其利，可令百姓，人植桑一百根，柘二十根。”[⑦] PY004 北燕属地远离中原地区，民众对桑树非常陌生，燕王的诏令促进了民众对桑树的了解。《金陵地记》载：蒋山这个地方原来就缺少林木，东晋刺史种植了松树百株，郡守种植了五十株。说明当时官员带头植树，受到当地民众的拥护。

南朝时期中原百姓不断南下，带来了大量劳动力和先进技术，使长江流域得到了很大开发。宋、齐、梁、陈各代承袭西晋重农政策，多次下诏劝导百姓重视农桑，皇帝携百官亲历亲为，示范百姓，推行农事给种、严禁宰杀耕牛等多项政策。

南朝宋文帝元嘉八年（431 年）下诏发展经济林木：“郡守赋政方畿，县宰亲民之主。宜思奖训，导以良规，咸使肆力，地无遗利，耕蚕树艺，各尽其力。若有力田殊众，岁竟条名列上。”[⑧] PY005 元嘉二十年（443 年）再下诏要求各级官吏

---

① 1 亩≈666.7 平方米。

②（唐）房玄龄．晋书·扶风王骏传［M］．北京：中华书局，1974．

③（唐）房玄龄．晋书·陶侃传［M］．北京：中华书局，1974．

④（唐）房玄龄．晋书·列传［M］．北京：中华书局，1974．

⑤（唐）房玄龄．晋书·苻坚载记［M］．北京：中华书局，1974．

⑥ 郑辉．曹魏时期邺城园林文化研究［J］．《北京林业大学学报》（社科版），2012，（2）：39-43．

⑦（唐）房玄龄．晋书·冯跋传［M］．北京：中华书局，1974．

⑧（南朝梁）沈约．宋书·文帝纪［M］．北京：中华书局，1974．

“尽力劝课”。PY006①南朝宋孝武帝大明三年（459 年）诏：“来岁，可使六宫妃嫔修亲桑之礼，立蚕功于西部。”② PY007 大明四年（460 年）诏：“车驾躬耕，皇后亲桑。”② PY008 南朝宋时期的羊希曾经上奏折：“凡是山泽，先常熂爈种养竹木杂果为林艻，及陂湖江海鱼梁鳝鮆场，常加功修作者，听不追夺。”③ PY009 他的建议得到批准，孝武帝制定山泽管理法规，遏制达官贵族侵占山林之风。《宋书·羊玄保传》记载了一件关于禁止达官贵族随意侵占山林川泽的事件，当时的扬州刺史西阳王子尚上奏朝廷：“山湖之禁，虽有旧科，民俗相因，替而不奉，熂山封水，保为家利。自顷以来，颓弛日甚，富强者兼岭而占，贫弱者薪苏无托，至渔采之地，亦又如兹。斯实害治之深弊，为政所宜去绝，损益旧条，更申恆制。”要求皇帝下诏制定相关管理制度，控制当时混乱的局面。当时山林管理方面执行的是晋成帝咸康二年（336 年）壬辰下达的“壬辰诏书”，即“占山护泽，强盗律论，赃一丈以上，皆弃市。”PY010 羊希认为“壬辰诏书”过于严格，若按照规定执行将造成社会的不稳定，所以不能完全实施。羊希提出了一个管理办法，按官阶的高低来分配山林占有面积，具体内容是一、二品官员可以占有山林三顷，三、四品官员可以占有山林二顷五十亩，五、六品官员可以占有山林二顷，七、八品官员可以占有山林一顷五十亩，九品以下官员可以占有山林一顷。按照这个办法来执行，原来占有超过规定的需要退还国家，不足规定面积的可以补足。若超过规定侵占水土哪怕仅有一尺，也按盗窃惩处，废除“壬辰诏书”规定。③

南朝齐高帝建元三年（481 年）诏：“守宰亲民三要，刺史案部所先，宜严课农桑，相土揆时，必穷地利。若耕蚕殊众，足厉浮惰者，所在即便列奏”④ PY011，对表现突出的要给予奖励，起到鞭策后进的作用。南朝齐明帝建武二年（495 年）诏：“守宰劝课农桑，守宰亲民之主，牧伯调俗之司，宜严课农桑，网令游惰，揆景肆力，必穷地利，固修堤防，考校殿最，若耕蚕殊众，具以名闻，游怠害业，即便列奏。”⑤ PY012 劝农政策不但起到发展经济的作用，而且弘扬了重视林产培育的良好社会风尚。

南朝梁武帝天监十七年（518 年）下诏规定：“将使郡无旷土，邑靡游民，鸡犬相闻，桑柘交畛”⑥ PY013，为提高民众积极性，武帝共计 13 次亲耕籍田。要求百姓在田间种植桑树、柘树等林木，可以解决穿衣、吃饭等基本生活问题。《梁书·沈瑀传》载：永泰元年（498 年）沈瑀担任建德县令期间，带领属民积极开展桑树种植，规定每个男丁种植十五棵桑树，四棵柿树和梨树、栗树等经济树种，女丁

① （南朝梁）沈约．宋书·文帝纪［M］．北京：中华书局，1974．

② （南朝梁）沈约．宋书·孝武帝纪［M］．北京：中华书局，1974．

③ （南朝梁）沈约．宋书·羊玄保传［M］．北京：中华书局，1974．

④ （南朝梁）萧子显．南齐书·高帝纪［M］．北京：中华书局，1972．

⑤ （南朝梁）萧子显．南齐书·明帝纪［M］．北京：中华书局，1972．

⑥ （唐）姚思廉．梁书·武帝纪［M］．北京：中华书局，1973．

种植要求是男丁的一半，民众因这个政策而生活富裕，这个地区也很快培育了大片的林木。[①]

南朝时受帝王影响，涌现了关于官吏植树而闻名的典型。南朝宋建安郡太守华瑾之，将郡治迁到黄华山下，在山下种植松树万余株，史称“建州十景，首推黄华”。南朝齐海陵太守刘善明在边境发展经济林，带领民众致富的事迹，“郡境边海无树木，善明课民种榆檟杂果，遂获其利。”[②]南朝齐建德令沈瑀于永泰年间推广种树技能，“教民一丁种十五株桑，四株柿及梨栗，女丁半之，人咸欢悦，顷之成林。”[①]南朝梁零陵太守孙谦勤劝课农桑，务尽地利，收入常多于邻境。[③]南朝梁新安太守徐摛，至郡为治清静，教民礼仪，勤课农桑，期月之中，风俗更改。[④]以上均是有记载的这一时期各级政府职官的植树事迹，以及制定的植树政策。

北朝因五胡争雄，战乱更甚，民业废弛，各代统治者建国首重农林。

北魏道武帝天兴元年（398 年），制定京畿田畝四方，置八部帅以监之，劝课农耕，以收入为殿最。[⑤][PY014]北魏明元帝永兴三年（411 年）诏令，出宫人以配鳏民，令夫耕妇织。北魏太武帝太平真君四年（443 年）诏：“牧守之徒，各厉精为治，劝课农桑，不得妄有徵发，有司弹纠，勿有所纵”[⑥][PY015]，还要求有牛农与无牛家种田，偿以锄功，使人牛力相贸垦殖。北魏文成帝太安元年（455 年）遣使循行州郡，督察垦殖田畝，并诏工商杂伎尽听赴农，诸郡课民种果菜。延兴三年（473 年），诏牧守率百姓，无失农时，家有兼牛通借无者。北魏孝文帝太和元年（477 年）劝奖农桑，这一时期官吏孝民种植桑果，艺其蔬菜，修其园圃。历史上将这段时间称为君臣相励，競尚劝课，责功守令，奖惩分明。[⑦]诏令“民有不从长教，惰于农桑者，加以罪刑。”[⑧][PY016]实行永业田管理办法给民众授田从事农桑，具体规定是“课莳余，种桑五十株，枣五株，榆三根。非桑之土，夫给一亩，依法课莳余果，及多种桑榆者不禁。”[⑨][PY017]北齐也参照北魏的政策颁布了授田令，每丁授给二十亩桑田作为永业田，规定必须种桑树五十棵以上，榆树三棵以上，枣树五棵以上。北周参照北齐的管理办法，也授予永业田，要求种植桑树、榆树和枣树。太和九年（485 年）诏：“今遣使者循行州

① （唐）姚思廉．梁书·沈瑀传［M］．北京：中华书局，1973．
② （南朝梁）萧子显．南齐书［M］．北京：中华书局，1972．
③ （唐）姚思廉．梁书·孙谦传［M］．北京：中华书局，1973．
④ （唐）姚思廉．梁书·徐摛传［M］．北京：中华书局，1973．
⑤ （北齐）魏收．魏书·道武纪［M］．北京：中华书局，1974．
⑥ （北齐）魏收．魏书·太武纪［M］．北京：中华书局，1974．
⑦ 焦国模．中国林业史［M］．台北：“国立”编译馆，1998．
⑧ （北齐）魏收．魏书·太祖纪［M］．北京：中华书局，1974．
⑨ （唐）杜佑．王文锦点校．通典·职官［M］．北京：中华书局，1988．

郡，与牧守均给天下之田，还受以生死为断，劝课农桑，兴富民之本。”① PY018 均田令中明确规定了授田的多少、种植树种要求和种植时令要求，同时还有相关的监督、管理办法，若不能按要求完成将收回所授之田。①此均田令的推行，为之后的北齐、北周、隋、唐诸代继承，延续了二百七十余年。北魏孝文帝颁布了在农田上种植经济林木的诏令，是皇帝代表国家跟农户限期定额，并规定如果农户完不成种植任务和种植面积，则将剩余的田地视为农户无力耕种，官方全部收回，并给予相应惩罚。

北朝北齐武成帝河清三年（564 年）下达了均田令，规定：“每岁春月，各依乡土早晚课人农桑。自春及秋，男子十五以上，皆布田畝，蚕桑之月，妇女十五以上，皆营蚕桑”② PY019，还要求职官及百姓受田，顷亩各有差。还规定：“一夫受露田八十亩，妇人四十亩，奴婢依良人限数与者在京百官同。丁牛一头，受田六十亩，限止四牛。土不宜桑者给麻田，如桑田法。”② PY020 为了鼓励民众扩大生产，还规定了免税条件和数量。以上实行的优惠政策，有效调动了人们从事种植业的积极性，既促进了经济发展，也起到了增加林木种植数量的作用。

西魏文帝大统三年（537 年），宇文泰在沙苑战役中战胜高欢后开展了一次大规模的植树活动，“还军渭南，于是所征诸州兵始至。乃于战所，准当时兵士，人种树一株，以旌武功。”③ PY021 虽然其目的是“以旌武功”，但实际上种植了大量树木，这些种植的人工林后来生长很好，逐渐与当地原有野生林连成了一片，此地在唐代以后逐渐发展成了官有牧场。西魏司农卿苏绰制定的《六条诏书》被太祖宇文泰极力推行，包括“三农之隙……教民种桑、植果、艺其菜蔬，修其园圃，以备生生之资。”④

北周武帝建德四年（575 年）率军入于齐境，诏令诸军“禁伐树践苗稼，犯者以军法从事。”⑤ PY022 北周韦孝宽任雍州刺史，“先是路侧一里置一土堠，经雨颓毁，每须修之。自孝宽临州，乃勒部内当堠处，植槐树代之，既免修复，行旅又得庇荫。文帝见后怪而问之说：岂得一州独尔，当令天下同之。于是令诸州夹道一里种一树，十里种三树，百里种五树焉。”⑥通过在道路两侧栽植树木，一方面起到了养护道路和标示位置的作用，另一方面也方便了路人在树下休息、歇脚，对官方和百姓皆有好处。前秦时期的著名官吏王猛也提倡道路植树，美化城市环境，“自长安至于诸州，皆夹路树槐柳……百姓歌之曰，长安大

① （北齐）魏收. 魏书 · 食货志 [M]. 北京：中华书局，1974.
② （唐）杜佑. 王文锦点校. 通典 · 食货 [M]. 北京：中华书局，1988.
③ （唐）令狐德棻. 周书 · 文帝纪 [M]. 北京：中华书局，1971.
④ （唐）令狐德棻. 周书 · 苏绰传 [M]. 北京：中华书局，1971.
⑤ （唐）令狐德棻. 周书 · 武帝纪 [M]. 北京：中华书局，1971.
⑥ （唐）令狐德棻. 周书 · 韦孝宽传 [M]. 北京：中华书局，1971.

街，夹树杨槐，下走朱轮，上有鸾栖。”[①]充分说明当时城市道路广泛栽植了行道树，而且种植效果很好，不但改善了生态环境，而且被当地民众普遍接受。北周的均田制中，虽没有植桑榆树的具体数量，也都授民桑田，“并课树以桑榆及枣。”[②]

三、林木利用政策

西晋建国初，武帝承袭曹操征收实物之制，创户调之式，收取林业税赋。《晋书·食货志》载：“又制户调之式，丁男之户，岁输绢三匹，绵三斤；女及次丁男为户者半输；其诸边郡或三分之二；远者二分之一。夷人输賨布，户一匹，远者或一丈”[③] [LY001]，赋税管理办法的确定，有利于国家对山林利用的管理。

东晋制定开放山林的禁令，使受灾地区人民可以自由进山樵采渔猎，有助于解决当时因战乱而逃离家园的人解决吃饭、居住等最基本的生计问题。据史料记载，这一时期统治者多次下诏频繁开放山林与民同享，晋元帝建武元年（317 年）、建武七年（323 年）都下达了开放山林供民樵采，与民同享山林之利的诏令。这一时期各政权实行了均田政策，有桑田和麻田的区分，桑田种植桑、柘、榆、枣等，麻田种麻，并对种植数量都有具体要求，饥荒之年，它们都具有救荒作用。东晋安帝义熙元年（405 年）诏令：“先是，山湖川泽皆为豪强所夺，百姓薪采渔钓，皆责税直，至是禁断。”[④] [LY002]《文献通考·征榷考》载：东晋在石头方山等地立市设官征收林产品赋税，宋、齐、梁、陈等皆如此，荻、炭、鱼、薪等物品实行十分税一的政策。[LY003]

南朝宋文帝元嘉八年（431 年）诏令：“耕桑树艺各尽其力”[⑤] [LY004]，诏劝耕桑树艺及弛山泽之利。同年，为下达关于征收林业赋税的诏令：“州郡估税，所在市调，多有烦刻。山泽之利，犹或禁断；役召之品，遂及稚弱。诸如此比，伤治害民。自今咸依法令，务尽优允，如有不便，即依事别言。不得苟趣一时，以乖隐恤之旨，主者加宣下，称朕意焉。”[⑤] [LY005]《文献通考·征榷考》载：“宋孝武大明八年（464 年），诏东境去岁不稔，宜广商货，远近贩鬻米粟者，可停道中杂税。自东晋至陈，西有石头津，东有方山津，各置津主一人，贼曹一人，直水五人，以检察禁物及私贩者。荻、炭、鱼、薪之类，小津并十分税一以入官。淮水北有大市，自余小市十余所，备置官司，税敛既重，时甚苦之。”[⑥] [LY006]元嘉十七

① （唐）房玄龄. 晋书·苻坚载记［M］. 北京：中华书局，1974.
② （唐）魏征. 隋书·食货志［M］. 北京：中华书局，1975.
③ （唐）房玄龄. 晋书·食货志［M］. 北京：中华书局，1974.
④ （唐）房玄龄. 晋书·安帝纪［M］. 北京：中华书局，1974.
⑤ （南朝梁）沈约. 宋书·文帝纪［M］. 北京：中华书局，1974.
⑥ （元）马端临. 文献通考·征榷考［M］. 北京：中华书局，1986.

年（440 年）诏令："弛山泽之利。"① LY007 宋孝武帝大明三年（459 年）七月诏令："水陆采捕各顺时月，其江海田池公家规固诏者，详所开弛。"② LY008 规定了百姓进山樵采、捕捞水产时，要遵守时禁政策，按照政府规定的江、海、田、池具体开放时间开展。宋孝武帝大明七年（463 年）七月诏令："前诏江海田地与民共利，历岁未久浸以弛替。名山大川往往占固。有司严加检纠，申明旧制。"② LY009 再次强调了大明三年颁布的诏令，说明前诏由于开禁后没有严格封禁，导致山林被过量开采。而且，出现了被部分地方豪族私自霸占的现象，现在命令地方官吏按照前诏规定，加强山林管理，执行山林封禁政策。宋孝武帝为扼制逐步增多的山林私占的现象，加强国家山林所有权和管理权而颁布此诏令。

南齐高帝要求诸王贵族不得封略山湖禁民樵采的诏令。南齐高帝建元元年（479 年）下诏规定："二宫诸王，不得封略山湖。"③LY010

南梁武帝也有诏令要求开山林薮泽之禁，民牧者教民种植桑果。《梁书·武帝纪》载，天监七年（508 年）秋九月丁亥下诏规定："刍牧必往，姬文垂则，雉兔有刑，姜宣致贬，薮泽山林，毓材是出，斧斤之用，比屋所资。而顷世相承，并加封固，岂所谓与民同利，惠兹黔首。凡公家诸屯戍见封熂者，可悉开常禁。"④ LY011

北朝北魏献文帝皇兴四年（470 年）十月诏令："弛山泽之禁。"⑤ LY012 北魏孝文帝也有关于罢山泽之禁及均给天下民田课种桑榆的记载。北魏孝文帝太和六年（482 年）八月庚子诏令："罢山泽之禁。"⑥ LY013 太和七年（483 年）三月甲戌，由于冀州、定州发生灾荒，十二月庚午下诏开放以上两州的山林禁令："庚午，开林虑山禁，与百姓共之。"⑤ LY014 太和十一年（487 年）又由于发生灾荒，稼禾颗粒未收，再次下诏令灾民可随意进禁山樵采，取用山林物产，"把山北苑，以其地赐贫民"。LY015 北魏孝明帝神龟元年（518 年）还是因为灾荒的原因，"开恒州银山之禁，与民共之。" LY016

北周静帝大象二年（580 年）"罢诸鱼池及山泽公禁者，与百姓共之。" LY017

由以上多个诏令颁布的背景来看，都是由于灾荒发生迫使帝王颁布山林开禁的诏令，所以这一时期林业管理主要是起着荒政的功能，通过开放山林既减轻了国家负担，又起到了政治稳定、避免灾民暴动的作用。另外，森林资源被大量灾民使用，对林业来说又造成了较大的破坏。

---

①（南朝梁）沈约．宋书·文帝纪［M］．北京：中华书局，1974．

②（南朝梁）沈约．宋书·孝武帝纪［M］．北京：中华书局．1974．

③（南朝梁）萧子显．南齐书·高帝纪［M］．北京：中华书局，1972．

④（唐）姚思廉．梁书·武帝纪［M］．北京：中华书局，1973．

⑤（北齐）魏收．魏书·食货志［M］．北京：中华书局，1974．

⑥（北齐）魏收．魏书·高祖纪［M］．北京：中华书局，1974．

四、林业政策的影响

（1）频繁颁布山泽开禁政策，林木被过量利用

这一时期相继有数十个政权主宰中原，各个国家建立初期共同的目的就是稳固政权、安抚民众，所以不论政权存续时间多寡，都或多或少地颁布了一些利民惠民的政策，其中重要的一项惠民政策就是开山泽之禁与民共享。民众如同获得莫大的赏赐，开始了无尽地攫取山林资源用于生活，造成了大面积森林被砍伐利用，大面积原始林被焚毁开荒。另外，受自然灾害影响，为降低损害稳定社会，统治者也频繁下达开禁山林的诏令和法规，造成了自然植被大量破坏，进而招致自然灾害的加剧，造成“因灾开禁、开禁生灾”的恶性循环。

（2）林业政策兼有救荒职能，政策适用范围得到了拓展

魏晋南北朝时期林业政策受朝代更替影响不断变化，有些朝代采取了封禁山林、严禁进山樵采的政策，但更多的朝代受政治、军事因素影响，制定了鼓励生产、发展经济的政策，以及应对频繁的灾荒而选择了“弛山泽之禁”。统治者开放山林的政策有效解决了大量灾民的基本生活问题，促进了社会稳定。同时，通过开放山林与民共之，达到鼓励生产种植、增强国防力量的目的，使林业政策具有了救荒的功能。

（3）制定林地分配政策，遏制达官贵族侵占山林资源

在魏晋南北朝时期政权更迭频繁，伴随着每一次改朝换代，前朝制定林木政策都将作废并重新制定，而新的林业政策并不会承袭前代思想，所以这一时期的林业政策是各具特点，没有形成一贯的思想，也没有得到有效贯彻执行。受到政权统治力弱化和政策不稳定的影响，衍生出大量国有土地被地方的士族豪门长期占据，并且个人侵占山林的情况愈演愈烈，统治力不足的各个政权最终不得不接受了这一现实，从此私有林地大量产生。另外，新政权建立初期普遍实行开禁山林的政策，导致了许多富强豪族借机圈占山林并据为私有，并禁止别人使用山林资源，也是私有林地在这一时期大量产生的重要原因。所以，从宋孝武帝时期始，统治者已认识到山林规范管理的重要性，逐步提出了规范山林资源管理，限制贵族占地面积的政策。以至逐步发展为推行包括林地在内的均田地的政策，详细规定了分田的标准，真正地起到了开放山泽田地的目的，促进了经济的发展。

第三节　林 业 管 理

魏晋南北朝林业职官的设置大体参照两汉时期的林业职官设置，长期的动乱和政权更迭的特殊情况，决定了这一时期政府机构必将是不断变化和调整的，各个机构的职能也是不稳定的。

一、林木保护机构

虞部

曹魏时期设置虞部，官员称为虞曹水部郎，《宋书·百官志》载："魏世有虞曹水部郎。"①曹魏时期水衡都尉职能改变，职责由管理林业事务调整为管理水军舟船器械，所以，新设置了虞曹水部接管林业事务。但是这个机构时置时废，《晋书·职官志》载："晋置吏部、三公、客曹、驾部、屯田、度支六曹、而无五兵。咸宁二年，省驾……康穆以后，又无虞曹。"②可以看出康帝、穆帝之后，没有虞曹郎官职了。南朝的梁和陈设置有虞曹，《隋书·百官志》载："梁尚书省置虞曹、起部、屯田、水部等郎，陈承梁，皆循其志官。"③北朝的魏和齐设置有虞部，《魏书·官氏志》载："太和十五年，置司空虞曹官。"④

二、林木培育机构

（1）大司农

在魏晋南北朝初期，大司农辖太仓、籍田、导官三令，以及都水长、东西南北部护漕掾。刘宋时期，负责掌管九谷六畜等供膳羞事务。萧梁时期，掌管农功仓廪，负责管理太仓、导官、籍田、上林令，还包括乐游、北苑丞，左右中部三仓丞，荚库、荻库、箬库丞，湖西诸屯主等诸多事务。北齐时期，掌管仓市薪菜，园池果实。统平准、太仓、钩盾、典农、导官、梁州水次仓、石济水次仓、藉田等署令、丞。钩盾下辖大囿、上林、游猎、柴草、池薮、苜蓿等六部丞。总的来看，大司农的职能在这一时期变化较大，但管理权限是逐步缩小的，至曹魏时期以后，不再承担赋税职责，仅保留森林培育、山泽管理、苑囿管理等林业管理职能。

（2）上林苑令

魏和西晋承袭两汉设置上林苑令，东晋没有设置上林苑令。《唐六典》载："上林苑令，主苑中禽兽，魏因之。"⑤《通典·职官》载："上林苑丞，晋因之，江左无闻。"⑥上林苑令主要职能是管理上林苑等皇家苑囿，"汉水衡都尉之职，后汉曰上林苑令丞。"负责各个皇家苑囿树木种植、蔬果管理、花草繁育、禽兽饲养及池沼、藏冰等事务。而东晋南迁以后裁撤了上林苑令。直至南朝宋大明三年（459年），才重新设置了林苑令，负责管理皇家苑囿，归尚书殿中曹管辖。"齐因之，

① （南朝梁）沈约. 宋书·百官志［M］. 北京：中华书局，1974.
② （唐）房玄龄. 晋书·职官志［M］. 北京：中华书局，1974.
③ （唐）魏征. 隋书·百官志［M］. 北京：中华书局，1975.
④ （北齐）魏收. 魏书·官氏志［M］. 北京：中华书局，1974.
⑤ （唐）李林甫. 陈仲夫点校. 唐六典［M］. 北京：中华书局，1992.
⑥ （唐）杜佑. 王文锦点校. 通典·职官［M］. 北京：中华书局，1988.

梁、陈属司农。北齐及隋亦然。”[①]《历代职官表》有一段记载，详细说明了上林苑令在魏晋时期的变更情况，“晋江左无上林苑令、丞。至宋初复置，而齐、梁、陈因之。唯宋、齐则统于殿中监及少府。梁、陈则属于司农，斯为小异。”[②]曹魏时期建造了规模宏大的华林园，为了便于管理新设置了华林园令一职，负责管理华林园中松竹杂木的种植和养护，同时负责园中动物的饲养等事务。北朝的北齐设置有上林令，隶属司农，《隋书·百官志》载：“后齐光禄寺统华林署令丞，掌禁籞林木等事。司农寺别领大囿、上林、游猎、柴草、池薮、苜蓿等六部丞。”[③]

（3）都水台

晋武帝时期设置都水台，都水台是在裁撤水衡都尉以后设置的，但是都水台没有完全继承水衡都尉的管理职能，职责范围有了一定变化。管辖范围为航运、灌溉、栽培、水利、河道、湖泊等多方面事务，与林业关系密切的是河堤植树职能。下属设置有都水使者一人，还设置有河堤谒者等官职。据《宋书·百官志》记载：“都水使者一人，掌舟航及运部。”[④]秦、汉设置有都水长和都水丞，管理林业陂池灌溉，河渠、湖泊维护，隶属太常管理。汉东京裁撤都水台，改设为河堤谒者，魏因之。汉代水衡都尉的职责主要是负责上林苑管理，魏晋时期主要负责水军舟船器械。晋武帝时期裁撤了水衡都尉，设置了都水台，有使者一人，掌舟航及运部，而河堤为都水官属，有参军二人，谒者一人。

（4）太舟卿

梁代设置太舟卿掌管舟航堤渠管理和水路运输，职能与都水台基本一样，与林业关系密切的是河堤植树职能。配置有使者一人，参军事二人，河堤谒者八人。[③]

三、林木利用机构

（1）少府

《晋书·职官志》载：“少府，统材官校尉、中左右三尚方、中黄左右藏、左校、甄官、平准、奚官等令，左校坊、邺中黄左右藏、油官等丞。及渡江，哀帝省并丹阳尹，孝武复置。自渡江唯置一尚方，又省御府。”[⑤]少府中负责发书职能的官员称为尚书，汉成帝时期设置了尚书五曹，曹魏黄初时期改为六曹尚书，六曹之中的虞曹负责管理林业事务，官名称为虞部郎中。“魏尚书有虞曹郎中，晋因之。梁、陈曰侍郎。后魏、北齐虞曹，掌地图、山川近远、园圃、田猎、杂木等，并属虞部尚书。后周有虞部下大夫，掌山泽草木鸟兽而阜蕃之，又有小虞部，并

---

①（唐）杜佑．王文锦点校．通典·职官［M］．北京：中华书局，1988．

②（清）黄本骥．历代职官表［M］．上海：上海古籍出版社，2005．

③（唐）魏征．隋书·百官志［M］．北京：中华书局，1975．

④（南朝梁）沈约．宋书·百官志［M］．北京：中华书局，1974．

⑤（唐）房玄龄．晋书·职官志［M］．北京：中华书局，1974．

属大司马。”[①]以后各个时期，少府的职权范围不断变化，曹魏时期设置有户曹掾，属于七品官阶，掌民户祠祀农桑种植之事；刘宋时期设置少府一人，丞一人，负责管理中服御之物。萧梁时期，将少府官员称为少府卿，同时还设置了材官将军，也负责林业事务。

（2）将作大匠

魏晋时期，将作大匠职能变化不大，仍掌管土木工程的修造事务，属于临时机构，处于“有事则置，无事则罢”的地位。曹魏时期设置了将作大匠，归少府管辖，官秩三品，董昭、毋丘俭、郑浑、杨阜等都曾经担任过此职。南朝宋、齐时隶属于尚书起部及领军，皆有事则置，无事则省。梁、陈时改称大匠卿，隶属于少府，“梁天监七年，以将作大匠为大匠卿，掌土木之功，统左右校诸署，陈大匠卿品第三。”[②]后魏、北齐称为将作寺，设置有功曹、主簿、长史、司马等内部属官。后周改称为将作匠师中大夫，管理城郭、宫室的建造和诸器物度量。属官还有司木中大夫，负责行使木工、建材制作等政令。十六国中夏设置将作大匠，汉设置左右校令，南凉设置材官将军，职能都是负责政府的林木事务。[③]

（3）材官将军

材官将军的职能与将作大匠基本一样，但区别是将作大匠不常设，而材官将军是常设林木管理机构。《唐六典》载：“晋少府属官有……材官校尉或将军。”[④]《宋书·百官志》载：“材官将军……主工匠土木之事，汉左右校令其任也，曹魏右校又置材官校尉，主天下材木之事，晋江左改材官校尉曰材官将军……令材官隶尚书起部及领军。”[③]齐时也有关于材官将军的记载，“材官将军一人，司马一人，属起部亦属领军。”[⑤]可以看出，材官将军有时隶属少府，有时隶属政府起部，在皇权和相权间摇摆。

（4）度支部

两晋设置度支部主管山林税收。南北朝时期度支部仍管理山林税务，还在其下属置起部、右户曹、度支曹和屯田、水部、农部、虞曹等部门，分管不同行业赋税征收。水部分管水利赋税，农部分管农林业赋税，屯田分管藉田、诸州屯田等赋税，虞曹分管山林物产等赋税。

四、林业管理的特点

（1）救灾救荒成为林业管理机构的重要职能

本期频繁的山林开禁和鼓励种树、种桑政策，成为稳定社会、恢复生产的主要措施。灾害发生后，林业管理机构主要承担荒政职能，贯彻执行了政府开禁山

---

① （唐）杜佑. 王文锦点校. 通典·职官［M］. 北京：中华书局，1988.

② （唐）魏征. 隋书·百官志［M］. 北京：中华书局，1975.

③ （南朝梁）沈约. 宋书·百官志［M］. 北京：中华书局，1974.

④ （唐）李林甫. 陈仲夫点校. 唐六典·将作都水监［M］. 北京：中华书局，1992.

⑤ （南朝梁）萧子显. 南齐书·百官志［M］. 北京：中华书局，1972.

林政策，减轻减免林业赋税，组织民众利用林业资源，解决灾民的生活问题。同时，以引导民众发展农桑，生产自救缓解山林压力，帮助灾民重建家园。林业管理机构作为整个政府机构的一部分，有效实施了各项林业管理职能，采取多种措施配合了整体救灾体系的运转。

（2）机构设置在政权更迭中频繁调整、变化

魏晋南北朝时期是中国历史上最混乱和动荡不安的阶段，大小数十个王朝和政权更迭，多种文化交替主导着中国，形成了这一时期特殊的社会状况。由于长期的封建割据和连绵不断的战争，各个政权都是建立在废墟和混乱之上的，尽快地稳定社会和发展生产成为不同的统治者共同的任务。政府机构设置不断变化，林业管理机构也随之不断调整。例如，水衡都尉在汉代的职能主要是管理皇家园林上林苑，但是在曹魏时期职能却调整为水军舟船、运输等事务，再后来到晋代却被撤销，存世时间较短。水衡都尉撤销之后增设了都水台管理之前各种涉及水利的职能。还有，在南北朝时期尚书系统设置的部和农部等机构逐渐承担管理职能，但史料却没有明确的职能记载，作者根据这些机构的名称推测，应该属于农林事务管理机构。

（3）林业管理职能逐步划归尚书诸曹

魏晋南北朝时期的政治体制处在由“三公九卿”演变为“三省六部制”管理模式的过渡时期，林业管理也随之发生了重要调整。本期林业管理机构仍归三公九卿辖属，但管理林业事务的机构逐步被裁撤，管理职能逐步缩小，至晋朝时主管林业的少府已淡出林业管理领域。

第四章　中国古代林业管理的发展

（隋唐，581—960年）

隋唐时期，林业政策和管理的重点是林木培育。这一时期国力日渐强盛，生产力水平不断提高。统治者认识到森林的经济和环境价值，对森林的管理转变为以种植、栽培为主，绿化林、观赏林和经济林等人工种植林发展迅速。本期政治体制较前代有了较大的变化，三省六部制下林业职官设置也进行了相应的变化。隋代林业管理职能由行台省及其下属农圃监等寺监系统掌管。唐代设工部、虞部、司苑和各监分别管理。无论从林业机关的设置层级还是职能权限大小比较，唐代都远比隋朝机构规格更高、分工更分明，管辖范围也更广泛，其下属机构的分工也比隋朝更为明细。隋唐时期通过政府进一步调配管理机构职能，大大提高了管理效果，同时大量的林业管理法令的出台促进了林业的发展，经济林业在这一时期快速发展成为当时主要林业经济产业，同时较好的城市行道树栽培和保护，提高了当时人的生活环境，也起到了保护森林生态环境的作用，为当代城市管理提供了好的借鉴和启示。通过以上分析和研究，作者认为隋唐时期在我国古代林业政策和管理发展史上属于发展阶段。

第一节　隋唐时期林业发展概况

隋唐时期（581—960年）存世379年，其中隋朝（581—618年）历经37年，唐朝（618—907年）历经289年，五代十国（902—960年）历经58年。北周大定元年（581年），隋王杨坚废北周静帝自立，建立隋朝（581—618年）。在相继废梁灭陈之后，结束了南北朝的分立局面，统一了全国。隋文帝在位期间，继续实行均田制，扩大垦田面积，免除盐酒商税，重编户籍，改革官制，当时的政治、经济发展程度大大超过了两汉。但隋炀帝的暴政引发了隋末的大规模农民起义，造成了隋朝的灭亡。隋代“诸王已下，至于都督，皆给永业田，各有差，多者至一百顷，少者至四十亩。其丁男、中男永业、露田[①]皆遵后齐之例，并课树以桑、榆、枣。”[②]隋代还开凿大运河，大兴沿河渠岸植树。继隋朝之后是唐朝（618—907年），唐朝基本上沿袭隋代的制度，在政治和经济上进行了一系列改革，社会秩序安定，林业、手工业、商业、科学技术和文化空前繁荣，以“盛唐”之誉驰名世

① 隋代丁男指18岁以上的男子，中男指10～17岁男子。露田为分给种庄稼的田，永业田为分给种树而不必交还的田。

②（唐）魏征．隋书・食货志［M］．北京：中华书局，1975．

界。唐代前期政治稳定，为国家的繁荣强盛奠定了雄厚的基础。唐代中期藩镇割据，战争连年不息。唐代后期，朝廷内部愈益分裂，统治力大为削弱。虽然如此，唐代中、后期的经济、文化仍有较快发展，尤其是长江流域的经济在免于战乱的情况下一直在上升。安史之乱后，唐王朝由盛而衰，统治能力不断减弱，在黄河中下游先后出现了后梁、后唐、后晋、后汉、后周五个连续的朝代，史称“五代”。在长江中下游至岭南则出现了吴、前蜀、吴越、闽、楚、南汉、荆南（南平）、后蜀、南唐和北汉十个封建割据政权，史称“十国”。五代十国（902—960 年）时期战争连年不断，黄河流域疲惫不堪，而南方战祸较少，生产继续发展，经济文化中心从黄河流域转向长江流域，人口数量也出现南方多于北方的现象。隋唐时期时间跨度较长，各项社会事业取得较快发展。人工林木培育在这一时期快速发展，特别是唐代都城林木成荫，王维在《登楼歌》中写到：“俯十二兮通衢，绿槐参差兮车马。”隋唐时期林业发展特点是天然林面积持续减少，人工林栽培逐渐增长，林产品贸易发展迅速。森林消耗的原因除战争毁林外，还有营建、樵采、择用、拓地等方面的原因。这一时期营建项目繁多，包括长安、洛阳等城市的营建、改建，两京宫殿、各地离宫、园苑营建，各地封疆大吏宫邸、藩镇宫府及五代十国宫室的营建，还有木材流通所需要的种种营建活动。由于隋唐五代时期实行农林兼营，农耕地区同时也是人工林区，发展人工林的同时消耗了天然林，换句话说，人工林面积增长的同时，天然林面积相应地减少了。

第二节 林 业 政 策

隋唐时期林业进入了一个新的发展阶段，林木培育成为林业政策的主要内容。这一时期随着永业田、庄园林木培育，宅旁、庭院植树与山地育林，行道树与护岸林培育，城镇绿化与墓地植树，竹林培育等各方面林木培育政策的实施，林木的培育得到空前的发展，引导了中国林业栽培注重实用和观赏的功能发展，在林业科技发展史上具有重要意义。

一、林木保护政策

唐代统治者已经具有资源永续利用、森林保护的思想，在制定的多项律例、法规中多有提出林木保护的条款。

《唐大诏令集·禁弋猎敕》载：“春夏之交，稼穑方茂，永念农作，其勤如伤，况时属阳和，令禁麛卵，诉以保兹怀生，下遂物性，近闻京畿之内，及关辅近地，或有豪家时务弋猎，放纵鹰犬，颇伤田苗，宜令长吏常切禁察，有敢违令者，捕系以闻。”[①] BH001 这是以法典形式出现的禁止随意畋猎、捕杀野生动物的法规，禁

① （宋）宋敏求. 唐大诏令集［M］. 北京：中华书局，2008.

令指出实施禁猎是为了保护动植物资源。

《唐律疏议·贼盗》中有四条涉林处罚规定：一是“诸盗园陵内草木者，徒二年半。若盗他人墓茔内树者，杖一百。”BH002 二是“诸山野之物（草木药石之类），已加功力，刈伐、积聚，而辄取者，各以盗论。”BH003 三是“诸于山陵，兆域内失火者，徒二年，延烧林木者，流二千里。”对焚林的处罚也进行了明确规定。BH004 四是“诸失火及非时烧田野者笞五十。”[①] BH005 火灾造成的森林毁损远远超过人力盗伐，在古代落后的科技状态下仅用人力是无法扑救的，所以有处罚上明显重于盗伐的量刑。对于不按时禁规定烧荒的，也要受到处罚。《唐律疏议·杂律》也有四条林木保护的规定：一是“毁伐树木、稼穑者，准盗论。”BH006 二是“诸失火及非时烧田野者，笞五十。”BH007 三是“诸弃毁官私器物，及毁伐林木稼者，准盗论，即亡失及误毁官物者，各减三等。”BH008 四是“诸占固山野陂湖之利者，杖六十。”[②] BH009

据《旧唐书·职官志》记载，唐代规定“凡采捕渔猎，必以其时。凡京兆、河南二都，其近为四郊，三百里皆不得弋猎采捕。”[③] BH010 这个林木管理的政策是保护京城附近的林业资源，使长安附近的秦岭终南山的树木都避免了被砍伐殆尽，大量宫殿建造用的木材源源不断从河东、陇右等地区运来。

《唐六典》中明确规定了打猎、樵采的“时禁”法规，现摘录出五条与林木保护方面的条例：一是“冬春之交，罝罛不施川泽，春夏之交，毒药不施原野。夏苗之盛，不得蹂藉；秋实之登，不得焚燎。”BH011 二是“凡五岳及名山，能蕴灵产异兴云致雨，有利于人者，皆禁其樵采。”BH012 三是“每年五月、正月、九月皆禁屠杀采捕。”BH0013 四是“凡四时之禁，每岁十月以后尽于二月，不得起冶作；冬至以后尽正，不得兴土木，春夏不伐木。”BH014 五是关于限制林木的采伐，保护森林资源的诏令和文敕，“凡宫室之制，自天子至于士庶各有等差……凡修造所须材干之具，皆取之有时，用之有节。”[④] BH015《唐六典》中涉及林业的内容主要是时禁政策，要求官府和百姓都按照季节规律利用森林，当时生态思想已得到全面推广，百姓也能够遵守相关规定。

唐太宗贞观四年（630 年）诏令：“禁刍牧于古明君、贤臣、烈士之墓。”[⑤] BH016 还规定，“凡郭祠神坛，五岳名山，樵采、刍牧皆有禁，遗三十步外得耕种。春夏不伐木。京兆、河南府三百里内，正月、五月、七月禁弋猎。”[⑤] BH017 此诏令将特殊墓地列入保护范围，同时强调了包括时禁在内的相关禁令。

---

① （唐）长孙无忌．刘俊文点校．唐律疏议·贼盗［M］．北京：中华书局，1983．

② （唐）长孙无忌．刘俊文点校．唐律疏议·杂律［M］．北京：中华书局，1983．

③ （五代）刘昫．旧唐书·职官志［M］．北京：中华书局，1975．

④ （唐）李林甫．陈仲夫点校．唐六典·将作都水监［M］．北京：中华书局，1992．

⑤ （宋）欧阳修，宋祁．新唐书·太宗纪［M］．北京：中华书局，1975．

唐高宗永徽四年（653 年）五月诏："禁作篱捕兔，莹围取兽。" BH018

唐玄宗开元四年（716 年）正月诏："骊山特秀峰峦，俯临郊甸……自今以后，宜禁樵采，量为封域。"[①] BH019 开元十三年（725 年）十一月封禁泰山，"近十里禁樵采。"[②] BH020 唐玄宗颁布了《禁弋猎采捕诏》，要求："其天下弋猎采捕，宜明举旧章，严加禁断……，诸府郡至春末已后，无得弋猎采捕，严力禁断，必资杜绝。"[③] BH021

唐代宗帝在大历八年（773 年）曾颁令："诸道官路，不得令有耕种，及砍伐树木，其有官处，勾当填料。"旧的建筑拆毁后，种植的树木不能砍伐，但"其种树栽植，如闻并已滋茂，不得有砍伐，致令死损。"[④] BH022 如果出现行道树死亡、自然毁损，主管官吏要及时补种，不能延误。大力十三年（778 年）十月诏："禁京畿持兵器捕猎。" BH023

唐德宗建中元年（780 年）五月敕："自今以后，每年五月，宜令天下州县，禁断采捕弋猎。仍令所在断屠宰，永为常式，并委州府长吏，严加捉搦。"[④] BH024 德宗建中四年（783 年）诏："置大田，择其上腴，树桑环之，曰公桑，自王公至于匹庶，着借其力，得谷丝以给国用。"[⑤] BH025

唐睿宗在建桐柏观时下敕："闻始丰县人毁坏坛场，砍伐松竹，耕种及作坟墓……令州县与司马炼师相知，于天台山中辟封内四十里，为禽兽草木长生之福庭，禁断采捕者。"[①] BH026 这一时期政府林业保护政策严格，同时也制定有林木培育政策，鼓励造林活动，发展林业生产。

唐武宗会昌二年（842 年）四月对官吏下达禁伐林木的诏令："劝课种桑，比有敕命，或能增数，每年奏闻，如闻都不遵行，恣为剪伐，列于市肆，货作柴薪，自今州县，切宜禁断。"[③] BH027 政府提倡、鼓励民间多种植经济林木，但是不允许随意砍伐、损毁，更不准将经济林木卖作薪柴。

通过以上多个林业保护诏令可以看出，政府对林业的认识进一步提升，有效控制了随意利用、损毁林木的现象。

二、林木培育政策

隋代的田制中单独设立了桑田一项，隋承袭北齐的制度，继续实行永业田制度，实行稳定的土地政策，促进民众发展农桑。《隋书·食货志》有一段关于永业田的记载："高祖受禅，颁新令，自诸王以下至于都督，皆给永业田……并课书以

---

①（清）董诰．全唐文［M］．北京：中华书局，1983．

②（五代）刘昫．旧唐书·玄宗纪［M］．北京：中华书局，1975．

③（宋）王钦若．册府元龟·帝王部［M］．北京：中华书局，1960．

④（宋）王溥．唐会要·街巷［M］．北京：中华书局，1955．

⑤（五代）刘昫．旧唐书·德宗纪［M］．北京：中华书局，1975．

桑榆及枣。”①[PY001]此规定较前代授田范围明显扩大，由只授给官吏扩大至平民百姓，此政策为之后隋代社会繁荣起了重要作用。隋高祖对林业的贡献除了推广永业田外，还提倡堤岸树，并对在汴渠岸堤上种植树木的给予奖励。

隋代从文帝始直至灭亡，始终采取均田措施促进植树造林。隋代统治者遵照后齐的管理制度，三次下诏实施均田改革：一是开皇三年（583 年）隋文帝杨坚所颁诏令：“自诸王已下至于都督，皆给永业田各有差。多者至一百顷，少者至四十亩。其丁男、中男永业露田皆遵后齐之制。并课树桑榆及枣。其园宅，率三口给一亩，奴婢则五口给一亩……京官又给职分田，一品者给田五顷，每品以五十亩为差，至九品为一顷。外官亦各有职分田。又给公廨田，以供公用。”①均田令关于永业田植树的实际规定，可解释为每丁在自己二十亩桑田中，“种桑五十根、榆三根、枣五根。”[PY002]二是开皇十二年（592 年），文帝诏：“发使四出，均天下之田。”将前述均田之法推广于大江之南。但在江南各地“其狭乡，每丁才至二十亩，老小又少焉”①，授田限额严重不足。[PY003]三是大业五年（609 年）隋炀帝“诏天下均田”①，其基本做法沿袭其父之所为。[PY004]

隋炀帝虽骄奢淫逸，但在运河两岸植树的功绩值得一提。据杜宝撰写的《大业杂记》中关于大业初期在通济渠植树的记载：“开通济渠，自河起荥泽入淮千余里……开邗沟，自山阳淮至于杨子入江三百余里……两岸为大道，种榆、柳。自东都至江都二千余里，树荫相交。”②[PY005]隋代在运河两岸种植大量堤岸林，既起到了保护河堤的作用，又达到了绿化、装饰的目的，取得了很好的经济效益、社会效益和生态效益。当然这与隋炀帝个人生活有关，但这样植树达数千里的壮举，在我国林政史上也是不多见的。唐代诗人白居易曾作诗称赞道：“大业年中炀天子，种柳成行夹流水，西至黄河东淮，绿荫一千三百里。”①

《唐律疏议·户婚》对于林木培育有专门的条文：“户内永业田，每亩课植桑五十根以上，榆、枣各十根以上。土地不宜者，任依乡法。”对于违犯规定而没有完成的也规定了相应的处罚标准：“应课植桑枣而不植，如此事类违法者，每一事有失，合笞四十。”③[PY006]唐代统治者对植树造林尤为重视，制定了多项奖励和惩罚措施调动民众植树热情。

唐高祖武德七年（624 年）定口分永业田，及诸驿封田、诸屯戍田之制。《新唐书·食货志》记载了高祖永业的分配办法：“度田以步，其阔一步，其长二百四十步为亩，百亩为顷。凡民始生为黄，四岁为小，十六为中，二十一为丁，六十为老。授田之制，丁及男年十八以上者，人一顷，其八十亩为口分，二十亩为永业；老及笃疾、废疾者，人四十亩，寡妻妾三十亩，当户者增二十亩，皆以二十

① （唐）魏征．隋书·食货志［M］．北京：中华书局，1975.
② （隋）杜宝．大业杂记［M］．台北：新兴书局，1981.
③ （唐）长孙无忌．刘俊文点校．唐律疏议·户婚［M］．北京：中华书局，1983.

亩为永业，其余为口分。永业之田，树以榆、枣、桑及所宜之木，皆有数。”[①] PY007

唐玄宗开元四年（716 年）春二月禁骊山樵采。PY008 开元九年（721 年），左拾遗刘彤上表奏称：“取山泽，则公利厚。”PY009 开元十六年（728 年）“驰陂泽禁。”PY010 开元二十五年（737 年），玄宗诏令：“每亩课种桑五十根以上，榆枣各十根以上，三年种毕。乡土不宜者，任以所宜树充。”[②] PY011 开元二十八年（740 年）正月，令两京道路并种果树，令殿中侍御史郑审充使。[③] PY012《唐律疏议·户婚》记载了玄宗田令的规定：“依《田令》，户内永业田，课植桑五十根以上，榆枣各十根以上。土地不宜者，任依乡法。”[④] PY013 通过对隋代和唐代初期《田令》内容比较可以看出，唐初实行的《田令》有所变化：第一点是永业田需要种植树木的数量较隋代有所增加，唐代需要种植桑树五十棵、榆树和枣树分别种植十棵，隋代仅要求种植桑树五十棵、桑树三棵、枣树五棵。第二点是关于种植经济树种的规定有所变化，唐代规定在永业田不适宜种植桑树的可自行选择适宜栽种的树种，政府不加干涉，只要不荒芜田地即可。隋代规定相对死板，若不适宜种植桑树只能改作“麻田”，不得改作其他用途。通过比较可以看出唐代对林业管理更加灵活，对经济林木培育要求简单、清楚，对提高民众积极性有很大帮助。

唐代宗永泰二年（766 年）诏令：“种城内六街树。”[⑤] PY014 代宗朝规定：“其种树栽植，如闻并已滋茂，亦委李勉勾当处置，不得使有砍伐，致令死损。”[③] PY015 至代宗时，唐代关于在城区植树的政策已更加具体，对城区种植的树木的管理工作也很到位，保护、禁伐的法规、诏令陆续出台。

唐德宗贞元元年（785 年）诏：“宜令京兆府与金吾计会，取城内诸街枯死槐树充修灞、浐等桥板木等用，仍栽新树充替。”[③] PY016 唐德宗贞元六年（790 年）诏：“令京兆府把长安城内街上之枯死槐树砍伐利用，再栽新树。”[③] PY017 对城市栽种树木的管理很细致，不仅严禁砍伐，若发现有自然枯死的，还要求及时补种。贞元十二年（796 年）诏：“官街树缺，所司植榆以补之。”[⑥] PY018 德宗要求在京城街衢种植榆树，并付诸实施，但是榆树在长安的生长状况不好。唐德宗贞元十四年（798 年）诏：“京兆尹吴凑率众于京城街巷补植行道树，以槐树代替稀残之榆树，并于沟堤植柳。”[⑦] PY019 时任京兆尹的吴凑带领官吏更换了稀疏、枯损的榆树，改为种植槐树，还在河堤、沟渠堤岸种植了大量柳树，绿化了城市环境。贞元二十年（804 年）下诏劝民务农桑：“理化之本，系乎京师，副朕忧人属于长吏，宜

---

①（宋）欧阳修，宋祁. 新唐书·食货志［M］. 北京：中华书局，1975.

②（唐）杜佑. 王文锦点校. 通典·食货［M］. 北京：中华书局，1988.

③（宋）王溥. 唐会要·道路［M］. 北京：中华书局，1955.

④（唐）长孙无忌. 刘俊文点校. 唐律疏议·户婚［M］. 北京：中华书局，1983.

⑤（宋）王钦若. 册府元龟·务农部［M］. 北京：中华书局，1960.

⑥（宋）王溥. 唐会要·街巷［M］. 北京：中华书局，1955.

⑦（五代）刘昫. 旧唐书·吴凑传［M］. 北京：中华书局，1975.

勉务农桑，各安生业，以舒朕怀。"① PY020

唐宪宗元和七年（812 年）四月下劝课栽桑并责罚盗采的诏令："农桑切务，衣食所资，始闻闾里之间，蚕织犹寡，所宜劝课，以利于人。诸道州府，有田户无桑处，每检一亩，令种桑两根，勒县令专勾当，每至年终，委所在长吏检察，量其功，具殿最，奏闻，兼令两税使，同访察其桑，仍切禁采伐，犯者委长吏重加责科。"① PY021

唐穆宗长庆元年（821 年）正月赦文给个体小农授田："应诸道管内百姓，或因水旱兵荒，流离死绝，见在桑产如无近亲承佃，委本道观察使于官健中取无庄田有人丁者，据多少给付，便于公验，任充永业。"② PY022

唐文宗太和九年（835 年）八月下诏规定："敕诸街添补树，并左右街使栽种，价折领于京兆府，仍限八月栽毕，其析闻奏。"③ PY023 要求负责城区管理的官吏注意巡视行道树成活状况，如果发现枯死要及时补种新树，所需要的劳力或购置树苗等费用由京兆府支付，必须八月之前完成。

唐武宗会昌元年（841 年）正月下诏规定："应州县开成元年（836 年）以前，观察使刺史差强明官就村乡，指实检会桑田屋宇等，仍勒令长加检校，租佃与人，勿令荒废……二年不归复者，即仰县司，召人给付承佃，仍给公验，任为永业。"③ PY024 会昌二年（842 年）四月下诏规定："旧课种桑，比有敕命，如能增数，每岁申闻，近知并遵行，参加剪伐，列于廛市，卖作薪蒸，自今委所由严切禁断。"PY025 按原来制定的政策种树植桑，每年上报新种植的数量，严禁砍伐田间林木买卖的行为。

唐宣宗大中元年（847 年）二月下鼓励种植荒弃的田地的诏书规定："天下逃户，见在桑田屋宇等……任邻人及无田产人且为佃。"② PY026

唐懿宗咸通十一年（870 年）下诏规定："诸道州府百姓，承佃逃亡田地，如已经五年，须准承前敕文，便为佃主，不在论理之限。"③ PY027 说明这一时期已同意将多年无主的田地转给实际耕种者，作为实际耕种者的永业田，同时政府给出具证明和印鉴，承认承佃人的所有权。从中也可以看出，唐懿宗时期土地私有化已经很普遍。

唐代有关于各疆吏、职官领导军民植树的事迹。《旧唐书·范希朝传》载，范希朝担任振武节度使期间，看到属地缺少树木，范希朝买来大量柳树种子和幼苗，要求官兵一起种植，数年后绿树成荫，美化了当地的生活环境。④《新唐书·吴凑传》载："凑为京兆尹，街衢树稀残，有司莳榆空，凑曰，榆非九衢之玩，命易之

①（清）董诰. 全唐文［M］. 北京：中华书局，1983.

②（宋）王溥. 唐会要·逃户［M］. 北京：中华书局，1955.

③（宋）王溥. 唐会要·租税［M］. 北京：中华书局，1955.

④（五代）刘昫. 旧唐书·范希朝传［M］. 北京：中华书局，1975.

以槐。”① PY028

五代时期虽存世较短且战乱不断，但仍有多个帝王下达劝课农桑诏令的记载，不论执政时间长短，均认识到林业对于恢复经济的重要性，制定了多项相关鼓励发展政策。

后唐经济恢复得较快，后唐明宗长兴三年（932 年）下诏规定，允许民众自己铸造农器，政府不再占有山泽物产，以后由百姓自由发展并取用。PY029 应顺元年（934 年）三月，明宗在七里亭这个地方看到春天农民在田野劳作的情景，走到田间与百姓共同劳作，并鼓励民众发展农桑。② PY030 据《全唐文》等文献记载，后唐清泰三年（936 年）三月下诏规定：“其响风面内者，有司计口给食，愿耕植者，授之土田，仍复三岁租役。”③ PY031 清泰三年（936 年）四月癸午，下诏大赦境内：“民三年艺桑及三千本者，赐帛五十匹。每丁垦田及八十亩者，赐钱二万，皆五年勿收租税。”PY032 同时，还有“田每十亩蠲之一亩半”④ PY033 的规定。这一时期土瘠民贫，赋税繁重，民众的生活负担很大，朝中许多有识大臣提出加大劝课农桑的政策，化解逐步激化的社会矛盾，如《唐文拾遗》载，后汉隐帝乾祐二年（949 年）实行《广栽桑枣制》：“诸州府长吏，劝课农桑。随户人力胜栽莳桑枣。小户岁十本至二十本，中户三十至四十，大户五十至一百，如能广栽不限本数。种讫，本县令佐亲省之，计数……以为考课。”⑤ PY034 这些好的意见，为快速地稳定当时社会起到了重要作用。

后晋出帝开运二年（945 年），批复中书舍人陶谷的要求遏制滥砍滥伐之风的奏章，下诏规定：“陶谷方思丰国，切欲劝农，以贸易于柴薪，多砍伐于桑枣，请行禁绝，宜举科条，仍付所司。”③ PY035 要求相关部门制定出条例，来禁止滥伐林木。

后汉隐帝乾祐元年（948 年），批复殿中少监胡崧的请求禁止砍伐桑枣为薪的奏折，严令禁止。PY036 乾祐二年（949 年），批复太子中允侯仁宝请求将栽培桑枣数量作为官员考核指标的奏折，令省司以为考课。⑥ PY037

后周太祖广顺元年（951 年）下诏要求长吏劝课农桑。广顺二年（952 年）下诏规定：“诸道府州吏，勤加劝课……乡县百姓，依时耕种，栽接桑枣，勿纵游惰，务在精勤。”③ PY038《旧五代史·周太祖纪》载：“太祖在民间，素知营田之弊，至是，以天下系官庄田仅万计，悉以分赐见佃户充永业，是岁出户三万余。百姓

---

①（宋）欧阳修，宋祁．新唐书·吴凑传［M］．北京：中华书局，1975．
② 宋希庠．中国历代劝农考［M］．南京：正中书局，1936．
③（清）董诰．全唐文［M］．北京：中华书局，1983．
④（清）吴任臣，徐敏霞．周莹点校．十国春秋·南唐烈祖纪［M］．北京：中华书局，1983．
⑤（清）陆心源．唐文拾遗［M］．北京：中华书局，1983．
⑥（宋）李焘．续资治通鉴长编［M］．北京：中华书局，1979．

既得为己业，比户欣然，于是葺屋植树，敢致功力。”[① PY039]广顺三年（953年）下诏规定：“诸道州长吏，督民勉勤耕稼，有发膏腴之地，务添桑枣。”[② PY040]太祖建国后进行经济改革，将系省庄园（官庄），分配给佃户耕种，并作为永业田可转为己有。周世宗继位后，进一步实施改革，减免林业赋税，鼓励民众发展种植业。显德二年（955年）规定：“应自前及今后有逃户庄田，许人请射承佃，供纳租税。如三周年内，本户来归业者，其桑土不以荒熟并庄田交还一半。五周年内来归业者，三分交还一分。应以上承佃户，如是自出力别盖造到屋舍，及栽种到树木园圃，并不在交还之限。”[② PY041]又如“今后如有五周年内其本主还来认识，不以桑土荒熟并庄园，三分中交还二分。十周年内来者，交还一半。十五周年内来者，三分中交还一分。应上项承佃户，如系自出力别盖造到屋舍，及栽种到树木园圃，并不在给还之限。”[② PY042]显德三年（956年）八月下诏规定：“课民种树，其上户所种，每岁须及百本，其次降殺有差。又令每口种韭一畦，以助其食。”[③ PY043]明确规定了民户种植的数量，便于官吏管理和操作。同年下达种植行道树的诏令：“其京师城内街道，阔五十步者，许两边人户，各于五步内，取便种树掘井，修盖凉棚。其三十步以下至二十五步者，各与三步，其次有差。”[④ PY044]极力改善都城开封的城市面貌，准许百姓在官道两侧种植树木。

三、林木利用政策

隋朝赋税制度仍以北齐制度为基础，对北魏以来租调力役制度进行了部分修改，实行租调力役制度。《隋书·高祖纪》载，高祖开皇元年（581年）三月诏令：“弛山泽之禁。”[LY001]这条法令延续了自魏晋以来频繁开禁山泽，与民分享的进步趋势，为有隋一代山林利用、林产经济和林业技术发展起到示范作用。开皇二年（582年）令：“丁男一床租粟三石，桑土调以绢絁，麻土调以布；绢絁以疋加绵三两，布以端加麻三斤。单丁及孝子顺孙义夫节妇，并免调役。”[LY002]开皇三年（583年）令：“军人以二十一成丁，减十二番每岁为二十日役，减调绢一疋为二丈。”[⑤ LY003]开皇十年（590年）五月，“又以宇内无事，益宽徭役。百姓年五十者，输庸停防。”[⑤ LY004]另有记载：“人年五十，免役收庸。”[⑥ LY005]隋代结合国力特点，实行有田地就有赋税，每个农户都有调税，每个人都要承担劳役，实行统一标准。唐前期沿袭隋代的“均田”政策，在林业赋税方面做了一些改革，实行租庸调法，规定：“每丁岁入租粟二石，调则随乡土所产，绫、绢、絁各二丈，布加五分之一。

①（宋）薛居正．旧五代史·周太祖纪［M］．北京：中华书局，1976.
②（元）马端临．文献通考·田赋考［M］．北京：中华书局，1986.
③（宋）王钦若．册府元龟·务农部［M］．北京：中华书局，1960.
④（宋）王溥．五代会要［M］．北京：中华书局，1998.
⑤（唐）魏征．隋书·食货志［M］．北京：中华书局，1975.
⑥（宋）王钦若．册府元龟·邦计部［M］．北京：中华书局，1960.

输绫、绢、絁者，兼调绵三两；输布者，麻三斤。凡丁，岁役二旬，若不役则收其庸，每日三尺。有事而加役者，旬有五日免其调，三旬则租调俱免。通正役，并不过五十日。”① LY006 唐代实行的租调征课，无论是赋税科目还是税率都较前代大大减少和降低，而且“不役收庸”的范围扩大，减轻了民众的负担，人民由此而受益。

玄宗开元二十二年（公元 734 年）敕：“令中书门下对朝集使随便条革，以为定准。” LY007 此令旨在规范各地林产品实物税管理，天宝年间再次敕令：“诸郡贡献皆取当土所出，准绢为价，不得过五十正，并以官物充市。”② LY008 至此，唐代实物税征管进一步规范。

德宗建中元年（780 年）正式实行“两税法”，对包括林业赋税在内的各项税收征管方法进行了调整，对林产品税收影响较大。《唐会要·租税》载：“请令黜陟观察使及州县长官，据旧征税数数及人户土客，定等第钱数多少，为夏秋两税。” LY009 同年颁诏天下：“天下山泽之利，当归王者”，将山林川泽完全置于国家管理之下。同年，“户部侍郎赵赞请置常平轻重本钱，从之。赞于条奏诸道津要都会之所，皆置吏阅商人财货，计钱每贯税二十文，天下竹、木、茶、漆、皆什一税之。”①德宗时期开始征收茶漆竹木方面的赋税，缓解政府财政的不足。《旧唐书·食货志》记载：“德宗建中四年（783 年），度支侍郎赵赞议常平事，竹、木、茶、漆尽税之。茶之有税肇于此矣。”还记载：“贞元九年，张滂奏立税茶法……伏请于出茶州县，及茶山外商人要路，委所由三等时估，每十税一……自此，每岁得钱四十万贯。”③ LY010《唐会要·杂税》记载：“建中四年六月，请行常平税茶之法。”①

关于材木取用，唐代了明确的时令规定，据《唐六典·将作都水监》载：“凡修造所须材干之具，皆取之有时，用之有节。”④ LY011

唐代中后期随着林地私有制的逐步确认，民间林地买卖交易逐渐增多，带动了庄园经济的发展。及至“元和八年（813 年）十二月……辛巳，敕：应赐王公公主官等庄宅、碾、店铺、车坊、园林等，一任贴典货卖”；LY012 元和十四年（819 年）赦令：“卸任地方官员遂于当处买百姓庄园、舍宅。”③ LY013 随着林地买卖而发展起来的庄园经济逐步得到了政府认可，并成了林业赋税的重要来源，促进了林地规模化管理。《太平广记》中有关于唐代长安城中李敏求妻兄伊在义兴里置别墅和“货南城一庄，得钱一千贯”等记载，则是有唐一代自宪宗以后“贴典货卖”继续具有法律地位的佐证。据《唐会要·杂税》记载：“买卖田土有文契……唐末有五代之刻版印契”，林地买卖需要以地契作为凭证，政府已经担当了颁发地契或者类似当前公证的角色。关于土地买卖有先兄弟，兄弟不要，才能再卖别人的规

---

①（宋）王溥. 唐会要·杂税［M］. 北京：中华书局，1955.

②（唐）李林甫. 陈仲夫点校. 唐六典·户部郎中员外郎［M］. 北京：中华书局，1992.

③（五代）刘昫. 旧唐书·食货志［M］. 北京：中华书局，1975.

④（唐）李林甫. 陈仲夫点校. 唐六典·将作都水监［M］. 北京：中华书局，1992.

定。《旧五代史·食货志》载："常山属邑曰九门，有人鬻地，与异居兄议价不定，乃移于他人。他人须兄立券，兄固抑之，因诉于令。令以兄弟俱不义，送府……市田以高价者，取之。"①

穆宗长庆元年（821 年）诏："禁中造百尺楼，国计不充"，还增加茶税税率，"增茶税，初税一百，增之五十"，② LY014 每年茶税税额增加到六十万贯以上，民怨沸腾。

唐文宗大和九年（835 年）开始征收榷茶税，《旧唐书·文宗纪》载："太和九年九月王涯献榷茶之利，乃以王涯为榷茶使，茶之有榷税，自涯始也。"③ LY015 至文宗朝唐代官方垄断了茶叶经营，开始实行官营茶叶专卖制度。

《旧唐书·食货志》有关于竹練场记载："太和七年（833 年），御史台奏报：伏准太和三年十二月十八日敕文，天下除两税外，不得妄有科配，其擅加杂榷率，一切宜停，令御史台严加察访者。"④ LY016 但没有说明竹練场税的具体内容，但可以看出属于苛捐杂税的一种。

五代十国仍以"两税"为正税，"两税"之外杂税种类繁多，对当时农林业生产带来巨大影响。五代十国盐、茶、酒一类物资，全部实行官营，禁止民间私自买卖，官府制定相应的"禁榷"，从而从中获取寓税于价之榷税。南唐"以茶盐强民而征其粟帛，谓之博征。"⑤ LY017《旧五代史·食货志》载："后唐明宗开成元年，诏省司及诸府，置税茶场院，自湖南至京，六七处纳税，以至商旅不通。"⑤此外，还有关于后蜀宰臣张凡"虚增商税" LY018 和南唐"货赞有征" LY019 赋税征管科目。五代十国普遍征收农林产品税和副产品税。楚国设立"茗算"税目向茶农课征茶叶产品税；LY020 吴越按照"凡薪炭、蔬果、箕帚之属悉收算"；LY021 闽国"凡江湖陂池皆有税。"⑤ LY022 山泽税也是五代十国一种苛税。史载："当五代时，吴越一隅捍四方，费用无度，其田租山林川泽之税，悉加故额数倍。"闽国多山，王廷政据闽北、杨思恭"增田亩山泽之税。"⑤

隋唐时期苑囿建设兴盛，大量皇家园林和私家园林大量发展、传承古典园林文化，属于林木利用的主要形式之一。隋炀帝杨广在洛阳修建了著名的显仁宫，据《隋书·食货志》载："苑囿连接，北至新安，南及飞山，西至渑池，周围数百里。课天下诸州，各贡草木花果、奇禽异兽于其中。"唐代在长安城北边修建了一个大型禁苑，据《唐会要·卷 28》记载，苑囿东西 27 里，南北 30 里，东靠浐水，北枕渭河，整个面积比长安城还要大。苑中设置了梨园、桃园、葡萄园等专门的植物园，除明显的观赏游玩功能外，还具有林果买卖等经济功能。唐代宗大历四

---

①（宋）薛居正．旧五代史·食货志［M］．北京：中华书局，1976．
②（五代）刘昫．旧唐书·李珏传［M］．北京：中华书局，1975．
③（五代）刘昫．旧唐书·文宗纪［M］．北京：中华书局，1975．
④（五代）刘昫．旧唐书·食货志［M］．北京：中华书局，1975．
⑤（宋）薛居正．旧五代史·食货志［M］．北京：中华书局，1976．

年（769年）诏令苑官“分掌宫中植树及修葺园苑诸事”[①] LY023，大历十三年（778年）再次下诏，规定苑囿之利归王者。LY024 唐文宗开成二年（837 年）诏令，管护好畿内花草树木和动物。LY025 可以说继汉代发起修建皇家园林或上林苑始，跨越混乱的魏晋南北朝至隋唐，园林文化得到极大丰富，开创了兼具观赏休闲、动植物资源保护、种养技术发展等多种功能在内的林木利用模式。

皇家宫殿建设、舟船建造，由于各种以林木为材料的行业发展，导致林木利用量剧增，大面积原始林区被采伐，营造成为林木利用的主要形式之一。据《资治通鉴·卷 180》记载，隋炀帝时期“发大江之南、五岭以北奇材异石，输之洛阳。”[②] LY026《隋书·食货志》记载，隋炀帝大业元年（605年）的都城建设场景，“始建东都，以尚书令杨素为营作大监，每月役丁二百万人……又于皂涧营显仁宫，苑囿连接，北至新安，南及飞山，西至黾地，周围数百里……又命黄门侍郎王弘、上仪同于士澄，往江南诸州采大木，引至东都。所经州县，递送往返，首尾相属，不绝者千里。”[③]为了营造大型宫殿，不但耗费大量人力，而且消耗了无数大木，致使需要指派专人赶赴南方诸地烟瘴之地才能找到堪用之材。炀帝修造了大批舟船，《隋书·炀帝纪》载：大业元年（605年）三月造龙舟凤舸、黄龙赤舰、楼船篾舫……舳舻相接，二百余里。[④]唐德宗建中元年（780 年）诏群臣：“吾闻开元时，近山无巨木，求之岚（今山西岚县）、胜（今内蒙古呼和浩特）间。”说明当时森林面积已严重萎缩，仅存在于吕梁山、阴山等部分地区。唐代造船规模和技术较隋代均大为超越，唐太宗贞观十八年（644年）命令大臣阎立德造船，“即洪州（今江西南昌）造浮海大航五百艘。”[⑤] LY027唐高宗龙朔三年（663年）诏令，“停罢三十六州造船”[⑥] LY028，说明至高宗诏令时唐代仅官方已在三十六个州建造有造船厂，可见造船业在当时的兴盛和发达。民间造船同样发达，白居易的诗“中桥车马长无已，下渡舟航亦不闲”，印证了当时整个造船业规模之巨大。

四、林业政策的影响

（1）林业政策体系进一步完善

隋唐时期法制体系中“律、令、格、式并行”[③]，以律为主，令、格、式属于律之三种补充形式，唐代中后期进一步发展为律、令、格、式及格后敕五者并行的体系。“令”是人们今天所能见到的隋唐时期最多的林业法律形式，凡是弛山泽之禁、推行均田、奖励运河植树等项，都是通过“令”这种形式来表达的。《唐律

① （五代）刘昫. 旧唐书·代宗纪［M］. 北京：中华书局，1975.

② （宋）司马光. 资治通鉴［M］. 北京：中华书局，2011.

③ （唐）魏征. 隋书·食货志［M］. 北京：中华书局，1975.

④ （唐）魏征. 隋书·炀帝纪［M］. 北京：中华书局，1975.

⑤ （宋）欧阳修，宋祁. 新唐书·阎立德传［M］. 北京：中华书局，1975.

⑥ （宋）宋敏求. 唐大诏令集［M］. 北京：中华书局，2008.

疏议》的制定在我国法制史上具有里程碑的意义，在继承前代法制经验基础上制定而成，对于林木培育、保护和利用都制定了对应条款，是我国古代较为成熟和完备的涉林法典。

（2）政策法规的执行进一步规范

隋唐时期的政策法规及别的涉及林业的律文以《唐律疏议》为基础，制定的各项条文、规定都十分具体和细致，其中的解释有助于各级良吏的理解和执行。从另一个角度来说，以《唐律疏议》为代表的唐代各处法典之所以能够有效地贯彻执行，并起到很好的效果，关键原因是律例条文清晰、内容具体，各级官吏得以很好地执行，为实施唐律提供了切实保障。《唐律疏议》中关于处罚的解释非常清楚，类似于盗皇家陵园草木罪与盗民间墓茔内树木罪的区别、盗伐林木数量与定罪的轻重等都有了准确规定，给执法官员执法尺度提供了依据。

（3）均田政策有效调动民众种植经济林木的积极性

隋唐时期普遍推行均田政策，对短期内迅速带动经济发展起到了重要作用，大量因战争而荒废的田地被新的佃民重新种植、利用，并按照相关法规逐步认可佃主的所有权，极大地调动了民众发展农林经济的积极性。

（4）私有制庄园经济发展壮大

唐初“均田”关于土地可以买卖的规定，为地主兼并土地开启了方便之门，林地买卖交易逐步增多，大量田地被集中到少数人手中，促进了大型农场、庄园经济的发展。这一时期，在私有制经济形式的促进下封建大地主大量出现，大地主利用掌握的大面积田地从事农林生产，终于发展成为中晚唐封建社会的主要所有制形态。

第三节　林 业 管 理

隋朝改变前朝政府设置格局，新创三省六部制管理体制，唐代承袭发展。林业管理职能归属三省六部诸寺、诸监管辖。其中尚书省户部（本司、度支司）、工部（本司、虞部司）执掌林业管理和利用之政令，属于林业政务机构；司农寺、将作监、少府监及其所辖有关的署、监分掌劝课农桑、竹木种植、材木采伐、薪炭供应、园林管护及木工技巧等具体事务，属于林业事务（职能）机构。

一、林木保护机构

虞部

隋代虞部属政府六部二十四司之一，《隋书·百官志》载：“工部尚书统工部，屯田侍郎各二人，虞部、水部侍郎各一人。”[①]

---

①（唐）魏征．隋书·百官志［M］．北京：中华书局，1975．

唐承隋制，仍在工部下置虞部。《新唐书·百官志》载："工部尚书一人正三品，侍郎一人，正四品下，掌山泽屯田工匠诸司公廨纸笔墨之事，其属有四，一曰工部，二曰屯田，三曰虞部，四曰水部。"[①]关于虞部的职能和设置，《新唐书·百官志》载："虞部郎中、员外郎各一人，掌京都衢衖苑囿山泽草木及百官番客时蔬薪炭供顿畋猎之事，每岁春，以户小儿、户婢仗内莳种溉灌，冬则谨其覆，凡郊祀、神坛、五嶽名山，樵采刍牧皆有禁，距壝三十步外，得耕种，春夏不伐木。京兆河南府三百里内，正月，五月，九月禁弋猎，山泽有竇，可供用者以闻。"[①]《唐六典·虞部》中也对虞部的职能进行了详细记载："虞部郎中，员外郎负责管理天下虞衡山泽事务，而辨其时禁，凡是采捕畋猎必须遵守时禁。"[②]冬春季节是水中鱼类等动物的繁育时期，不准到山泽捕鱼。春夏季节，是陆上动物繁育时期，不准到原野捕捉。夏季粮食生长旺盛，不准毁坏。秋季果实成熟，不准焚烧。若遇到虎、狼等动物为害，则可随时捕获。在京兆、河南二都三百里内不准打猎。凡是名山大川、神灵之地，都不能樵采。以上说明隋唐时期虞部职能较大，兼有管理、生产、保护、保育等多项职能。

二、林木培育机构

（1）工部

工部位居六部，属于综合管理机构，依据其在本时期涉林职能和下属机构的职能涉及利用较多，所以将工部列入林木利用机构类。隋代工部"掌天下百工、屯田、山泽之政令。"其下属屯田"掌天下屯田之政令。"水部"掌天下川渎、陂池之政令，以导达沟恤，堰决河渠。凡舟楫灌溉之利，咸总而举之。"[③]唐代工部"掌天下百工、屯田、山泽之政令。"[③]"诸司公廨纸笔墨之事"[①]，辖四司：工部司（本司）、屯田司、虞部司、水部司。其中工部司掌经营兴造之众务："凡城池之修浚、土木之缮葺、工匠之程式，咸经度之。凡京师东都有营缮，则下少府、将作，以供其作。"虞部司"掌京城街巷种植，山泽苑囿，草木薪炭，供顿田猎之事。凡采捕渔猎，必以其时。凡京兆、河南二都……三百里皆不得弋猎采捕……其柴炭薪木及百官蕃客，并于农闲纳之。"[③]水部司"掌天下川渎陂池之政令，以导达沟恤，堰决河渠。"[③]管理水渠渔利、城邑建筑、水利兴修等工程。

（2）司农寺

隋代司农寺职能较多，据《隋书·百官志》载："司农寺掌仓市，薪柴，园池果实。统钩盾，典农……等署令丞。而钩盾又别领上林，柴草，游猎……等部丞。"唐代司农寺设卿1人（从三品上）、少卿2人（从四品上），"掌邦国仓储委积之事。总上林、太仓、钩盾、导官四署及诸仓、司竹、诸汤、宫苑、盐池、诸屯等监。"

①（宋）欧阳修，宋祁．新唐书·百官志［M］．北京：中华书局，1975．

②（唐）李林甫．陈仲夫点校．唐六典·虞部［M］．北京：中华书局，1992．

③（五代）刘昫．旧唐书·职官志［M］．北京：中华书局，1975．

其中上林署“令掌苑圃园池之事，丞为之贰。凡植果树蔬，以供朝会、祭祀。其尚食所进，及诸司常料，季冬藏冰皆主之。”钩盾署“令掌供邦国薪炭之事，丞为之贰。”[①]或称为：“掌供薪炭、鸭鹅、蒲蔺、陂池薮泽之物，以供祭祀、朝会、宴宾客。”[②]司竹监“掌植园竹，副监为之贰。岁终以竹功之多少为考课。”这是《旧唐书》的记载。《新唐书》则另有一番解释：“掌植竹苇，供宫中百司帘箔之属，岁以笋供尚食。”[②]

（3）都水监

隋代都水监“掌川泽津梁之政令，总舟揖、河渠二署之官属，凡虞部之采捕，渠堰之坏决，水田斗门灌溉，皆行其政令。”[①]《唐六典·将作都水监》载：“都水监源于《周官》川衡之职。”唐代初期改都水台为都水署，后来又改称为都水使者。

（4）司竹监

隋唐设置有司竹监，负责管理竹园种植、养护事务。隋代司竹监有监、副监和丞。唐代设置更细致，据《旧唐书·职官志》载：“监一人，正七品下，副监一人，正八品下，丞二人，从八品上，录事一人，府二人，史四人，典事三十人，掌固四人。司竹监掌植养园竹，副监为之贰，岁终，以竹功之多少为考课”[①]，可以看出隋唐时期对竹子的喜爱，养竹之风盛行，竹园规模非常大，需配置专门的机构来管理。

（5）苑官

京都诸宫苑总监，自隋代始设置，据《通典·职官》载：“苑总监，自隋而置，东、南、西、北各有监及副监掌苑内宫馆园池之事。”[③]发展到唐代，仍承袭上代职能，但管理面更大了，《历代职官表》载：“唐承隋制，有京都诸宫苑总监、副监、京都诸园苑监、四面监及副监。其曰宫苑者，盖指禁近苑务言之。园苑则自都城以至东都，各园苑皆分主之。而上林署令，钩盾署令及織染署，则并仍前代之旧焉。”[④]

三、林木利用机构

（1）户部

户部位居六部，属于综合管理机构，依据其在本时期涉林职能和下属机构的职能涉及利用较多，所以将户部列入林木利用机构类。隋代户部“掌天下田户、均输、钱谷之政令。”郎中、员外郎“掌分理户口、井田之事。”[①]唐代户部的主要职能是“掌天下土地、人民、钱谷之政，贡赋之差。”由四个部门组成，分别是户

---

①（五代）刘昫．旧唐书·职官志［M］．北京：中华书局，1975．

②（宋）欧阳修，宋祁．新唐书·百官志［M］．北京：中华书局，1975．

③（唐）杜佑．王文锦点校．通典·职官［M］．北京：中华书局，1988．

④（清）黄本骥．历代职官表［M］．上海：上海古籍出版社，2005．

部司（本司）、度支司、金部司、仓部司。四个部门中与林业关系较密切的是户部本司，职能是“掌户口、土田、赋役、贡献、蠲免之事”；“以永业、口分、园宅均其土田，以租、庸、调敛其物，以九等定天下之户。”度支司：“掌天下租赋，物产丰约之宜，水陆道涂之利，岁计所出而支调之，以近及远，与中书门下议定乃奏。”唐前期贯彻“均田”之令，从中央到基层都有专人负责：中央由尚书户部主管，户部郎中员外郎的职掌之一即“以永业、口分、园宅均其土地，以租、庸、调敛其物，以九等定天下。”①地方郡县分别由司户和县令负责，基层由里正经办。“诸里正依令授人田，课农桑，若应受而不授，应还而不收，应课而不课，如此事类违法者，失一事，笞四十。”地方小官吏都具有具体的劝课任务和职能，并且需要接受监督和验收。

（2）少府

少府在这一时期主要负责土木工程修建、维护事务，辖属多个具有林业职能的部门，据《唐六典》载：“凡兴建修筑材木工匠，则下少府、将作以供其事。”唐代少府官员设置为设置监 1 人（从三品），设置少监 1 人（从四品下），职能是“掌供百工技巧之事，总中尚、左尚、右尚、织染、掌冶五署之官属，庀其工徒，谨其缮作……凡天子之服御，百官之仪列，展采备物，皆率其属以供之。”少府与将作还有管理工匠、驱役和雇匠的重要职能。

（3）将作监（匠）

隋代初期沿袭北齐将作寺设置，设置了将作寺大匠一人，丞、主簿、録事各二人。至开皇二十年（600 年）改将作寺为将作监，称大匠为大监，初期还配备有副监。隋炀帝继位后，将大监、少监改称为大匠、少匠，统领左右校和甄官署。至大业五年（609 年）又重新改为大监、少监，至大业十三年（617 年）又改为大令、少令。隋末，将作监被并入工部，自此“凡兴建修筑材木工匠俱工部，少府将作，以供其事。”②

唐代前期称为将作匠，龙朔二年（662 年）改为缮监，咸亨元年（670 年）复称将作匠，光宅元年（684 年）改为营缮监。唐代将作监设大匠或监 1 人（从三品），少匠或监 1 人（从四品下），领左校、右校、甄官、中校四署，“掌供邦国修建土木工匠之政令，总四署三监百工之官属，以供其职事。凡两京宫殿宗庙城廓诸台省监寺廨宇楼台桥道，谓之内外作，皆委焉。”③其中左校署“令掌供营构梓匠”，中校署“令掌舟车兵仗、厩牧杂作器用之事。”百工、就谷、库谷、斜谷、太阴、伊阳等监掌采伐材木。设置情况是“监各一人，丞一人，府各一人，史三人，典事各二十一人，録事各一人，监事四人，掌采伐材木。”③下属各监设置在不同的区域，百工监的位置在陈仓（今宝鸡），就谷监位置在王屋（今山西阳曲、

① （唐）李林甫．陈仲夫点校．唐六典 · 尚书户部［M］．北京：中华书局，1992．

② （清）黄本骥．历代职官表［M］．上海：上海古籍出版社，2005．

③ （五代）刘昫．旧唐书 · 职官志［M］．北京：中华书局，1975．

垣曲），库谷监位置在县（今陕西户县），斜谷监位置在斜谷（今陕西眉县），伊阳监位置在伊阳（今河南汝阳）。

（4）木炭使

为了适应季节性或阶段性林木事务需求，这一时期还设置了临时的林业管理机构，跟林业关系密切的主要是木炭使，也称为木炭采运使，该机构主要在取暖时期行使相应职能。《唐会要》记载，天宝五年（746 年）九月，杨贵妃的哥哥、时任侍御史的杨钊（杨国忠），被任命为木炭使，负责京城内外薪炭供应。永泰元年（765 年）闰十月，时任京兆尹的黎干被任命为木炭使，此后到大历五年（770 年），木炭使一职长期由京兆尹兼任。贞元十一年（795 年）至元和十二年（817 年）九月，时任户部侍郎的裴延龄兼任京西木炭采运使，承担京城薪炭采运事务。此后，木炭使官员设置再次转变为由皇帝临时选派，不再由固定机构兼管。①

四、林业管理的特点

（1）三省六部制下林业管理机构进行了较大调整

隋唐在中央设立完备的三省六部制，尚书六部居于整个行政系统的中心位置，其中涉及林业管理较多的有户部、工部。户部的主要负责领域是财政、民政，其下的户部司负责管理人员户口、土地登记、赋税征收等事务，度支司负责政府财务管理，金部司负责管理国库钱银储备，仓部司管理政府物资收储、使用，以上四个部门的职能都涉及林产品、林田等事务，以赋税征收为重点进行林业管理。工部掌管国家的农林牧渔业和土木水利工程，其下的工部司掌管城池土木工程，屯田司掌管政府所有的土地、屯田、职田和公廨田，水部司管理航运和水利设施，涉及堤岸林管理，虞部司的林业管理职能最突出，掌管范围包括全国的山林川泽及时禁、京城树木种植绿化、皇室苑囿及田猎事宜、提供皇室所用薪炭等。

（2）林业管理机构之间分工细化，配合得当

三省六部制是中国封建政府经过长期实践而制定的一种新的政府管理体制，较前代的政府机构设置来看，更灵活、高效，在林业管理方面，六部的各司对有关寺监的分工明确具体。例如，唐代工部一般设有：尚书一人，正三品；侍郎一人，正四品下。掌山泽、屯田、工匠、诸司公廨纸笔墨等方面的工作，下属有工部（司）、屯田、虞部和水部四司。工部在具体工作中又得到将作、少府二监配合，这种配合加强了部门间合作，有效促进了林业资源的合理开发和可持续利用。

（3）临时管理机构行使部分林业职能

木炭使、木炭采运使等林业临时管理机构，逐步承担了阶段性重要林业事务，

---

①（宋）王溥．唐会要［M］．北京：中华书局，1955．

这是一种因时、因需而设置的阶段性林业管理机构，从史料记载的设置情况来看，主要由政府高级官员或帝王宠臣兼任，相当于现代的中央特派员，说明帝王对这一项任务非常重视，或者说这一职能非常重要。例如，按照唐代政府机构职能设置，司农寺下属的钩盾署负责日常木炭采办事务，钩盾署令官秩为正八品，级别太低难以承担一时急需而且需求量大的工作，所以高规格的临时管理机构逐步承担起了重要的林业职能。

第五章　中国古代林业管理的成熟

（宋元，960—1368 年）

宋元时期，林业政策和管理的重点是林木保护和林木培育。这一时期我国进入快速发展阶段，森林资源需求量不断增长，出现了迅速减少的森林资源无法满足不断增长的林木需求量，以及天然林趋于砍伐殆尽急需人工培育林木补充的局面。统治者受到社会发展受制于森林资源供应不足的影响，在继续加强林木培育政策的基础上，首次将林木保护作为缓解矛盾的主要措施，并且列为政府林业管理的重点。宋代林业职官的设置与管理，从中央到地方都形成了一套较完备的体系。以中央林业官员设置来看，从林业管理的总体规划监督到具体的林业税收、林材运用与管理、林木栽植等事务的落实，相对于前代都更加趋于完善。而在地方上，围绕农桑林的栽植，从监司、州到县逐级落实。可见随着经济林建设在社会经济中的作用增强，促使政府出台有关林木栽植的奖惩政策，并建立起了一套有效的林业官员管理系统。县丞一职的设置，体现了宋代对基层林业管理加强的趋势，从而使国家的重林政策进一步得到强化。宋代设工部、虞部和将作监，管理山泽和苑囿林木。元代设司竹监管理竹园，设大司农管理农桑水利，颁布有关政策。而堤道林、军事防御林的建设中，在中央与地方官员的配合下有效完成，有助于河政及边区军事防御的巩固。这些努力，无疑在我国古代林业管理史上有着重要的借鉴意义。宋元时期，封建政府高度重视林业建设，积极劝谕和引导民众栽桑种树，使宋代形成了规模庞大的林业体系。在发展和建设林业资源的过程中，宋代除了提倡和奖励植树造林外，更重视对林业资源的管理与保护，采取了鼓励植树、减免赋税、赏罚官吏、保护山林等一系列措施，它们对宋代的林业建设和保护发挥了重大作用，当时制定的发展和保护林业资源的政策措施取得了很好的效果。通过以上分析和研究，作者认为宋元时期在我国古代林业政策和管理发展史上属于成熟阶段。

第一节　宋元时期林业发展概况

宋元时期（960—1368 年）存世 408 年，其中宋朝（960—1279 年）历经 319 年，元朝（1206—1368 年）历经 162 年，包括南北宋、辽、西夏、金。公元 960 年，赵匡胤发动兵变，代周立宋，建立起了一个统一的中央集权的封建国家——宋朝（960—1279 年），史称北宋。宋代开垦了大量农田，兴修了水利，农林业、手工业等多项社会事业有了较大发展。当时的中国，除了汉族外还有许多少数民族，这些少数民族在与宋朝同一时期建立政权，主要有：契丹族在宋朝北边建立了辽朝（907—1125年），党项族在宋朝西北边建立了西夏（1038—1227年），女真族在宋朝北边建立了金朝（1115—1234年），除宋、辽、金、西夏四国之外，当时云南地区有大理国，青藏地区有吐蕃诸部及黄头回纥，西域有西州回鹘及黑汗王朝，辽北则还有斡朗改和辖戛斯。这些少数民族同汉族一起，开发了当时中国西北部的广大地区，促进了当时社会生产力的发展。北宋只完成了中原和南方的统一，在北方尚有辽政权，西北有西夏政权。1115年，完颜阿骨打建立了金政权，发展壮大，遂于1125年灭辽，1127年灭北宋。“靖康之变”后，北宋余部南渡，在临安（今杭州）建都，史称南宋。此后南宋、金、西夏并立，直到元世祖至元十六年（1279年）被忽必烈所灭。元代是由蒙古族统治者建立的统一王朝。1206年，成吉思汗建国于漠北，号大蒙古国；1235年窝阔台在哈剌和林城（今和林）建都；通过不断的征服战争，大蒙古国统治了亚洲和欧洲广大地区。1260年，忽必烈即位，遵用汉法，改革旧制，以开平（今内蒙古正蓝旗东）为上都，燕京（今北京）为中都，将政治中心南移。1271年，改国号为大元；第二年把燕京改为大都。1279年灭南宋，使中国实现了统一的局面。到1368年，明军攻入大都，元朝灭亡。宋元时期是封建社会经济发展较快的一个时期，木材作为科技发展的原材料和商品经济的重要物质，用途越来越广，需要量也越来越大，供应逐渐出现了不足的趋势。特别是宋代，受疆域所限，北部、东北部、西北部的大林区都不在宋朝版图之内，仅中原地区林区供应木材数量有限，到了南宋时期情况更糟，淮河以北地区尽被金占领，北方林区全部丧失，木材供给情况进一步恶化，所以受以上两个因素的影响，政府是非常重视林业的。

这一时期天然林带主要分南、北两个地区。南方天然林带主要在长江中下游的四川、湖南、江东和两广、福建北部，以上地区存在着大面积原始森林和次生林。当时的四川地区景象是“多与蕃界相接，深山峻岭，大林巨木绵亘数千百里，虎狼窟穴，人亦不通。”这一地区也有关于野象出没的记载，足以说明当时森林资源之丰富，生物圈之庞大。据史料载：宋太宗时期，两广的雷（广东海康）、化（广东化县）、新（广东新兴）、惠（广东惠州）、恩（广东阳江）、白（广西博白）等州，常见有关于“山林有野象出没”的记载。南宋时期也有关于野象存在的记载，“福建漳州山林也有野象群时出危害农田”。北方天然林带主要集中在秦岭山脉的河（甘肃河政）、秦（甘肃天水）地区和京西路的金（陕西安康）、房（湖北房县）、均（湖北均县）、唐（河南唐河）及河东路（山西）的太行山区。关于北方林区的记载：“秦州产巨材，森郁绵亘，不知其极。”神宗时的诏书也提到过当时的森林情况：“方今天下，独熙、河山林久在羌中，养成巨材，最为浩瀚，可以取足。”秦州等地是当时宋代的主要木材生产基地，京西路的邓（河南邓县）、汝（河南临汝）、襄（湖北襄樊）等地也是“地多山林”。其地距汴京较近，也是开封的木材供应主要来源之一。宋神宗元丰时修造尚书省，使用的就是产自汝州的木材。陕西的商（陕西商县）、虢（河南灵宝）地区也是“多系山林”，成为逃亡士兵和“盗贼”的聚集地。汉水两岸有众多的优质林木，欧阳修曾赞其地“山多美木，近汉之民，仰足而有余。”北方的平原地带，主要是人工种植的桑、枣、榆、柳等林木，经济价值较高，与人民生活关系最为密切。《王文公集》中记载有王安石关于描写北方平原郁郁葱葱森林的诗句：“缅怀青（山东益都）、齐（山东济南）间，万树荫平陆。”但在黄河中下游的褐土地带，除少数地区外，林木呈现着一片荒凉景象。宋真宗时期有相关记载，当时的鄜（陕西富县）、延（陕西延安）州、保安军（陕西志丹县），绝少林木。环州（甘肃环县）穷边，不产林木，凡有所需，即于地内（内地）科斫。河北的澶（河南濮阳）、濮（山东鄄城）州一带，“地少林木”，附近的滑州（河南滑县）更显得空旷荒凉，史料载有“滑州地无尺木，沙如掌平”，“万沙无寸木，远见他州山”之句。在淮河、泗水之间，情况大致相同，形成了“弥望无寸木，鹊巢平地”的景象。以上叙述表明宋代森林资源正在逐步减少，而林木需要量却在逐步增加，供需矛盾日趋严重。

第二节　林 业 政 策

在中国传统社会中，宋朝法律以完备而著称。其法典之众、种类之多、条文之密，大大超过前代。北宋时著名文学家苏洵曾经评说北宋法典：“今之法，纤悉委备，不执于一，左右前后，四顾而不可逃。是以轻重其罪，出入其情，皆可求之法。”[①]南宋叶适对宋代法制有评述：“今内外上下，一事之小，五罪之微，皆先有法以待之。”[②]还评说：“本朝惩创五季，细者愈细，密者愈密，摇手举足，辄有法禁。”[②]以上叙述，足以说明宋朝法律体系是非常完善的。宋代因为林木采伐较烈，所以保护森林的法令和诏令较多，大力开展植树造林，严禁随意毁坏森林，这是宋政府林业政策的两项基本内容。

宋朝法律是“大可含元，细不容发。”其中许多是涉及林业方面的法令。这些法令，主要是国家法典中有关林业的条文、编敕、诏令等，主要有《宋史》、《宋刑统》、《宋会要辑稿·刑法》、《宋大诏令集》、《续资治通鉴长编》、《庆元条法事类》等大型综合典籍，还在诸如宋正史、野史、文集、实录、类书、典志、方志等典籍。宋建隆四年（963 年）窦仪主持编撰了《建隆重定刑统》，即《宋刑统》，《建隆重定刑统》共 30 卷 502 条，在内容上沿袭《唐律疏议》，但在律下分 213 门，律后附唐中期到宋初的敕、令、格、式。同年八月颁行，使其成为中国历史上首部刊版印制的法典，这就是宋法典。宋政府为鼓励民众植树造林，先后制定

① （宋）苏洵．嘉祐集［M］．台北：台湾商务印书馆，1936．
② （宋）叶适．水心先生文集［M］．上海：上海书店，1989．

了官员任内栽植的桑、枣、榆、柳等数目的规定等多项政策法规。

元代也采取了一些推进农林业生产的措施，加强了国内各民族之间的交流，继续施行南宋时期鼓励海外贸易的政策，并且受当时几乎包括欧亚大陆的辽阔版图促进，中外经济、文化和科学技术有了突飞猛进的发展。

一、林木保护政策

宋代亦非常重视火禁制度，在宫室、书馆、库务、仓监、山林等很多地方都实行火禁制度。《文献通考·职官》记载："宋制诸镇监官掌巡逻盗窃及火禁之事"[①] BH001，可见宋代地方官员的重要职务之一就是防范火灾的发生。

《宋刑统·发冢》对禁止滥砍滥伐林木的规定："诸盗陵园内草木者，徒二年半。若盗他人墓茔内树者，杖一百。" BH002《宋刑统·失火》对森林防火的规定："诸于山陵兆域内失火者徒二年，延烧林木者，流二千里……在其外失火而延烧者，各减一等。"[②] BH003

《庆元条法事类》规定："诸因烧田野致延烧系官山林者，杖一百。"[③] BH004不但有刑罚，还有经济处罚，"故烧官山林者，不满一亩，钱八贯；一亩，钱一十贯；每亩加二贯（五十贯止）。" BH005宋代官道两侧多有林木，民居侵越官道，民多剪去官道林木，又"湛种楸桐千余本"，为了避免火灾的发生，宋廷"课户贮水以严火禁。"[④] BH006将作监、八作司、作院多存储木材，宋代在这些地方尤其重视火禁制度，防止火灾的发生。[⑤]还指出"诸荒田有桑枣之处，皆不得放火" BH007，规定"诸于山林兆域内失火者徒二年，延烧林者，流二千里，杀伤人者，减斗杀伤一等，其在外失火而延烧者，各减一等，诸失火及非时烧田野者，笞五十。"[②] BH008

宋太祖建隆二年（961 年）下诏规定："民伐桑枣为薪者，罪之。剥桑三工（四十尺为一工）以上，为首者死，从者流三千里。不满三工者，减死配役，从者徒三年。"[④] BH009建隆三年（962 年）太祖下达令州县禁止百姓砍伐桑枣的诏令，规定："生民在劝，所实为谷，先王之明训也。永念农桑之业，是为衣食之源……桑枣之利，衣食所资，用济公私，岂宜剪伐？如闻百姓代桑枣为薪者，其令州县禁止之。"[⑥] BH010同年，宋政府颁布明确的法律条文，规定"非灾伤及枯朽而辄毁伐者，杖六十。" BH011出于报复仇家的心理，"剥人桑树致枯死者，至三功绞（于本身去地一尺，围量积满四十二尺为一功）。不满三功及不致枯死者，等第科

---

①（元）马端临. 文献通考·职官［M］. 北京：中华书局，1986.

②（宋）窦仪. 宋刑统·失火［M］. 北京：中华书局，1984.

③（宋）谢深甫. 庆元条法事类·失火［M］. 北京：中国书店，1981.

④（元）脱脱. 宋史·食货志［M］. 北京：中华书局，1977.

⑤（宋）梁克家. 文渊阁四库全书·淳熙三山志［M］. 台北：台湾商务印书馆，1983.

⑥ 司义祖. 宋大诏令集·劝栽植开垦诏［M］. 北京：中华书局，1962.

断。”[BH012]《宋史·刑法志》中记载：从祖宗之时，宋廷就禁止盗剥他人桑柘，对于盗剥他人桑柘的制裁非常重视，规定桑树“枯者以尺计，积四十二尺为一功，三功以上抵死。”[BH013]宋代后期的法律又规定“诸因仇嫌毁伐人桑柘者，杖一百；积满五尺，徒一年；一功徒一年半。每功加一等，流罪配邻州。虽毁伐而不致枯死者，减三等”①[BH014]，可见这一法律规定杖刑加重，比前代的法律更加细化，减去了死刑的规定，即宋初的量刑重于宋代后期。宋太祖乾德二年（964 年），北宋大将王全斌征讨后蜀时，为避免征战时破坏桑林，特下诏严申军令：“行营所至，毋得焚荡庐舍……剪伐桑柘，违者以军法从事。”[BH015]乾德四年（966 年），宋朝颁布《前代帝王置守陵户祭享禁樵采诏》，规定周桓王等三十八帝的陵墓“常禁樵采”。②[BH016]对于“名臣、贤士、义夫、节妇”墓地的树木严禁砍伐。

宋真宗咸平三年（1000 年）为惩处当时滥伐森林之风，下诏规定：“寻闻居民弗谕朝旨，剪伐桑梓即诏罢之。”[BH017]同年，“申严盗伐河上榆柳之禁。”③[BH018]景德元年（1004 年）又颁布《圣帝贤臣陵墓禁樵采诏》，规定诸路管内各帝王陵寝、贤臣陵墓“禁樵采”[BH019]，同年，大将军王超率军三千征讨契丹，征讨期间军队出现了“辄入村落，伐桑枣为薪，已按军法”的情况，真宗最终还是按律进行了惩处。景德二年（1005 年）正月下诏规定：“令各县官点检本主未归又无人佃莳的蕃户庄田、林木。”要求把点检的实数记录在簿籍上加以管理，官员必须经常检校，不得毁斫林木，候本主归给付。如果本主未归，允许房亲请佃；如果没有房亲，即召主户佃莳。[BH020]景德二年（1005 年）七月再次规定：“房亲必须召邻保五、七人才能请佃河北没蕃户庄田。如果没有，允许主户据一物以上为凭请佃，县官立账簿给付。如果是州县拘辖管理，不得斫伐破卖，候主人归依数归还。”④[BH021]景德三年（1006 年）下诏规定：“令河道缘边不复焚牧马草地”⑤[BH022]，对河堤植树进行保护。景德四年（1007 年）下保护边界林的诏令：“诏诫并边居民不得擅砍木开道，与人交争，盖其地形必与夷种相错，广袤绵延动数千里，筑城戍兵，岂能尽防。独有养林木使之增长蕃茂，幽暗杳冥离天，毒蛇猛兽窟穴其间，彼虽非人讵敢抵冒死，此诚守边之要策……严敢官私樵采，用以限隔蕃蛮，扞蔽川蜀。”⑥[BH023]大中祥符元年（1008 年），宋真宗到泰山举行封禅大典途中，为保护沿路的林木，“诏扈从人宿顿之所无坏民舍、什器、树木，违者重寘其罪”⑦[BH024]，大中祥符二年（1009 年），宋政府颁布诏令：“天下名山洞府并禁樵采。”[BH025]大中祥符三年

① （宋）谢深甫．庆元条法事类·采伐山林［M］．北京：中国书店，1981．

② 司义祖．宋大诏令集·前代帝王置守陵户祭享禁樵采诏［M］．北京：中华书局，1962．

③ （元）脱脱．宋史·河渠［M］．北京：中华书局，1977．

④ （清）徐松．宋会要辑稿·食货［M］．北京：中华书局，1957．

⑤ （宋）李焘．续资治通鉴长编·卷 63［M］．北京：中华书局，1979．

⑥ （清）徐松．宋会要辑稿·刑法［M］．北京：中华书局，1957．

⑦ （宋）李焘．续资治通鉴长编·卷 70［M］．北京：中华书局，1979．

（1010年）赴汾阳祭祀下诏规定："禁扈从诸色人燔艺道路草木"① BH026，大中祥符四年（1011年）下诏规定："历代帝王的陵寝严禁樵采，如果有违法樵采者，当地官司及樵采者都要依法论罪。"① BH027 同年，还针对森林用火下诏规定："火田之禁，著在礼经，山林之间，合顺时令。其或昆虫未蛰，草木犹蕃，辄纵燎原，则伤生类。诸州县人畲田，并如乡土旧例，自余焚烧野草，须十月后方得纵火。其行路野宿人，所在检察，毋使延燔。"② BH028 强调了放火烧荒的禁令《礼记》中已有规定，各州县农户焚烧田野须在十月以后，不要在昆虫没有休眠，草木仍生长茂盛时放火，将会影响动植物生长繁衍。过路人也有责任，所经之处要仔细检查，如果遇有火烧田野，不得使其扩延。大中祥符七年（1014年）规定："鄜延界与北界相接，望禁止采伐"③ BH029，禁止采伐鄜延界与北界相接地区林木。大中祥符九年（1016年），规定因修三宫观采斫山林的地方，"公私永禁采伐"④ BH030，只允许采取樵薪，这也是宋廷出于保护山林的目的吧。对于没有成材的林木，不得采伐，"养成良材"才能砍伐。虽有此规定，但能及时种植的大概不多，再加上采伐频繁，"童山"的出现也就不足为奇了。天禧元年（1017年），颁布《申禁历代陵寝樵采诏》规定"严禁历代帝王陵寝樵采"，"违者特收捕严断"，即使是河中府的"周朝葬冠剑处修筑"也禁樵采。⑤ BH031 对于本朝的墓地林木，除禁止采伐先帝陵寝的林木外，其他墓田内的林木不得采伐及典卖。天禧三年（1019年），批准江北缘边安抚使申请砍伐雄州的林木，建造旅店，"冀行旅往来，有所障蔽"的奏折。⑥ BH032 同年，下诏规定："自今诸色人，不得采山鹧，所在长吏，常加禁察。"④ BH033 天禧五年（1021年），宋廷颁布诏令，规定："河北民有请佃落北蕃户庄土园林而辄典质者，止勒典质本主佃莳，俟本主自北界至，实时给付，其元质缗钱勿复理纳。其庄田、园林不得毁伐破卖。若果有违者，许人陈告，依法科罪，陈告者给以田地作为奖赏。"⑦ BH034 这些法令的好处就是保护了蕃户的庄产、林木，使得归复的蕃户有所投，但是也给当地居民造成了不好的后果。乾兴元年（1022年），明确规定京西、河北、淮南濒河地区的军士凡盗伐或偷卖堤岸榆柳等林木的依法惩办，所盗伐林木价值不满千钱的军士"刺配西京开山"，知情不报者"以违制失论"；千钱以上的军士和知情不报者都要受到牢狱制裁。任何人"决讫"，不满千钱的军士"决讫"按千钱以上制裁，三犯者决讫刺配广南远恶州牢城，知情不报者"准

①（宋）李焘．续资治通鉴长编·卷29［M］．北京：中华书局，1979．
②（元）脱脱．宋史·真宗纪［M］．北京：中华书局，1977．
③（宋）李焘．续资治通鉴长编·卷83［M］．北京：中华书局，1979．
④（清）徐松．宋会要辑稿·刑法［M］．北京：中华书局，1957．
⑤ 司义祖．宋大诏令集·申禁历代陵寝樵采诏［M］．北京：中华书局，1962．
⑥（宋）李焘．续资治通鉴长编·卷93［M］．北京：中华书局，1979．
⑦（清）徐松．宋会要辑稿·食货［M］．北京：中华书局，1957．

旧条施行”。[①] BH035

宋仁宗天圣三年（1025年）五月，有些蕃户二三十年来一直没有归复，其庄田、林木已经租给房邻、主户佃莳，代代传袭，尊长亡没，子孙相承，同时，出现了“营葺屋宇损坏不敢修换，桑枣枯朽不敢剪除”、“河朔之地少近山谷，每官中科木或制农具。”即使是后来栽种的园林也不敢砍伐，不采斫园林就没有木材可用，偶然修换或采取一株，便出现“游堕之民陈告”，“编民不遂安居”从而受到惩罚的情况。[②]宋廷即颁布法令，规定河北人户请佃蕃户庄田者“除将庄田典卖、毁伐桑枣即依旧条，所有屋舍、家事、园林、果木任便修采，更不坐罪，不许陈告，亦不给田充赏。”[①] BH036天圣三年（1025年）宋廷颁布法令：“禁定州嘉山樵采。” BH037对于黄河沿岸的林木，熙宁年间管理更加严格，一律不得采伐，即使是“退背堤岸”，亦不得采伐。天圣五年（1027年），宋仁宗采纳滑州知府李若谷的意见，诏令：“河漕军士盗伐堤岸榆柳者，或刺配西京开山，或刺配广南边远地区。”[①] BH038天圣六年（1028年）又规定：“汴、河、清军士盗伐沿河榆柳者杖配往汴口、广济指挥充河功役。” BH039河功役比刺配西京开山要重，此条法令在天圣年间一直沿用，天圣七年又加以重申。BH040景祐三年（1036年），下诏制止滥行捕猎母鹿制作鹿胎冠的行为，“刑部遍牒三京及诸路转运司辖下州、府、军、监、县等，应臣系士庶之家，不得戴鹿胎冠子。及今后诸色人，不得采捕鹿并制作冠子。如有犯者，并许诸色人陈告，其本犯人严行断遣，告事人如采捕鹿胎人支赏钱二十贯文。陈告戴鹿胎冠子并制造人，支赏钱五十贯文，以犯事人家财充。”BH041皇祐元年（1049年），以定州为界，以北地区的林木“一概禁止采伐”。[①] BH042政和年间，宋法律规定：“各路系官山林辄采伐者杖八十，许人告，如有告者给赏钱二十贯。”[①] BH043庆元年间重申此项法令，同时将赏钱增加为三十贯。BH044

宋哲宗元祐六年（1091年）法令规定：“墓田及田内林木、土石不许典卖及非理毁伐。违者，杖一百，不以荫论仍改正。”[②] BH045 南宋仍沿用北宋的法令。BH046

宋徽宗大观四年（1110年）正月规定：“当春发生，万物萌动，令开封府京畿及诸路州县官吏禁止伐木，并且张榜告示百姓，置官员监督，违犯依条施行。”[①] BH047政和三年（1113年）下诏规定：“现修西京大内，窃虑乱有采伐窠木损毁古迹去处，仰王铸觉察以闻。违者，以违御笔论。” BH048宣和三年（1121年）山林采伐渐多，宋政府遂立法禁止采伐。[③] BH049 四川边郡与蕃界相接，无天险可恃的地区，多有“林木以为障蔽”，太祖、太宗时就严禁采伐，治平、元丰年间宋廷在这些地区立封堠，实行禁山政策，设置专门官员管理山林，皇帝每年派遣帅臣到边地检阅禁山，淳熙七年又新修建新堠，主要在青城以西“与蕃部接连，去成都仅五舍”，要

① （清）徐松．宋会要辑稿·刑法［M］．北京：中华书局，1957．

② （清）徐松．宋会要辑稿·食货［M］．北京：中华书局，1957．

③ （元）脱脱．宋史·食货志［M］．北京：中华书局，1977．

法度所在官吏严惩滥砍滥伐林木行为。[1]宣和十年（1128 年）宋廷就颁布法令：“令逐路转运司行下州军将鲁及为盗贼民户土地、庄产、林木、舍屋等官为检校，责付保长、正近邻看管，不得辄有采伐，以待归业，即时给付。如已拘在官或已召人请佃出卖并行改正，如违及敢占据者并以违制论。”[2] BH050

宋高宗绍兴四年（1134 年），规定军队进山伐林必须在规定的时间和地点进行，还要得到专门的批准才可以实施。如果不经批准自行砍伐林木，将依律惩处。如果是因为官吏没有管理好下属士兵而发生盗伐林木的，上级官吏也将受处罚。[2] BH051 四川洋州真符县沿边地区多是宋廷设置的关隘，“高山峻岭，林木参天，虎豹熊罴不通。”绍兴二十九年（1159 年）宋廷将关外空闲山地给归来民众开垦耕种，三十年间，“生子生孙蕃息甚众”。BH052 这一地区，砍伐林木刀耕火种，一二年间地力稍退再砍伐其他山地林木开垦耕种，于深山穷谷持弓挟矢射猎，采取漆蜡，又将林木蓊翳之地开踏成路，“如此一年复一年，林木渐稀。”则关隘不足恃，叛贼难禁，奸细不防。

宋孝宗淳熙元年（1174 年）正月颁布诏令规定：“禁淮西诸关采伐林木”[3] BH053，但是作用不大，直至四年山林砍伐仍然很严重，宋廷不得不采取措施严禁采伐。《宋会要辑稿》记载了孝宗年间淮南运判吴渊的奏折：“今相度每置关隘去处，左右各以十里为界，并关之外并禁采伐，关之内只禁二里”[4]，宋孝宗正月乙未批准禁淮西诸关采伐林木。BH054 淳熙八年（1181 年）五月下诏规定：“监司守令劝课农桑”。[4] BH055 淳熙十六年（1189 年）南宋政府制定了严禁四川沿边州县违法采伐林木行为，开始实行严格的林木管理法规。BH056

宋宁宗庆元三年（1197 年），沪叙州长宣军沿边连接蛮夷，“全藉禁山林箐以为限隔”，汉人将物货擅入蕃蛮界贩卖，砍斫禁山林箐载回叙州打造舟船，宋政府遂制定法律禁止砍伐林箐，如有违犯被捉到，“官送狱根究，从条断罪追赏施行。”[2] BH057 四川边郡自来就是宋政府边防防御的重要之地，严禁采伐林木，嘉泰元年（1201 年）南宋政府又颁布法令，凡是四川边郡禁山地区及要害之地，令守卒任责差人于水溢十二渡等处巡逻，每月申报枢密院。如有人敢犯禁砍伐重置典宪，守卒失于觉察者罢黜。[2] BH058

元代统治者源于大漠，对农林业认识不足，再加之这一时期天灾不断，致使森林开禁成为救灾的主要措施之一。较典型的属成宗一代，元成宗在位的十三年间，就有九年发生灾荒，共计十二次，每次遇灾即开山林之禁，造成森林资源严重破坏，以致灾荒继发，形成恶性循环。《元史·刑法志》载：“卫辉等处贩卖私

---

① （元）脱脱．宋史·食货志［M］．北京：中华书局，1977．

② （清）徐松．宋会要辑稿·刑法［M］．北京：中华书局，1957．

③ （元）脱脱．宋史·孝宗纪［M］．北京：中华书局，1977．

④ （清）徐松．宋会要辑稿·食货［M］．北京：中华书局，1957．

竹者，竹及其价并没官。首告得实者，于官没物，约量给赏。”① BH059

元世祖中统三年（1262 年）正月，下诏规定：“禁诸道戍兵及势力家，纵畜牧犯桑枣”BH060，四月再次下诏要求：“安辑徐邳民，禁征戍军士及势力家，毋纵畜牧伤其桑枣。”② BH061《元史·世祖纪》载：“中统三年春月辛未禁诸道戍兵及势家纵畜牧犯桑枣禾稼。夏四月庚子诏安辑徐邳民，禁征戍军士及势官，毋纵畜牧伤其禾稼桑枣。”BH062 世祖皇亲国戚因放牧、养殖等行为任意损毁林木。中统四年（1263 年）七月乙酉令：“禁野狐岭营民毋入南北口纵畜牧损践桑稼。”BH063 世祖至元二年（1265 年）“中京畿禁畋猎”BH064，严令禁止在京城附近进行畋猎活动。至元七年（1270 年）二月乙酉严申：“畜牧损坏禾稼桑果之禁”BH065，此诏仍是严令保护林木。至元九年（1272 年）十月诏令：“敕自七月至十一月听捕猎，余月禁之。”BH066 至元十年（1273 年）九月诏令：“禁京畿五百里内射猎。”BH067 至元十六年（1279 年）下诏规定：“禁归德、亳、寿、临淮等处畋猎。”BH068 至元十八年（1281 年）五月敕：“禁高丽、全罗等处畋猎扰民。”BH069 至元十九年（1282 年）四月下诏规定：“驰西山薪炭禁”。BH070 元世祖至元二十四年（1287 年）下达关于禁猎的规定：“禁畏吾地禽兽孕孳时畋猎。”BH071 至元二十七年（1290 年）“申禁汉人畋猎之禁”BH072，至元二十八年（1291 年）下诏规定：“益都、般阳、泰安、宁海、东平、济宁畋猎之禁，犯者没其家赀之半”BH073，同年还诏：“禁宣德府田猎。”BH074 至元三十一年（1294 年）戊戌十二月下诏规定：“禁侵扰农桑者。”② BH075 以上多道诏令足以说明世祖朝对禁猎政策是很严格的，鉴于元人发迹于草原、大漠，长期以骑射游猎为生，入主中原后原有习俗仍然保留，初期出现随意捕捉、损毁动植物的现象，世祖逐步制定了相关政策，引导、约束了此类事件。

元武宗至大元年（1308 年）诏：“禁春符、长清、泗水、章丘、宣化、利津、天棣七县府田猎”BH076，同年闰十一月诏：“禁江西、湖广、汴梁私捕架鹅。”BH077 之后的仁宗皇庆年间、英宗至治年间，以及元代最后一个皇帝顺帝纪年间，都多次发生灾荒，逼使政府开禁山林，对森林造成了严重破坏。

元仁宗皇庆三年（1314 年）诏：“敕拘还所奉玺书，禁天下春时畋猎。”③ BH078

元代划定禁猎区域和时间，间接地保护了野生动物。世祖至元三年（1266 年）“申严陕西、河南竹禁”BH079，至元十五年（1278 年）“禁玉泉山樵采渔弋”BH080，至元十九年（1282 年）“禁民间捕鬻鹰鹞”。BH081 成宗大德元年（1297 年）“禁正月至七月捕猎，大都八百里内亦如之。”BH082 大德三年（1299 年）“禁捕鹙”BH083，大德十年（1306 年）“诏凡匿鹰犬者没家资之半，笞三十，来献者给之以赏。”BH084 仁宗延祐三年（1316 年）“禁天下春时畋猎。”BH085 武宗至大四年（1311 年）“禁

① （明）宋濂. 元史·刑法志［M］. 北京：中华书局，1976.

② （明）宋濂. 元史·世祖纪［M］. 北京：中华书局，1976.

③ （明）宋濂. 元史·仁宗纪［M］. 北京：中华书局，1976.

民捕鴐鹅……禁民弹射飞鸟。”① BH086 英宗至治二年（1322 年）“禁捕天鹅，违者籍其家。”BH087 元人受民族传统影响，将狩猎活动作为一项重要的民族特点代代传承，随着国力强盛和中原社会资源变化，统治者认识到如果不对狩猎活动加以控制，将对森林资源产生严重影响，所以历朝帝王都颁布了相关以禁猎为主的诏令，保护各种动植物资源不被随意捕捉和毁损。

辽代虽然建国后创立了文字和制定了各项治国方略，但记载或传世的关于林业的史料较少，但从仅有的史料来看，辽代对森林的态度与宋代相似，常有开禁的政策。辽太宗认识到农桑对执政的重要性，太宗会同八年（945 年）诏：“诸道兵，仍戒敢有伤禾稼者，以军法论。”BH088 圣宗统和四年（986 年）十一月诏：“军中无故不得驰马及纵诸军毋残南境桑果”BH089，南境指的是当时的燕云十六州。统和七年（989 年）正月诏：“禁部从伐民桑梓”② BH090，三月诏“禁刍牧伤禾稼”。② BH091 开泰八年（1019 年）六月诏：“弛大摆山猿岭采木之禁。”② BH092 道宗清宁二年（1056 年）诏：“方夏长养，鸟兽孳育之时，不得纵火于郊”BH093；寿昌六年（1100 年）三月诏：“弛朔州山林禁。”③ BH094

金代猛安谋克户对农桑本无兴趣，入主中原后出现不自耕种，伐木为薪买卖或转租土地的情况，所属土地大量荒芜。《金史·食货志》载世宗大定五年（1165 年）十二月诏：“上以就畿两猛安民户，不自耕垦及伐桑枣为薪鬻之，命大兴尹完颜让巡察。”BH095 为惩处王公贵戚侵害农桑事件，世宗大定十九年（1179 年）二月诏：“亲王、公主及势要家牲畜有犯民桑者，许所属县官立加惩断。”④ BH096 世宗为保护森林还多次敕封长白山、大房山等为山神、林神等，下令封禁区内禁止樵采。章宗明昌元年（1190 年）诏：“禁末作伤农，又劝农民栽桑枣，违者有罪。”④ BH097

二、林木培育政策

宋太祖建国之后，沿用周世宗之法，命官分诣诸道均田，劝课农桑。建隆二年（961 年）下诏：“课民种树，定民籍为五等，第一等种杂树百，每等减二十为差，桑枣半之；男女十岁以上种韭一畦，阔一步，长十步；乏井者，邻伍为凿之；令、佐春秋巡视其数，秩满赴调，有司第其课而为之殿最。”PY001 同年，又诏：“令长吏谕民，有能广植桑枣、垦辟荒田者，止输旧租。”PY002 还针对河堤植树下诏：“缘汴河州县长吏，常以春首课民夹岸植榆柳，以壮堤防。”⑤ PY003 建隆三年（962

①（明）宋濂．元史·武宗纪［M］．北京：中华书局，1976．
②（元）脱脱．辽史·圣宗纪［M］．北京：中华书局，1974．
③（元）脱脱．辽史·道宗纪［M］．北京：中华书局，1974．
④（元）脱脱．金史·食货志［M］．北京：中华书局，1975．
⑤（清）徐松．宋会要辑稿·食货［M］．北京：中华书局，1957．

年）十月诏令：“缘汴河州县长吏，常以春首课民夹岸植榆柳，以固堤防。”[1] PY004要求汴河沿岸的官吏、百姓重视河堤植树的重要性，每年春季积极在河堤上植榆栽柳。乾德元年（963 年）四月下劝农诏：“自今在官，有能兴水利、辟田荒、课农桑、增户口，凡有利于农而不扰者，有司具具赏格，当议旌酬，其或陂池不修，田野不辟，桑枣不植，户口流亡，慢政惰官，亦行降黜。”[2] PY005宋初对于官员政绩考核内容之一就是植树造林，若没有完成任务将受相应降职惩处，这些鼓励官、民垦荒植树、发展林业的政策措施，对推动宋朝林业发展起到了积极作用。乾德四年（966 年）八月下诏：“有能广植桑枣，开垦荒田者，并只纳旧租，永不通检。”[3] PY006宋政府为鼓励民众种植桑枣，民众多种植的不再加租，对于官员也有经济政绩的考核。同年还有诏书：“百姓能广植桑枣开荒田者，只纳旧租。令、佐能劝课种植，加一阶。”[3] PY007此诏下后的若干年里，很多官员因发展农桑有功被升迁、增秩，形成了重视林木培育的官风。开宝五年（972 年），黄河泛滥，汴河受到巨大威胁，宋政府为了修固汴河，要求各州县在河堤植树，据《宋史·河渠志》载宋太祖再次下植树诏：“应缘黄、汴、清、御等河州县，除准旧制种艺桑枣外，委长吏课民别树榆柳及土地所宜之木。仍案户籍高下定为五等，第一等岁树五十本，第二等以下递减十本。民欲广树艺者听之，其孤、寡、茕、独者免。”[2] PY008可见，太祖一朝鼓励百姓栽植桑枣和榆柳等林木，对于改善农民生活有一定的作用，河堤林木也起到了防风固堤的作用。太祖建隆年间就鼓励民众在自家田内或开荒植桑种树，官员每年春秋要到田间巡视，记录植树的数目，规定“秩满第其课为殿最”[2] PY009，成为官员经济政绩考核的重要项目。

太宗时期仍然沿用太祖时期的政策。《宋史·太宗纪》载：“七年闰月辛亥诏诸州置农师。”宋太宗太平兴国七年（982 年）要求选择掌握种树技术的人为农师，由农师推广植树技术，下诏规定：“宜令诸道州府，应部民有乏种及耕具人丁，许众共推择一人，练土地之宜，明种树之法，补为农师……为农师者，常税外免其它役，民有饮博怠于农务者，俾农师谨察之，自州县论罪，以警游惰，所垦田即为永业，官不取其租”[2] PY010，可知对于种树之法尤为重视，诏择明树艺者为农师，是我国农林业推广制度之创始。经济上如此优越的政策，使宋朝林业得到快速发展。至道元年（995 年）重申太祖植树诏令：“宜令诸路州府各据本县所管人户分为等第，依原桑枣株数依时栽种。如欲广谋栽种者亦听，其无田土及孤老残疾女户无男丁力者不在此限，如将来增添桑土，所纳税课并依原额，更不增加，每春初晓示，令、佐能设法劝课，得替日批历为课。”[3] PY011意思是每年春季初始，地方令佐如能劝诱百姓植桑种树，在任满时对官员的经济政绩进行量化评估，比

① （元）脱脱．宋史·河渠志［M］．北京：中华书局，1977．
② （元）脱脱．宋史·食货志［M］．北京：中华书局，1977．
③ （清）徐松．宋会要辑稿·食货［M］．北京：中华书局，1957．

较增亏，课其殿最，最终起到增加桑枣面积的目的。同年，还将劝课列入官员考核业绩，“劝农种艺素有规定，如闻近年多不率职，非所以副宰宇之寄，厚衣食之源，宜令诸路转运使，申饬令佐，劝民栽种，岁满书历，以为课绩。”① PY012 虽然采取了多种措施，不管是给官吏升迁还是惩处，目的都是一样的，就是希望各级官吏重视农林业，带领民众发展好农桑业，促进社会稳定、经济发展。至道二年（996 年），颁布诏令“耕桑之外，令益树杂木蔬果，孳畜羊犬鸡豚。给授桑土，潜拟井田，营造室居，使立保伍，养生送死之具，庆吊问遗之资，并立条制。”PY013 百姓除植桑外，还要种植杂木和蔬果等，又立劝农使负责鼓励民众种桑植树，“其室庐、蔬韭及梨枣榆柳种艺之地，每户十丁者给百五十亩，七丁者百亩，五丁者七十亩，三丁者五十亩，不及三丁者三十亩。除桑功五年后计其租，余悉蠲其课。”② PY014 这一政策发生了变化，改变了旧法，不再分户等，而是按人丁来分地亩，并且栽桑者前五年不计租税，除种桑树纳租外，其余杂木蔬果不再纳税。这种按人口数量分配附近无主荒地栽种桑柳，而且五以内免赋税的政策，有效调动了民众种植的积极性。宋太宗乾德四年（966 年）时规定：“令佐如能招复捕逃，劝课栽植，岁减一选者，加一阶。”① PY015 通过对官员进行奖惩的办法，引导官员重视植树，认真带领百姓植树栽桑。宋真宗天禧年间，规定沿汴、河州军河堤官吏、令、佐任内须栽种树木且成活五万株以上，如果不及数，官吏重行朝典。PY016 据记载因农桑有功而受嘉奖的有多人，太宗朝的大理寺丞王嗣宗因在黄河堤岸植树万株，以保护河堤，受到太宗的嘉奖；英宗朝唐州知州赵尚宽，因劝课而增秩；神宗朝襄州宜城令朱纮，植树护堤有功而加官；宋徽宗时期广南东路转运判官王觉，由于开辟荒田种树超过万顷，业绩突出官秩升一级。

宋真宗在位期间开创咸平景德之治，被史家称为宋隆平之极，而真宗施政首重农桑。咸平三年（1000 年）下诏规定：“令本府招诱归业，其桑功更不均检，谕民广令种植。”③ PY017 大中祥符二年十一月丙辰，作文武七条赐群臣，第六条是劝课：“令劝谕下民勤于孝悌之行，农桑之务。”④ PY018《文献通考》记载了设置农官的过程，开始设置诸路提点刑狱公事，以朝臣担任。PY019 天禧四年（1020 年）将提点刑狱改为劝农使，以武臣为副使。PY020

宋仁宗庆历四年（1044 年）正月二十八日，宋政府颁布的诏令对于官员的经济政绩考核更加明确，“在官有能兴水利、课农桑、辟田畴、增户口，凡有利于农者，当议量功绩大小，比附优劣，与改转，或升陟差遣，或循资家便等第酬奖。即须设法劝课，不得却致扰民；其或陂池不修，桑枣不植，户口流亡之处，亦当检察，别行降黜……植桑枣，令文劝课栽植，自有等第数目，如土地有所不宜，则不必

①（清）徐松．宋会要辑稿·食货［M］．北京：中华书局，1957．
②（元）脱脱．宋史·食货志［M］．北京：中华书局，1977．
③（宋）李焘．续资治通鉴长编·卷 47［M］．北京：中华书局，1979．
④（元）马端临．文献通考·职官［M］．北京：中华书局，1986．

桑枣，但榆柳之类，随地所宜，可为民利。如官员能自相度民力，设法劝课，不须执守令文内数目，并令逐处据本官任内栽种，诣实数闻奏。”①PY021可见农桑是考核官员政绩的重要依据，种植桑枣具有重要的经济地位。宋仁宗时，更是严禁官吏封禁山禁民樵采，《宋史·食货志》载：“仁宗天资恭俭，尤务约己以先天下……山林、川泽、陂池之利，久与民共者，屡敕有司毋辄禁止。”PY022宋仁宗时其边界防御林建设规模逐步扩大，皇祐元年（1049年）十月命“自保州以西无塘水处，广植林木，异时以限敌马。”PY023至和二年（1055年），河东户役“课桑以定物力之差”PY024，民众不敢种植桑树，导致河东地区的丝蚕产量减少，朝廷令转运使劝农植桑，并且规定自今不得以“桑数定户等”①PY025，当时的政策是将民众种树量与家庭等级联系，制约了农林业发展。仁宗天圣年间要求开封府令、佐引导民众栽植桑、枣、榆、柳，如果栽种规模巨大、业绩突出，由提点司奏明，“各与升差使”。①PY026

宋神宗熙宁元年（1068年），颁布了劝民栽桑的法令，“民种桑柘毋得增赋，安肃、广信、顺安军、保州令民即其地植桑榆或所宜木，因可限阂戎马，官计其活茂多寡，得差减在户租数，活不及数者罚责之。”PY027此法令先是在开封地区实行，后又颁布于天下。它之所以能够让民众广泛种植桑、榆等树木，是因为这条法令依然看到了民众不敢种植的关键问题，那就是赋税的问题，高额的赋税是压在民众身上的重担，熙宁二年（1069年）诏：“农桑，衣食之本，民不敢自力者，正以州县约以为赀，升其户等耳，宜申条禁。”②PY028同时，也实行对多种植的树木免税的政策。比如建隆二年、乾德四年、至道元年颁布的法令，但都是阶段性的，不能长久，并且在具体的实行过程中，有些官员不依法执行，导致民众植树也呈现出阶段性的特点。熙宁二年（1069年）还有关于种植国防林的诏令：“安肃、广信、顺安军、保州，令民即其地植桑榆或所宜木，因可限阂戎马。”PY029并强调“官计其活茂多寡，得差减在户租数，活不及数者罚，责之补种。”PY030《宋史》记载有熙宁二年（1069年）中书议劝民栽桑事宜，真宗诏令：“农桑，衣食之本。民不敢自力者，正以州县约以为赀，升其户等耳，宜申条禁。”PY031从以上记载可以看出，真宗是非常重视林业的，于是司农寺请求制定鼓励农桑的法规，首先在开封地区试点执行，后来看到效果很好，遂颁布全国实行，由此从法律上明确了民户多种植的农林作物不增收赋税。另外，在安肃、广信、顺安军、保州等边境地区，要求当地的民众尽力种植各种适宜生长的树木，用于建设边防林而阻挡敌军骑兵。政府统计民户种植数量，相应地减免赋税，没有完成种植任务的限令补种，否则要受惩罚。③神宗时期按照种植树木的数量来确定赋税多少的办法，类似于当前植树造林责任制，也可以说是当代植树造林责任制的雏形。熙宁五年

① （清）徐松．宋会要辑稿·食货［M］．北京：中华书局，1957．

② （元）脱脱．宋史·食货志［M］．北京：中华书局，1977．

③ （元）脱脱．宋史·食货志［M］．北京：中华书局，1977．

(1072年)诏:“患田赋不均,熙宁五年,重修定方田法,诏司农以《均税条约并式》……若瘠卤不毛,及众所食利山林、陂塘、沟路、坟墓,皆不立税。”PY032熙宁六年(1073年),北宋政府再次颁布劝民栽桑的法令,“立法劝于农桑,有不趋令,则仿屋粟,里布为之罚”,[①] PY033可见从元年到六年的时间里,政策多变,农户的赋税依然很高,农户是在法令的威逼下栽桑植树的。经过宋政府多年鼓励边境植树的政策影响,河北地区的人工林规模空前广阔,据史料记载的神宗熙宁八年(1075年)八月沈括的奏折:“定州北境先种榆柳以为塞,榆柳植者以亿计。”PY034数量极为可观。元丰三年(1080年),收复熙州、河州后,为加强这里的林业资源保护,设专人“提举本路采买木植……应缘今来职事,他司不得辄干预。”[②] PY035

宋徽宗政和元年(1111年)三月七日诏:“监司劝率守令,督责编户,植桑柘,广蚕利,以丰织紝基本,任满比较赏罚。”[③] PY036政和四年(1114年),颁布法令,规定:“诸县丛任内种植林木以青活须二万株,有增亏者赏罚如法。”[③] PY037可见县丞任内种植的林木必须成活至少达两万株,有增亏者依法赏罚,具体增多少赏多少,亏多少罚多少,都是有法律明确规定的,在此因缺乏史料,不能够确定其具体数目。县丞任满,工部要考验县丞任内栽种的树木,才能予以推赏,由于常平司报奏没有说明官地的确切情况,所以很难考验论赏。重和元年(1118年)诏:“滑州、浚州界万年堤,全藉林木固护堤岸,其广行种植以壮地势”[④] PY038,再次强调树木对于河堤的保护作用,亡国之君徽宗也能认识到植树护堤的重要性,难能可贵。宣和六年(1124年),宋政府遂制定法令规定常平司“今后保奏状内开说所种是何官地,如天荒、绝户、退滩之类,仍具所属乡村地段、顷亩,至自甚年、月、日种植,是何名色,以前有无旧来林木及曾经报奏之数,每岁曾无依条按籍点检,务要声说详尽,可以核实庶几,稍革欺弊,今来申明推赏条贯,别无冲改。”[③] PY039可见对于县丞的考核是十分确切详细的。

南宋在延续北宋政策法令的同时,政策有所变化,官员任内植树数目比北宋时期大大增加。从北宋后期到南宋,更明确地把植桑种树纳入官员的政绩考核,明确规定了地方官员的植桑数目,继续通过奖赏官员的办法来提高地方植树的积极性。

宋孝宗乾道元年(1165年)诏:“准民复业,宜先劝课农桑。令、丞植桑三万株至六万株,守、卒部内植二十万株以上,并论赏有差。”[⑤] PY040乾道四年(1168

---

① (元)脱脱. 宋史·食货志[M]. 北京:中华书局,1977.

② (宋)李焘. 续资治通鉴长编·卷310[M]. 北京:中华书局,1979.

③ (清)徐松. 宋会要辑稿·食货[M]. 北京:中华书局,1957.

④ (元)脱脱. 宋史·河渠志[M]. 北京:中华书局,1977.

⑤ (元)脱脱. 宋史·食货志[M]. 北京:中华书局,1977.

年）闰月乙亥诏："民能树艺开垦者不加征，令佐能劝来者受赏。"[① PY041]乾道六年（1170 年）诏："均役法，严限田，抑游手，务农桑。"[① PY042]明确了官员职能任务所包括种桑的具体数目，并且依据数目论赏罚，以这种方法督促植桑。"于本县界内种桑及三万株，承务郎以上减磨勘二年，承直郎以下循一资；六万株承务郎以上减磨勘四年，承直郎以下循两资；并与占射守卒劝课部内植二十万株以上，转一官"。[② PY043]这一政策对于官员的奖惩十分明确，至理宗端平朝仍沿用此法令。乾道九年（1173 年），宁国府魏王恺修了一道太平州圩岸，堤岸栽植榆柳，对防风防洪起到重要作用，造福当地百姓，于是朝廷"诏奖谕判宁国府魏王恺"。[③ PY044]

宋光宗绍熙三年（1192 年）九月丙申下诏："劝两淮民众种桑。"[② PY045]

宋理宗宝庆元年（1225 年）秋，当时军事情况已经非常紧急，大战在即，理宗宝庆元年（1225 年）春诏："长吏劝农桑。"[④ PY046]宝庆二年（1226 年）春正月再次下诏："令州县劝农桑。"[⑤ PY047]宝庆三年（1227 年）春正月再诏"令州县劝农桑，令有司兴水利。"[⑤ PY048]端平三年（1236 年）诏："端平三年春正月，诏劝农桑。"[⑤ PY049]以上连续的诏令是在南宋将亡之际仍有关于劝民种植的诏令下达，从某种意义上说是帝王深刻领会了农桑对于国家的重要性和基础地位。综上所述，两宋政府采取各种措施鼓励民众植桑种树，赋役政策的变化对于农户种树有重要的影响。

由于宋朝重视植树造林，对官员奖罚分明，一些达官显贵、名流俊士也身体力行，把植树造林摆在了重要位置。苏轼在任职杭州期间，不仅倡民植树，也身体力行地从事植树活动，为浚治西湖，动员民众共同修筑了一道贯通南北的大堤，"堤成，植芙蓉、杨柳其上，望之如画图，杭人名为苏公堤"[③]。当时苏轼修建的大堤，成就现在的西湖美景——苏堤春晓。他在《东坡八首》诗中写道："种枣期可剥，种松期可斫，事在十年外，吾计亦已懿，十年何足道，千载如冰雹。"[⑥]苏轼虽然知道栽种松枣效益都在"十年外"，但为了后人，"十年何足道"，很快就如冰雹一样过去了。这首诗充分反映了苏轼热爱林木、重视植树的内心世界。大政治家王安石在变法期间，也积极倡导植树种桑，他在《枣赋》一诗中写道："种桃昔所传，种枣予所欲，在实为美果，论材又良木"[⑦]，可见，他也深知植树造林的重要作用。宋代疆吏自为表率，营造森林及课民植树。《宋史·辛仲甫传》载：太祖乾德五年（967 年），入拜右补阙，出知兖州，六年移知彭州，先是州少种树，

① （元）脱脱. 宋史·孝宗纪［M］. 北京：中华书局，1977.
② （清）徐松. 宋会要辑稿·食货［M］. 北京：中华书局，1957.
③ （元）脱脱. 宋史·食货志［M］. 北京：中华书局，1977.
④ （元）脱脱. 宋史·理宗纪［M］. 北京：中华书局，1977.
⑤ （元）佚名. 宋季三朝政要笺证［M］. 北京：中华书局，2010.
⑥ （宋）苏轼. 苏轼诗集［M］. 北京：中华书局，1982.
⑦ （宋）傅璇琮. 全宋诗［M］. 北京：北京大学出版社，1993.

暑无所休，仲甫课民栽柳，荫行路。

元属游牧民族，建国后才开始涉及林业管理。据《元史·世祖纪》载，世祖中统元年（1260年），命各路宣抚使查找掌握农林技术的人才担任劝农官。[PY050]还载，中统二年（1261年）夏四月乙卯诏：“十路宣抚使量民间课程，命宣抚使劝农桑，抑游惰，礼高年，问民疾苦。”①[PY051]八月未初，立劝农司。元世祖倡导在大路两旁遍栽行道树，“种植之制：每丁岁种桑枣二十株，土性不宜者听种榆柳等，其数亦如之，种杂果者每丁十株，皆以生成为数，愿多种者听。”①[PY052]中统三年（1262年）夏四月甲辰，诏令中书省宣慰司及诸路达鲁花赤管民官，要积极引导百姓种植桑枣，不得随意开展不必要的劳役，影响民众种植。②[PY053]至元六年（1269年）八月己卯诏：“诸路劝课农桑，命中书省采农桑事列为条目，仍令提刑按察司与州县官，相风土之所宜，讲究可否别颁行之。”①[PY054]这一措施将农林事务条例化，先试验再推广，与当代新政策试行模式一致，可见元代政治管理已比较发达。至元七年（1270年）立司农司，颁农桑之制十四条：“县邑所属村园，凡五十家立一社，择高年晓农事者一人为之长。增至百家者，别设长一员。不及五十家者，与近村合为一社。地远人稀不能相合，各自为社者听。其合为社者，仍择数村之中，立社长官司长以教督农民之事……种植之制，每丁岁种桑枣二十株。土性不宜者，听种榆柳等，其数亦如之。种杂果者，每丁十株，皆以生成为数，愿多种者听。其无地及有疾者不与，所任官司申报不实者罪之。”②[PY055]元世祖至元二十三年（1286年）给屯田军农具牛种，颁农桑辑要书，黜陟劝农桑之勤怠者，诏令：“以大司农司所定农桑辑要书颁诸路。”①[PY056]至元二十八年（1291年）颁农桑杂令，又谕止江南长吏亲行劝课。[PY057]

元成宗大德元年（1297年）“罢妨农之役。十一年申扰农之禁，力田者有赏，游惰者有罚。纵畜牧损稼禾桑枣者，责其偿而后罢之。”②[PY058]大德十一年（1307年）“申扰农之禁，力田者有赏，游惰者有罚，纵畜牧损禾稼桑枣者，责其偿而后罪之。②[PY059]

元武宗至大元年（1308年）下诏规定“近年以来，水旱相仍，缺食者众，诸禁捕野物地面，除上都，大同，隆兴三路外，在都周围各禁五百里，其余禁断处所及就有山场，河泊，芦场，诏书到日，并行开禁一年，听从民便采捕。诸投下及僧道权势之家占据抽分去处，亦仰革罢……诸投下及僧道权势之家占据抽分去处，亦仰革罢。汉儿人等，不得因而执把弓箭，聚众围猎，管民官用心钤束，廉访司常加体察。”[PY060]同年，九月以薪价贵再次下诏：“禁权豪蓄鹰犬之家，不得占据山场，听民樵采。”③[PY061]至大二年（1309年）下诏规定：“淮西廉访佥事苗

① （明）宋濂．元史·世祖纪［M］．北京：中华书局，1976．

② （明）宋濂．元史·食货志［M］．北京：中华书局，1976．

③ （明）宋濂．元史·武宗纪［M］．北京：中华书局，1976．

好谦，献时桑法，行之……以时收采桑椹，依法种植”① PY062，当时总结了多种种植技术的《齐民要术》等农书被统治者所重视，但是以皇帝诏令形式推广种植新技术，历史上不多见，足以体现武宗对农林的重视。

元仁宗皇庆元年（1312 年）秋七月癸已保定，真定，河间，民饥不止，诏令“命被灾地并弛山泽之禁。”PY063 皇庆二年（1313 年）二月诏：“劝课农桑。”PY064 秋七月己酉诏：“劝农桑，勤者升迁，怠者黜降，著为令。”② PY065 延祐元年（1314 年）诏：“大都随路州县城郭周围，并河渠、两渠岸旁……各地随宜，官民栽植榆柳槐树。”PY066 延祐二年（1315 年）八月诏：“江浙省印农桑辑要万部，颁降有司，遵守劝课。”PY067 延祐五年（1318 年）又命刊印桑图说，散之民间。② PY068 对大臣说，农桑衣食之本，此图甚善，命刊印千帙，散之民间。

元英宗至治元年（1321 年）英帝即位沈阳，当年国内发生了严重的旱、涝灾害，多地庄稼无收，诏令：“弛其山场河泊之禁。”PY069 至治三年（1323 年）下令颁布《大元通制》。《大元通制》中关于林业的内容主要有以下七个方面：一是所有劝农官每年年底都要将一年来农桑水利开展情况上报上司，上司汇总后再上报给大司农等部，部考核其勤惰情况上交给省，最后是皇帝考核。没有完成相应职责任务的，依法惩处定罪。PY070 二是盗伐别人材木者，依据盗伐的数量来进行处罚。PY071 三是对打猎时纵火而烧毁民房、粮食等物品的，要求折价赔偿。PY072 四是皇亲国戚、诸王驸马侵占山林，禁止百姓樵采的，依律定罪。PY073 五是国有围猎山场没有要求封禁的，不得禁民樵采，违者处罚。PY074 六是若遇到灾荒年份，粮食欠收人民愁困时，诸王达官不得开展狩猎活动。PY075 七是不得在庄稼没有收获的田地里围猎，在没有耕种的地方打猎，违反者处罚。③ PY076《大元通制》是元朝的正式法典，其中规定林业事务的条款非常具体，还有相应的处罚规定，属于一项具体的林业法规。

元泰定帝致和元年（1328 年）颁农桑旧制十四条于天下，《元史》载：“致和元年春正月丁丑，颁农桑旧制十四条于天下，仍诏励有司，以察勤惰。”④ PY077

辽属游牧民族，以畜牧射猎为业，劝课农桑政策较少。辽太祖天赞元年（922 年）分北大濃兀为二部，程以树艺，诸部效之。PY078 太宗会同三年（940 年）十一月诏：“有司劝农桑，教纺织。”PY079 统和十三年（995 年）正月诏：“增泰州遂城等县赋，诏诸道劝农。”PY080 统和十五年（997 年）诏：“诏诸道劝民种树，又诏品部旷地，令民耕种，又募民耕泺州荒地，免其租赋。”⑤ PY081 圣宗太平八

---

① （明）宋濂．元史·武宗纪［M］．北京：中华书局，1976．

② （明）宋濂．元史·仁宗纪［M］．北京：中华书局，1976．

③ 郭成伟点校．大元通制条格［M］．北京：法律出版社，1999．

④ （明）宋濂．元史·泰定纪［M］．北京：中华书局，1976．

⑤ （元）脱脱．辽史·太宗纪［M］．北京：中华书局，1974．

年（1028 年）正月诏："州县长吏劝农。"① PY082 兴宗重熙二十二年（1053 年）诏："内地州县植果"② PY083，内地指契丹人的发源地，即今东北长白山地区。

金属游牧民族，统治初期没有重视农桑的政策，直到金太宗继位后才陆续有了发展农林的政策。《金史·食货志》记载，太宗天会九年（1131 年）五月，始分遣诸路劝农之使者。③ PY084 当时的目的是提倡民户以多种植桑枣，至少种到其拥有土地的十之三，猛安谋克户必须做到其地十之一，除枯补新，使田地不要荒芜。金世宗大定五年（1165 年）诏："上以京畿两猛安谋克户不自耕垦，及伐桑枣为薪鬻之，命大兴少尹巡察。" PY085 大定十九年（1179 年）诏："见民桑多为牲畜中啮毁，诏亲王公主及势要家牲畜有犯民桑者立加惩断。"③ PY086 金章宗明昌三年（1192 年）诏："禁势力家固山泽利，定竹苇岁额。"③ PY087《金史·食货志》载："明昌三年谕提刑司禁势力家不得固山泽之利。司竹监岁采入破竹五十万竿，春秋两次输都水监备河防。余边刀笋皮等卖钱三千贯，苇钱三千贯为额。PY088 泰和元年申明旧制令按察司督劝农民。" PY089《金史·章宗纪》载："泰和元年（1201 年）六月己亥用尚书省言，申明旧制，猛安谋克户每田四十亩，树桑一亩，毁树木者有禁，鬻地土者有刑。其田多污莱，人户阙乏，并坐所临长吏。按察司以时劝督，有故慢者量决罚之。" PY090

三、林木利用政策

宋元时期林产品买卖和赋税征收成为林木利用的主要方式。同时，受宋代文官治国的影响，各类林木、花卉文化在这一时期也得到快速发展，比较有代表的是宋代的花馔文化，已将植物利用形式与饮食有效结合，同时花卉文化与饮食文化交融形成了花馔文化。④两宋政府对于税务官员的公务执行有严格的法律制度规范，以防止官员苛征暴敛、巧作名色、横取税钱，严禁官员利用职务之便偷税漏税。宋初规定："凡布帛、什器、香药、宝货、羊彘、民间典卖庄田、店宅、马牛、驴骡、橐驼及商人贩茶皆算。有敢藏匿物货为官司所捕获，没其三分之一，仍以其半与捕者。"⑤ LY001 可见宋代对于偷税漏税的违法行为，处罚是很严厉的。宋初，为了劝农桑，鼓励农民种桑枣，规定除了分内的定额外，多种桑枣不再增税，减免赋税成为宋代推动林业发展的主要经济手段。

宋太祖乾德四年（966 年）八月诏："垦辟荒田者，止输旧租。"⑥ LY002 告谕百姓有开垦荒地种植树木的，只需交纳以前的租税，新垦土地不必交税，这些给予

① （元）脱脱．辽史·圣宗纪［M］．北京：中华书局，1974．
② （元）脱脱．辽史·兴宗纪［M］．北京：中华书局，1974．
③ （元）脱脱．金史·食货志［M］．北京：中华书局，1975．
④ 郑辉．宋代花馔文化探析［J］．北京林业大学学报（社科版），2012，（4）：24-27．
⑤ （元）马端临．文献通考·征榷考［M］．北京：中华书局，1986．
⑥ （元）脱脱．宋史·食货志［M］．北京：中华书局，1977．

百姓减免赋税的政策有效调动了民众植树的积极性。

宋英宗治平年间诏令民种桑柘之地毋得增赋，赋税政策向林业倾斜。LY003

宋真宗大中祥符六年（1013年）四月，重定山、平河亏失筏木条格：“筏头以一筏为准，团头、纲副、监官、殿侍以一纲为准。山河以笞，平河以杖；筏头、团头以家资偿官，不足则杖之；殿侍杖而勿偿……计其所失为十分，分定罪，止杖一百。”① LY004对于官吏抛失木材贩运谋利的现象，制定不同层级的处罚法规，按照押运木材人员职级等不同，处罚力度也不同。天禧三年（1019年），制定法律规定民有增种桑柘者，官司不得增税绢，“诏自今违者，耆保捕送官司科责，所种桑柘更不增税”② LY005，给予林业特殊的照顾。

宋仁宗天圣三年（1025年），三门白波发运使张慎言：“纲运每有抛失官物，久例取凭地分村耆并全纲人照证结军令罪保明，除破官物窃详编敕止说先取，责全纲上下递相保明军令罪状，即与本县官员觉察保证，深虑村耆与纲司扶同欺弊，本司差所属县分令佐要亲诣抛失处，觉察有无情弊，保明关报本司，所贵照据分明，免有欺弊，从之。”① LY006当时负责押送木材的官吏徇私枉法现象普遍，沿途故意丢弃部分材木贩卖谋利。为扼制这种现象挽回国家损失，要求地方官吏监督、检举此类现象。宋仁宗嘉祐四年（1059年），官员胡俔擅役军匠盗用代州军廊中的桐木做私器，即“俔既坐自盗，被罢黜。”LY007

宋神宗蠲免竹木税，详定积田，重修定方田法，熙宁二年（1069年）蠲竹木税LY008，熙宁三年（1070年）详定职田LY009，熙宁五年（1072年）重修定方田法。③ LY010 方田法的内容是分地计量，依据波原平泽而定其地，依据赤淤黑垆而辨其色，方量田毕及地色确定肥瘠，而分为五等以定赋税，凡方田之角，立土为峰，植其野之所宜木，以封表之。神宗元丰三年（1080年），知庐州工部郎中韩宗道、权发遣虔州太子中允刘载在淮南转运司以楚州市易务鬻民纳税绵绢，作违诏不行，及许税务违诏税市易竹木等，经查处两官员“各罚铜十斤，楚州税务监官并差替。”④ LY011可见对于官员不但有官职的处罚，还有经济处罚。南宋，商人贩易柴米不收税，但税务官员为了增加税收，巧作名色，受纳商人税钱。

宋高宗绍兴三年（1133年），免竹木税。⑤ LY012

宋孝宗淳熙元年（1174年）诏：“米面、炭、油皆系民间日用之物，并已免税。访闻州县税务巧作名色收纳税钱及将木炭抽解，令户部行下诸路转运司约束，违者按治，仍许客人越诉。”② LY013淳熙十四年（1187年），商人持户部历籍的可免税，为防止商人偷税漏税，宋政府取消了给州军历籍的做法，即使是朝廷大臣收

---

①（清）徐松. 宋会要辑稿·刑法［M］. 北京：中华书局，1957.

②（清）徐松. 宋会要辑稿·食货［M］. 北京：中华书局，1957.

③（元）脱脱. 宋史·食货志［M］. 北京：中华书局，1977.

④（宋）李焘. 续资治通鉴长编·卷340［M］. 北京：中华书局，1979.

⑤（元）脱脱. 宋史·高宗纪［M］. 北京：中华书局，1977.

买木材修建宅邸、坟茔，也得经过工部检准，户部勘会，才能给公据免税。LY014 宋制规定官司收买木材也得严行收税，可根据情况适当免税，“殿前司收买木植，令严行抽税，以三分为率，与免二分。”① LY015 淳熙十六年（1189 年），有监司兴贩木材，数量以万计，为了谋取厚利，把价格定得很高，并且沿路税务与免抽解，住卖地也无抽解，使得官课缺失，又夺取了商贾利润，于是令“严行禁止，如有违戾，许令内台纠察，重置典宪。”此时期出现官吏私贩木材，造成大量国家赋税流失，孝宗下令设置了纠察机构，专门监督林木采伐运输事务。LY016

宋光宗绍熙四年（1193 年），余杭、富阳两县税务将村落土产竹木等不到务之物，以钓税为名，横取税钱，诏令“许被扰人赴府陈诉，追究得实，专栏决配，监官按劾。”LY017 有的竹木场官员拘私枉法，为了多收钱物，与保税人勾通，将亏收上件木材的税钱复均在商人名下追取，对于这样的官员，宋政府予降官职的处罚。

宋宁宗庆元二年（1196 年），“权势之家及官司、寺观等处收买木植浩瀚，或执官司公据，或守申请，指挥不问多寡尽免抽解，遂使前项诏令皆为虚文。”① LY018 于是宋政府下诏诸军等处收买物色并依条收税。

宋理宗诏劝民务农桑及免竹木之税。《续文献通考》载：理宗绍定四年（1231 年），蠲竹木之征三月。LY019 绍定六年（1233 年）诏两浙转运司临安府嘉元文宗天历元年弛山场河泺之禁，定竹木岁课。② LY020

宋代实行林产品官营制度，对林产品买卖制定有严格的法规。史书记载多起因私自贩运木材而受到追究的案件。例如，《宋史·赵普传》载：“时官禁私贩秦、陇大木，普尝遣亲吏诣市屋材，联巨筏至京师治第，吏因之窃获大木，冒称普市货鬻都下……太祖大怒，促令追班，将下制逐普，赖王溥奏解之。”③ LY021 赵普是宋代的开国元勋，涉及私贩林木事件被太祖处置，可见当时对林木管理的重视。《续资治通鉴长篇》还载有开宝六年（973 年）对供备使李守信私运陇中木材的处理事件。宋太祖派遣供备库使李守信前往秦、陇间采购木材，李守信将采购的木材偷运给其女婿右拾遗、通判秦州马适，后来被告发，李守信畏罪自杀，马适被宋太祖“坐弃市，仍籍其家”④。LY022 宋太宗太平兴国五年（980 年）对三司副使范惦等盗运木材的处理。三司副使范旻、户部判官杜载、开封府判官吕端等违反朝廷严禁私贩林木禁令，“多遣亲信市竹木秦、陇间，联巨筏至京师，所过关渡称制免算。即至，厚结执事者，悉官市之，多取其直”。⑤ LY023 宋太宗对此事严加查办，将主范人员范旻、杜载、吕端贬逐出京城，将从犯人员四方馆事程德玄、武德使刘知信、翰林使杜彦圭等皆坐降，驸马都尉王承衍、石保吉、魏咸信等人罚

---

①（清）徐松．宋会要辑稿·食货［M］．北京：中华书局，1957．

②（元）脱脱．宋史·理宗纪［M］．北京：中华书局，1977．

③（元）脱脱．宋史·赵普传［M］．北京：中华书局，1977．

④（宋）李焘．续资治通鉴长编·卷 14［M］．北京：中华书局，1979．

⑤（宋）李焘．续资治通鉴长编·卷 10［M］．北京：中华书局，1979．

俸禄一年，对知情不上报的程能、时载、韦务升等也进行了处罚，这一个私贩林木的案件牵涉到朝廷官员十五人之多，而且不乏朝廷重臣，成为惊动一时的大案，足见宋代对林木保护的重视。南宋孝宗乾道六年（1170年）处罚盗卖官木事件，“诸梢工盗本船所运官物者，依主守法徒罪，勒充牵驾流罪，配五百里；本船军人及和雇人盗者，减一等流罪，军人配本州，和雇人不刺面配本城；同保人受脏及已分重于知情者，以盗论；非同保知而不纠及受脏者，各减同保人罪一等；受脏满二十贯者，邻州编管；诸转管押官物或受雇立案承领官物人名下私揽运送而盗贷者，依主守法减一等；辗转受雇运送而犯者，亦准此。”[①] LY024绍兴二十四年（1154年）发生的一个案子，右朝散郎前知建康府王循友利用职务之便，差使武经大夫刘葵、武节大夫新差充庐州驻泊兵马都监杜浚在抽解场擅取沙板、竹木及亏价收买绢帛入己，王循友“特贷死免，籍没家财，送滕州安置。”刘葵、杜浚各降一官。LY025淳熙二年（1175年），观文殿学士钱端礼降授资政殿学士，罢奉祠，原因是钱端礼在任台州时，挟持威势，骚扰一郡，营治私第所用林木皆白取于民。LY026绍熙二年（1191年），御前水军统领郭安盗取官场竹木衷私使用，并且收受船脚钱入己，被都统刘震按查，郭安被罢统领，改拨付殿前司，降一等差遣。[①] LY027庆元四年（1198年），武显郎右军统制李辅、周特镌两名官员降充将官，原因是两名官员非理科敷管事人，使用官材植起造私宅。[①] LY028通过这些案例，可见宋代法律制定有严格的官有林木管理法规，若出现官员盗伐现象，同样给予严重惩处。

宋元时期营造工程较前代尤烈，特别是宋初汴京开封建设，从陇中地区砍伐大片森林。宋太祖继位之初就开始谋划都城建设，建隆三年（962年）颁诏，“命有司画洛阳宫殿，按图修之”LY029，后来又命令右班殿直张平负责林木采伐事宜，“监市木秦、陇，平悉更新制，建都务，计水陆之费，以春秋二时联巨筏，自渭达河，历砥柱以集于京。期岁之间，良材山积。”[②] LY030宋真宗时期都城营建之势大大超过太祖、太宗两朝，在汴京开封和应天府开始了新一轮宏大的建造，据《宋朝事实》载：“大中祥符年间，大兴土木之役，凡役工日至三四万。所用木石则有秦陇岐同之松、岚州汾阴之柏、潭衡道永鼎吉之杉松桐楮、温台衢婺之梼、豫章明越之松杉”[③] LY031，这里提到了多处不同树种的林材产地，说明当时对于森林材木已进行了详细的规划，利用进一步细化。特别是宋徽宗政和七年（1117年）诏令修建“艮岳”工程，历时六年，殚尽天下人力和林材，这种有针对性的精细采伐一直持续到宋代灭亡。LY032南宋偏安江左也没有放松宫殿营建，在都城临安凤凰山修建了规模宏大的宫殿，对两浙地区森林资源几乎砍伐殆尽，造成水土流失灾害频发。LY033

---

① （清）徐松．宋会要辑稿·刑法［M］．北京：中华书局，1957．

② （元）脱脱．宋史·张平传［M］．北京：中华书局，1977．

③ （宋）李攸．宋朝事实［M］．北京：中华书局，1955．

元世祖中统二年（1261 年），“弛诸路山泽之禁”。① LY034 元世祖至元十三年（1276 年）二月下诏规定：“临安新附人等，山林河泊，除巨大木花果外，余物权免征税。”① LY035 十二月下诏规定：“浙东西，江东西，淮东西，湖南北竹货等皆从实办课。”① LY036 至元十五年（1278 年）冬十月丁卯下诏规定：“弛山场樵采之禁。”① LY037 至元二十四年（1287 年）下诏规定：“罢江南竹木柴薪诸课。”LY038 元代初期巨祖已采取减免林业赋税的方法，为提高民众种树植桑的积极性。从诏令的另一方面也可以看出，元初林业赋税已规定较详细，赋税减免是暂时的政策。

元成宗元贞元年（1295 年），浙江省大水，造成庄稼受灾，百姓没有收成，遂下诏规定：“弛江湖河泊之禁，听民采取。”LY039 大德元年（1297 年）闰十二月诏：“淮东饥，弛湖泊之禁……二月弛泽梁之禁，听民渔采”LY040，同年三月再诏：“禁正月至七月捕猎。”LY041 大德三年（1299 年）五月诏：“江陵路，旱、蝗，弛湖泊之禁。”LY042 大德四年（1300 年）五月诏：“湖北饥，弛山泽之禁。”LY043 大德七年（1303 年）八月诏：“太原、平阳地震，山场湖泊听民采捕。”LY044 大德八年（1304 年）五月诏：“以灾异故，弛山场湖泊之禁，听民采捕。”LY045 大德九年（1305 年）八月诏：“以冀、宁岁复不登，弛山泽之禁，听上采捕。”LY046 大德十一年（1307 年）五月诏：“灾处山场、河泊课程，权且停罢，听贫民采取。”LY047 同年九月诏：“江浙饥，开山场河泊禁，免其课。”② LY048 当时山林处于战争后的恢复时期，元政府又频繁施行山林开禁政策，给脆弱的森林生态系统以沉重的打击，直到影响到此后中国森林资源的变迁。

元武宗至大元年（1308 年）四月诏：“雨复霖霈，塘路冲陨，园岸崩颓，稻秧浸烂……山场河泊开禁，免课……除上都、大同、龙兴三路外，其余禁断处及应有山场、河泊、芦场，诏书到日，并行开禁一年，听从民便采捕。”③ LY049 出现灾害后，政府同样采取山林开禁政策给予同众救济，林业政策本期同样兼有救灾的职能。《元史·文宗纪》载：天历元年（1328 年）十二月戊午诏被兵郡县弛山场河泺之禁。④ LY050《元史·食货志》载：天历元年（1328 年）定岁课之数，竹木课；腹里木六百七十六锭一十五两四钱，与外木七十三锭二十五两三钱，竹二锭四十两，额外竹一千一百三锭二两二钱，浙江省额外竹木九千三百五十五锭二十四两。江西省额外竹木五百九十锭二十三两三钱。河南省竹二十六万九千六百九十五根竿，板木五万八千六百条，额外竹木一千七百四十八锭三十两一钱。⑤ LY051

辽代在与北宋对峙期间，在北方也开展了大量营建工程。辽应历十五年（965 年）

①（明）宋濂．元史·世祖纪［M］．北京：中华书局，1976．
②（明）宋濂．元史·成宗纪［M］．北京：中华书局，1976．
③（明）宋濂．元史·武宗纪［M］．北京：中华书局，1976．
④（明）宋濂．元史·文宗纪［M］．北京：中华书局，1976．
⑤（明）宋濂．元史·食货志［M］．北京：中华书局，1976．

在北京房山地区修建云居寺，取材自燕山。据《重修范阳白带山云居寺碑》记载，当时北京的燕山森林资源丰富、林木茂盛，“岩穴鳞次，嘉木阴翳于万壑”，由于修建寺院的需要，“逞巧计工，焉知几万，度材揆室，何啻数千”。LY052 辽道宗清宁二年（1056年）在山西应县修建佛宫寺释迦塔，耗用木材万方以上。[①] LY053 此塔为现存最高的纯木质结构塔，虽然体现了当时出众的木工技艺，具有非常高的文化价值，但是供应此塔修建使用木材的黄花梁地区从此童山濯濯，森林生态系统破坏严重。

四、林业政策的影响

（1）堤岸林和行道树建设成效明显

宋元时期重视堤岸林建设，认识到营造堤岸林既可“捍风涛，固河堤”，又可为修河治水提供物料，在黄河、汴河、清河等主要河流的堤岸种植了大面积堤岸林。类似堤岸林模式的行道树建设也规范，宋元统治者大量诏令都涉及发展行道树的内容，朝野上下形成大兴植树造林的浓厚氛围，林木种植业绩突出的官吏和百姓不断涌现，“城中烟树绿波漫，几万楼台树影间”生动形象地显示了当时堤岸林和行道树繁茂的情景。

（2）军事防御林和监牧林建设成为国防重点

宋朝与辽以白沟为界，边防线东西绵延千余里，为扼制辽骑兵突袭，宋政府大力修建塘、泊，在边疆实施屯田政策和营造军事防御林。宋太祖建国后即令“于瓦桥一带南北分界之所专植榆柳，中通一径，仅能容一骑。”为了缓解当时边境防御压力，宋政府在建设边境林栽种上可谓用心良苦。同样由于军事目的，在边境地区设置了若干监牧林和草场以“推行孳生之利”，番息马匹。同时，为了调动边疆官吏的积极性，还制定了相关奖惩法规，这些奖惩制度及对数量的要求，保证了监牧林的发展。宋代国防林的建设虽主要目的是军事用途，但实际上保护了太行山等西北边疆的大片森林。

（3）林木利用程序规范具体

在宋代法律规范中，规定了合理的采伐程序。第一，“斧斤以时入山林”，即采伐树木要遵循一定的时令和地点，当时多部律例都有关于“春夏不得伐木”的规定。宋人也十分关注采斫林木的时令和林木的长期永续利用，“山虞、林衡之所掌，所谓仲冬斩阳木，仲夏斩阴木，凡服耜斩季材者未尝不有时焉，则材木至于不可胜用也”[②]。当时统治者认识到有时序地采斫山林，可以使山林得到有效的利用，百姓也可不断获得木材以维持生计，“斧斤以时入山林，此为民养生送死者之计也。”[③] 第二，砍伐官树时，不论是人工栽植的树木还是天然森林，都要先提出申请，即

① （元）脱脱．辽史·道宗纪［M］．北京：中华书局，1974．
② （宋）程俱．文渊阁四库全书·北山集［M］．台北：台湾商务印书馆，1983．
③ （宋）黄裳．文渊阁四库全书·演山集［M］．台北：台湾商务印书馆，1983．

“官司兴造须采伐者报所属”，得到批准后才可采伐，私自采伐的要受到刑罚。[①]第三，军队在采伐树木时须持专门的“号”。如果没有取得“号”而擅自砍伐林木的，巡尉、乡保可将其捕获送枢密院裁决。[①]第四，砍伐后的林地要及时补种树木，“以时补足。”[②]

（4）植树业绩列入官员考核指标

中国古代官员任内都有一套系统的考核政策，由上级官员定期对下级官员考核并给以评价。宋代不仅将地方植树造林完成情况列入了官员的考核政策，还规定了详细的、不同等级的处罚标准，并以法规形式公布。考核政策包括造林面积、植树成活数量，对转运、提点刑狱、提举常平等考课标准中“劝农桑”一条，包括“如增垦田亩或创修堤防水利或修整惰废、劝栽桑枣之类。”[②]州级长官的职责中，也明确指出岁时要以“劝课农桑，旌别孝悌为务。”[②]考核办法还规定相应的处罚标准，清晰明确，便于执行。林业考核政策的出台迫使官员开始重视林业事务，并有力促进了宋代堤岸林、行道林、经济林的发展。宋代监司、州级地方官员推动所辖诸县农林事务的行政程序也很规范。监司学习领会律例中农林政策或皇帝下达的农桑诏书，于每年的春、秋两季例行到所管辖地方去督查、巡视，对州、县两级官员发展农林业绩进行评估考核。年末比较各州县业绩，评选出优劣、排出名次上报。监司如果离任或外调时，要把任期内考核情况和考核官吏的名单上报，作为档案存放。知州对县吏的考核程序大致参照监司考核程序，知州需要逐个督查所辖各个县，详细记录各县令农林事务完成情况，提出指导意见，相对于监司检查更加细致了。知州督查过后，将结果详细整理后上报监司。知州若有职务调整，离任前需要将任期内所考核过的官吏名单汇总整理后上报监司。不仅如此，宋朝政府还将农桑林栽植的多寡，作为考核地方行政官员政绩的重要标准之一。其具体办法是：知州每年通过考察比较，“为优劣等各一员（无即听阙）”，于年末申报监司。监司每年年终通过评比审核，次年向上保奏名额为“知州各一员，所部五十县以上者，县令各二员。五十县以下者，各一员。”[②]如果无或不足也听阙。从劝农植桑的工作，可见宋代地方行政体制内，除县级长官具体负责外，其政绩由知州上报到监司审核的一套监督系统，已经非常明晰。由于涉及国家三令五申的号召，更与本人的升迁考核相挂钩，因此进一步推动了地方农桑林建设的落实。

第三节 林业管理

宋朝的最高决策机构是皇帝领导下的中书门下（政事堂）与枢密院，谓之二

① （清）徐松．宋会要辑稿［M］．北京：中华书局，1957．

② （宋）谢深甫．庆元条法事类［M］．北京：中国书店，1981．

府。皇帝集最高立法权、行政权、司法权于一身，以皇帝的名义发布的圣旨、敕令、律、例、格、式等都是国家的正式法律文件，对于林业管理制度，皇帝一般也有最高立法权、最终裁定权。元丰时期，在宋神宗主持之下，对宋代前期官制进行了全面改革。元丰五年（1082年）五月，颁布《元丰官制格目》，首先就依《唐六典》恢复了有关三省、六部、九寺、五监的职能。自此，工部及太府司、司农司、将作监等部门才始正职掌。元丰官制改革后还三省政事，中书“掌佐天子，议大政，授所行命令而宣之。”[①]“掌进拟庶务，宣奉命令，行台谏章疏、群臣奏请兴创改革，及中外无法式事应取旨事。”所使用的命令之体，主要有“处分军国大事”的“制书”、赐酺及戒励百官、晓谕军民，则用之。门下省的主要职责是“受天下之成事，审命令，驳正违失，受发通进奏状，进请宝印。凡中书省画黄、录黄，枢密院录白、画旨，则留为底。及尚书省六部所上有法式事，皆奏复审驳之。”尚书省则“施行制命，举省内纲纪程式，听内外辞诉。”还具有草拟回复地方官吏奏折的职能，“凡更改申明敕令格式、一司，则议定以奏复。”[②]有关两宋时期的林业政策往往也是从这些决策机构最先制定的。元代地方实行行省制度，中书省设立并替代三省。

一、林木保护机构

虞部

宋代的虞部隶属于工部，作为管理保护山泽、林木的最高机构。下属部门包括“虞部郎中、员外郎，掌山泽、苑囿、场冶之事，辨其地产而为之厉禁”[②]。机构设置为：“虞部郎中一人，员外郎一人，掌山泽苑囿场治之事，辨其地之产而为之厉禁，凡金银铜铁锡盐矾皆计入登耗以诏赏罚，司农寺卿掌仓储委积之政令，总苑囿库务之事而谨其出纳，少卿为之贰，丞参领之。”[③]《文献通考》的记载更详细，“宋虞部掌凡山泽、苑囿、畋猎、取伐木石、薪炭、药物之属，屏绝猛兽毒药及茶、矾场、盐池井、金银铜铁铅锡坑冶废置收采之事”[④]，职权较前代明显扩大。

二、林木培育机构

（1）工部

工部属于综合管理机构，宋元时期工部主要负责策划和发布林业政令，掌天下城郭、宫室、山泽、苑囿、河渠之政，依据其在本时期涉林职能和下属机构的职能涉及利用较多，所以将工部列入林木利用机构类。宋、辽、金、元皆由工部

---

①（元）马端临. 文献通考·职官［M］. 北京：中华书局，1986.

②（元）脱脱. 宋史·职官志［M］. 北京：中华书局，1977.

③（清）嵇璜. 钦定续通典·职官［M］. 杭州：浙江古籍出版社，2000.

④（元）马端临. 文献通考·征榷考［M］. 北京：中华书局，1986.

下属部门具体负责林业事务。工部设尚书一人，总管工部各项事务的批复和督察，侍郎辅佐尚书处理日常事务。下辖屯田、虞部、水部和将作监四个机构。[①]元代的工部，初期负责营造建设事务，“至元十九年，罢宫殿府行工部置大都留守司，掌守卫宫阙，都城调度，本路供意诸务，兼理营缮内府诸邸都宫原庙，尚方车服，殿庑供帐，内苑花木及行幸汤沐宴游之所，门禁关钥启闭之事。”[②]下属设置有修内司、大木局、小木局、窑场、琉璃局、木场等。“修内司，秩从五品，掌修建宫殿及大都造作等事……大木局提领一员，管勾三员，掌殿阁营缮之事。小木局提领二员，同提领一员，副提领三员，管勾三员，提控四员……木场提领一员，大使一员，副使一员，掌受给营造宫殿材木。南、东二木场，至元十七年并为一场。”竹作局和采木提举司：“竹作局提领二员，提控一员。采木提举司，秩从五品，掌采伐车辆等杂作木植。下设采山提领所，秩从八品。”当时采木工作繁重，用人非常多，有记载如“永平屯田总管府……至元二十四年，始立于永平路南马城县，以北京采木三千人隶之。”[②]所以，设置了一个屯田总管府，就将热河伐木之三千人拨给他管理，可见采木业需要大量的人力。

辽代设置工部，下辖虞部、将作、都水等官。

金代设置工部，执掌山林川泽之政，《金史·职官》载：“工部尚书一人，掌修造营建法式、诸作工匠、屯田、山林、川泽之禁令，江河堤岸桥梁之事。”但在工部下属的职官中没有专职林官，将林业事务交由地方官员管理。例如，在诸京留守使司下设置有林业官员，“有推官一员，从六品，掌同府判，分判刑案之事，上京兼管林木事。”[③]专职林业机构虽然没有设置，但基层的小官逐渐承担了植树职责，《金史·百官志》载：“都巡河官，从七品，掌巡视河道，修完堤堰，栽植榆柳”[③]，还有地方官承担劝课农桑的任务，《金史》载：“猛安，从四品，掌修理军务，训练武艺，劝课农桑。”还有“金赤县令一员，从六品，掌养百姓，按察所部宣导风化，劝课农桑。”[③]猛安是金代的一种军事人员的称呼，打仗时是士兵，和平年代就是普通农民，开展农林生产事务。

（2）司农寺（司）和仓部

司农寺曾在熙宁三年至元丰五年（1070—1082年），负责实施均输法、青苗法和农田水利法、免役法、方田均税法和保甲法。此外，还督领各路提举常平司及其属官，掌管常平钱、免役钱、坊场钱，负有和籴、赈贷之责，并负责农田水利法的实施。元丰改制后“寺监不治外事”，司农寺主要“掌仓储委积之政令，总苑囿库务之事，而谨其出纳。”承担皇城内的林木栽植等林业职责。其下属单位五十个，与林业栽植最密切的当属四园苑。四园苑提举官“无常员，以三司判官内侍都

① （元）脱脱．宋史·职官志［M］．北京：中华书局，1977．
② （明）宋濂．元史·百官志［M］．北京：中华书局，1976．
③ （元）脱脱．金史·百官志［M］．北京：中华书局，1975．

知诸司以上充。”[①]各苑有监官二名，“以上诸司使副，或内侍三班使臣充。”元丰之后四园苑正式下属于司农寺，“掌诸苑囿池沼种植蔬果、藏冰之事。”[②]另外在后宫，另有司苑一职，令佐有典苑、掌苑、女史各二人，“掌（后宫）园苑种植蔬果之事。”[③]建炎三年（1129 年）裁撤司农寺，改设仓部，由仓部承担原司农寺职能。

元代设置大司农负责农林、水利事务，颁布有关林业政策。《元史·百官志》载：“大司农凡农桑，水利，学校，饥荒之事悉掌之。”司农司初期为专官，但到了至元十二年（1275 年），罢随路巡行劝家官，以其事入提刑按察司，增副使佥事各一员，兼职劝农林事务。至元二十九年（1292 年），以劝农司并入各道肃政廉访司，增佥事二人，兼察农事[④]。将原来的农林事务移交给地方管理了。

（3）苑官

宋代没有设置上林苑令，官属园林管理事务由司农寺负责，内苑由内侍管理。辽代在司农下置上林苑署，主要负责鸟兽管理，设官员称为监鸟兽详衮，但没有关于辽代苑囿管理的文字。金代的上林署，据《续文献通考·职官考》载其职责是“上林署属工部官，曰上林提点，五品，泰和八年创，大安二年省，令从六品，掌诸苑池沼种植花木果蔬及承奉行幸舟船事。”下属“花木局，同乐园设监及勾当官，属于工部……其南京、东京、中都又各设花园宫苑监使等官。”[⑤]当时国有园林由政府官员管理，皇家园林由内侍管理，公私已分开。元代上林署隶属于大都留守司，据《续文献通考·卷 92》载：“上林署秩从七品，至元二十四年置署令署丞各一员，直长一员，掌宫苑栽植花卉，供进蔬果苜蓿，以饲驼马，备煤炭以给营缮，隶大都留守，属有养种园，花园，苜蓿园等。”[⑤]

（4）司竹监（竹木务）

宋代设置竹木务，负责林业管理和税赋收取。《宋史·职官志》载：“将作监竹木务，掌收诸路水运材植及抽算诸河商贩林木，以给内外营造之用”[⑥]，隶属将作监，职责就是抽算竹木蒲苇事务了。

金代在京兆府下设置司竹监，“管勾一员，从七品，掌耨养竹园采斫之事”[⑦]，当时金代疆域辽阔，南至湖北，所以竹子产量很大，司竹监下还设置“司吏一人，监兵百人，给耨养，采砍之役”。

元代设置司竹监，负责管理竹园栽培和买卖林产。《元史》载：“至元四年，命制国有，使司印造怀孟等路司竹监竹引一万道。初河南之怀孟，陕西之京兆、

---

①（元）马端临. 文献通考·职官［M］. 北京：中华书局，1986.
②（宋）徐自明. 宋宰辅编年录校补［M］. 北京：中华书局，1986.
③（清）徐松. 宋会要辑稿·食货［M］. 北京：中华书局，1957.
④（明）宋濂. 元史·食货志［M］. 北京：中华书局，1976.
⑤（明）王圻. 续文献通考·职官考［M］. 上海：上海古籍出版社，1988.
⑥（元）脱脱. 宋史·职官志［M］. 北京：中华书局，1977.
⑦（元）脱脱. 金史·百官志［M］. 北京：中华书局，1975.

凤翔，皆有在官竹园，立司竹监掌之，每岁令税课所官，以时采斫。”①

（5）堤道林、军事林管理机构

宋代设置有负责堤道林、军事林种植管理的官员，这类林业管理官员，一般以国家派出官员与地方州县官的具体配合为主。例如，堤道林官员中有“黄汴河勾当使臣”、各路“辇运司”等，军事防御林则有国家因边区军事需要而设置的安抚使、制置使及地方巡检等职。他们的职责就是召集和督促当地州县官员，配合其完成对堤道、军事防御等林带的种植、维护工作。例如，仁宗天圣七年六月，曾下命“辇运司年终点检缘广济河并夹黄河县分令佐栽种榆柳。”②而在他们任满考核时，政府会命令由当地州府将其在任时“栽植种到榆柳”数目及其他的政绩一同“缴连申奏”②，才能得到酬奖。正因有了这种配合机制和考核系统，才使得作为国家重要工程的堤道、军事防御林建设能够顺利完成。

（6）地方林业管理机构

地方官员负责属地所有林业事务，劝课农桑林栽植是宋代地方官员的重要职责之一，所以在此列入林木培育机构类，作为植树护林的基层单位。县所领地区官员负责宋代基础林业具体任务的落实，其中县丞一职又是其中最重要者。据史料显示，宋代初期还没有县丞一职，随着社会经济的发展，政府出于加强地方经济事务管理的目的，开始在一些主要地区逐渐设置县丞，最初设置的职能就包括林业管理。天圣五年（1027 年），由于地方管理的需要，“因苏耆请，开封两县始各置一员在簿、尉之上。”熙宁四年（1071 年），又正式规定了“诸路州县繁剧县令户二万已上，增置丞一员，以幕职官或县令人充。”③这与熙宁新法时期，对山林川泽管理等经济事务增多有一定的关系。崇宁二年（1103 年）三月，宰臣蔡京提出的“林木可养斧斤，可耕山荒，可种植之类，县并置丞一员，以掌其事”职官，④可见县丞的设置职责非常明显，即加强地方经济建设与管理。同时也是国家有关“修水土之政，行市易之法，兴山泽之利”等“王政之大者”政策落实的重要一步。

对于县丞种植林木的考核，也可见县丞一职在地方林业建设中的作用受到的重视。县丞在任满时，种植林木滋茂，按照规定会得到推赏，其中尤为突出的，“所推官监司保奏乞”，会得到“优于推恩”的殊荣。具体奖励条款是，县丞任满种植三万株以上，“承务郎以上减磨勘一年。承务郎以下，占射差遣”；种植六万株，“承务郎以上，减磨勘二年。承务郎以下循一资”；种植九万株，“承务郎以上，减磨勘三年。承务郎以下，循一资，仍占射差遣一次。”⑤由此可见，宋朝政府在鼓励县丞负责下的林木栽植工作用力之勤。奖励的同时，对任务完成不利者，定

①（明）宋濂. 元史·百官志［M］. 北京：中华书局，1976.

②（清）徐松. 宋会要辑稿·食货［M］. 北京：中华书局，1957.

③（元）马端临. 文献通考·职官考［M］. 北京：中华书局，1986.

④（元）脱脱. 宋史·职官志［M］. 北京：中华书局，1977.

⑤（宋）谢深甫. 庆元条法事类［M］. 北京：中国书店，1981.

有专条进行处罚。县丞任满“亏三分降半年名次，五分降一半，八分降一资（承务郎以上展二年磨勘）。”[①]这套考核系统，可以有效推动农桑林栽植政策的贯彻实施，由国家向地方一级级地贯彻下去，同时也能得到有效地回馈。其在地方经济林业（以农桑为主）的快速发展中，起到了不可替代的作用。

此外，宋代中央通过使职差遣配置人员，形成分布于地方的各种使司。它们也经常涉及生态管理事务，如提点刑狱司“兼管沟洫河道之事”[②]，提举常平司“兼管勾农田水利差役事”，劝农司“掌劝课农桑之事”，河渠司“专提举黄、汴等河堤功料事。”疏濬黄河司黄河、汴河的疏导工作。[②]

三、林木利用机构

（1）三司

三司属于高级别综合管理机构，依据其在本时期涉林职能和下属机构的职能涉及利用较多，所以将三司列入林木利用机构类。宋代，元丰改制前，三司是国家最高财政机构，也是中央管理林业的最高机构。三司初设于太祖朝，辖盐铁司、度支司、户部。总管四方贡赋和国家财政，以分宰相财权。盐铁司掌矿冶、商税、茶盐等项收入，修护河渠，给造军器等。度支司掌各项财政开支、漕运，供应全国费用等。户部司掌户口、两税、上供、榷酒等。户部司又分五案，与林业管理相关者有户税案，掌全国户口和夏秋两税；上供案，掌诸州上供钱帛，林材的运用、税收职权也由三司之下的户部修造案、盐铁部胄案、设案等部门负责，户部修造案主要“掌京城工作及陶瓦、排案作坊、诸库薄帐，勾校诸州营垒、官廨、桥梁、竹木、簰筏。”[②]设案掌薪炭供应。由于宋初尚书六部职权被侵夺，三司除掌户部外，还兼及工部、太府寺、将作监、都水监、军器监等事权，其规模近于隋唐的尚书省，所以北宋时名相王旦说：“今之三司，即尚书省，故事尽在。”[③]三司职权甚隆，号称“计省”，与二府鼎足而立。其长官三司使地位仅次于宰执大臣，被称之为“计相”。三司领导全国范围内的税收征取，直接管理山泽、航运、矿冶、畜牧等事务，形成一个相对独立的行政系统，这在中国历史上是不多见的，对全国生态管理发挥独特影响。

（2）户部

户部属于综合管理机构，依据其在本时期涉林职能和下属机构的职能涉及利用较多，所以将户部列入林木利用机构类。宋代，元丰改制后，罢三司，其职权归属户部，中央负责管理林业具体事务的最高机构为户部，“掌天下人户、土地、钱谷之政令，贡赋、征役之事。”[②]据《文献通考》记载，户部辖左右二曹。左曹管理田务券责方面的事务，右曹负责农林业种植等事务，都承担有林业管理职能。

① （宋）谢深甫．庆元条法事类［M］．北京：中国书店，1981．
② （元）脱脱．宋史·职官志［M］．北京：中华书局，1977．
③ （宋）李焘．续资治通鉴长编·卷 86［M］．北京：中华书局，1979．

左曹分为三案：户口案，“掌诸路州军县户口升降，民间立户分财，科差人丁，典卖屋业，陈告户绝，索取妻男之讼”。农田案，“掌农田及田讼，务限奏丰稔，验水旱虫蝗，劝课农桑，请佃地土，令佐任满赏罚，缴奏诸州雨雪，检案灾伤逃绝人户”。检法案，“掌凡本部检法之事”，设有三科：二税科，“掌受纳、驱磨、隐匿、支移、折变”；房地科，“掌州县楼店务房廊课利，僧道免丁钱及土贡献物”；课利科，“掌诸州军酒课利，比较增亏，知、通等职位姓名，人户买扑，盐场酒务祖额酒息，卖田投纳牙契。”右曹分六案：常平案，“掌常平、农田水利及义仓贩济，户绝田产，居养鳏、寡、孤、独之事”；其余五案分别为免役、坊场、平准、检法、知杂。①

（3）度支部

度支部负责林产品赋税征管职能。《宋史·职官志》载：“掌天下财赋之数，每岁均其有无，制其出入，以计邦国之用。”辖八个部门，与林业相关的有分管汴河堤岸养护的、木材运输的发运案和掌管牧场、牧区管理的骑案。

（4）将作监

宋代林业事务仍归工部，下设将作监职官，以掌管材木之事。《宋史·职官志》载：“凡营缮岁计所用财务，关度支和市，其工料则饬少府，将作监检计其所用多寡之数。”②“将作监，旧制判监事一人，以朝官以上充，元丰官制行，始正职掌，置监、少监各一人。丞、主簿各二人，监掌宫室、城郭、桥梁、舟车、营缮之事。宣和五年，诏罢营缮所，归将作监，分案五，置吏二十有七，所隶官属十。”②这十个机构是“修内司、东西八作司、竹木务、事材场、麦捐场、窑务、丹粉所、作坊物料库、退材场及簾箔场。”②分管林业事务的有竹木务、事材场、退材场和簾箔场。竹木务负责征收水运木材的赋税，同时还兼管抽算政府营造需用的木材。事材场负责计度材物，前期朴斫以给内外营造之用。退材场负责管理京畿内外退弃的材务，按照木材的长短、粗细、曲直等情况，安排用途。簾箔场负责抽算竹木蒲苇数量，以供给簾箔内外使用。《文献通考》中说：“竹木务，勾留官一人，以京朝官充。事材场，监官二人，以京朝官三班使臣充。退材场，监官一人，以京朝官充，簾箔场监官二人，以京朝官充。”③说明这些部门的官员任免都有特殊要求，必须是由京城派来官员担任，可见最高统治者对此职位的重视。

元代没有设置将作监，设置有大都留守司负责林木营造建设，“至元十九年，罷宫殿府行工部置大都留守司，掌守卫宫阙，都城调度，本路供亿诸务，兼管营缮内府诸邸都宫原庙，尚方车服，殿廡供帐，内苑花木及行幸汤沐宴游之所，门禁关钥启闭之事。”④隶属工部。下属职官类似于将作监的体系，主要有大木局、

①（元）马端临．文献通考·职官考［M］．北京：中华书局，1986．

②（元）脱脱．宋史·职官志［M］．北京：中华书局，1977．

③（元）马端临．文献通考·征榷考［M］．北京：中华书局，1986．

④（明）王圻．续文献通考·职官考［M］．上海：上海古籍出版社，1988．

小木局、修内司、窑场、木场和琉璃厂等。职责是“修内司秩从五品，掌修建宫殿及大都造作等事……大木局提领一员，管勾三员，掌殿阁营缮之事。小木局提领二员，同提领一员，副提领三员，管勾二员，提控四员……木场提领一员，大使一员，副使一员，掌受给营造宫殿材木……”①

金代没有设置将作监，但设置了都城所提举，职能与将作监基本一致。据《金史》载：“都城所提举，从六品，同提举，从七品，掌修宗庙社及城隍门钥，百司公廨，系官舍屋并栽植树木公役等事”②，属于综合管理机构。还有两个专门的林木管理机构，一个是中都左右厢别贮院，“使一员，从八品，副史一员，正九品，判官，从九品，掌拘收退朴等物及出纳之事。”另一个是中都木场，“使一员，从八品，副史一员，判官一员，皆正九品，掌拘收材木诸物及出给之事。”②可以看出以上两个职官，主要负责都城营建所需林材供应。

（5）都水监

主要负责经制全国各地，特别是京城内外的大小河渠、川泽、桥梁、堤堰等，元丰正名后，置使者一人，丞二人，主簿一人。③《宋史·职官志》载：“掌中外川泽、河渠、津梁、堤堰疏凿浚治之事。”当时汴京的漕运管理属都水监职责之一。

（6）采造务（都木务）

宋元时期，在森林资源或林业事务较多的地区还设置了“采造务”、“都木务”或“采木处”等专门林业管理机构。据史料记载，在京西北路设置了“贾谷山采造务”，在陕西路设置了“阳平务”，在河北路设置了“盘阳务”等，这些机构的职能主要有森林管理、保护和林产品经营。

四、林业管理的特点

（1）管理机构逐渐专业化

两宋统治者清楚地看到了林木资源的重要经济价值，对于林木的种植和保护非常重视，从中央到地方建立了一套完整的经营管理体制，包括林木的种植、采购、运输、征税、采伐、存储、保护等一系列管理体制，还设置了分别承担林业管理职能的机构。两宋设立了一系列专门的机构来从事林业工作，为了提高农户种植林木的技艺，宋廷专门设立农师一职，根据土壤的肥瘠及农户的具体情况，带领农民种植林木，在中国林业史上是前所未有的创举，具有重要意义。另外，两宋还在各地设立了竹木务专门负责竹木抽税；采造务、采木务、木植司、采木场等机构专门负责林木的采伐；有专门的竹木纲负责运输林木。林业专业机构的设立大大提高了林业工作的效率，有效担负了为宋政府供应林木的职能，同时对于林木的种植与保护、林木的有效利用都起到了一定的积极作用。

---

①（明）王圻．续文献通考·职官考［M］．上海：上海古籍出版社，1988．

②（元）脱脱．金史·百官志［M］．北京：中华书局，1975．

③（元）马端临．文献通考·征榷考［M］．北京：中华书局，1986．

（2）宋朝时三司六部的林业管理职能继续得到加强

三司负责领导全国范围内的税收征取，并直接管理山泽、航运、矿冶、畜牧等事务，形成一个相对独立的行政系统。这种相对独立的行政系统在中国历史上是不多见的，对全国范围内的森林管理工作也发挥了独特的影响。应对不断复杂的经济社会事务，宋朝的六部职能继续得到加强。比如户部左曹的一项重大职能是田务券责，这与土地私有化的不断发展和民间土地纠纷的不断增多密切相关。同时，在与九寺五监的关系上，沿袭魏晋、隋唐以来的大趋势，权力进一步向六部倾斜，九寺五监的地位不断弱化，将作监和都水监甚至直接被划归工部属下。

（3）宋朝时使职差遣在林业领域的普遍应用

唐朝发展起来的使职差遣制度在宋朝得到更广泛的应用，帝王普遍派遣使职办理各种事务，并日益制度化。中央权力不断向下延伸，地方权力被纵向拆分，原有的行政机构被不断打乱。使职差遣的普遍应用，在加强中央集权的同时，也有利于提高行政效率。在生态管理领域，能够不断应对新出现的社会事务，促进资源的可持续利用。

（4）辽、金、元时期既具民族色彩又与中原文化统一的林业管理机构

辽代与北宋军事对峙时期，政府管理机构却借鉴宋代工部职能，设置了虞部、都水监、将作监等机构管理林业事务；金代的都城提举所、猛安谋克户等具有林业管理职能的职官，担当着促进林业发展的任务；元代的大都留守司承担着主要林业管理职能，而在中央层面中书省成为最高的行政机构，中书省最终取代了三省六部中的三省直接领导六部的机构变化也影响林业管理。以上三朝的林业管理机构名称极具民族色彩，为中国古代林业管理机构增添了一抹民族印象。

第六章 中国古代林业管理的健全

（明清，1368—1840 年）

明清时期，林业政策和管理的重点是林木利用和林木保护。这一时期中国封建社会发展到了最高点，社会快速发展带来森林资源消耗量空前剧增，同时，受到都城建设、农垦等因素影响，森林面积严重萎缩。统治者受到日益枯竭的森林资源已经远远不能满足巨大的木材需要量及灾害频发的影响，被迫制定了更加严格的林木保护政策，加强林木利用管理，各项林业政策和管理与当代已比较接近。本期中国的政治、经济和文化已基本完善，各项社会事业都建成体系，林业管理已经引起统治者足够重视，林业管理制度日益完善，林业管理能力进一步增强，有效改善了森林利用的无序局面。虽然本期林业管理职能没有达到应有的效果，没能有效遏制森林大量减少的趋势和扭转环境持续恶化的状况，但较之中国古代林业管理已比较完善。从林业管理机构组成来看，森林采伐、赋税征收、围场禁猎、皇家园林等都分别制定了管理政策和设置专门管理机构，森林保护政策越发严格。基层的府、州、县等政府机构逐渐承担起了荒山治理、造林绿化的职能，并起到很好的作用。通过以上分析和研究，作者认为明清时期在我国古代林业政策和管理发展史上属于健全阶段。

第一节 明清时期林业发展概况

明清时期是我国封建社会的最后阶段，这一时期统治机构和法律体系集前朝历代之大成而空前庞大和完备。因此，深入研究这一时期的林政管理，总结经验、教训，无疑对于理解我国古代林业政策和管理大有裨益，对今后制定林业政策更具借鉴意义。明清时期（1368—1840 年）存世 472 年，其中明朝（1368—1644 年）历经 276 年，清朝前中期（1616—1840 年）历经 224 年。明代初期，百业萧条，人口骤减，全国人口仅存一百六十一万九千五百六十五户。[①]明太祖建国后，在全国设置 11 个部政使司，实行省、府（州）、县三级制。明初实行以“安民为本”的政策发展农林业生产，推广农桑种植，兴修水利工程，使封建经济从衰败的困境中走向了复苏和繁荣。清代人口快速增长，导致对整个社会物质需求的增加，以及毁林垦种的普遍实施，都对森林和林业政策产生较大的影响。清代前中期，

① 焦国模．中国林业史［M］．台北：“国立”编译馆，1998．

我国尽管森林更新和人工造林都有较大发展，但被砍伐损毁的森林资源更多，总的来说，全国范围内森林面积、蓄积及野生动物急剧减少。森林覆盖率大约由21%下降到17%，平均每100年降低2个百分点。[①]此期，森林破坏的地区重点是长江流域、珠江流域和西南地区的天然林，中原地区已基本上无林可采。清朝大兴土木建设，木材消耗急剧增加。民间滥伐与过量取柴严重，手工业、矿冶业都以木炭作为冶炼燃料，以及烧制砖瓦、瓷器。民间普遍以木柴作为炊事和取暖用燃料，消耗数量惊人。这一时期，一方面，封建社会继明代之后进一步走向衰老，封建的生产关系在很大程度上成为社会经济和生产力发展的桎梏。另一方面，社会出现近代化趋势，社会生产力水平有所发展，但没有质的变化。由于人口的过快增长，除了东北之外的其他地区的森林受到极大破坏。生态环境急剧恶化，在水旱灾害方面表现尤其突出。人口多、生产力落后、生产关系和上层建筑守旧、森林少、生态灾害频繁构成了清代前中期林业基本概况。

第二节　林业政策

明清时期的法律制度集历代之大成，可谓中国封建法制的完备形态。林业法律制度在这一时期也进一步全面，多部包括林业管理法规在内的综合法典相继出台。明代编制了《明户律》、《大明会典》等律例。清代在许多方面承继明代，并于顺治三年（1646年）三月颁布了《洪武宝训》，顺治帝认为清是继承明的统治，表示要继续遵守明朝祖训。清代于顺治三年（1646年）修成了《大清律》，康熙、雍正两代继续加以补充修订。乾隆五年（1740年）颁布《大清律例》。

一、林木保护政策

《大明律·户律》包括盗伐陵园内树木等林木保护的内容，主要有以下四个条款：一是“凡盗园陵树木者，皆杖一百，徒三年……若计赃重于本罪者，各加盗罪一等”；[BH001]二是“若盗他人坟茔内树木者，杖八十”；[BH002]三是“凡牧养栽种地东至白河，西至西山，南至武清，北至居庸，西南至浑河”；[BH003]四是盗卖他人林产将受到笞以上惩罚，所得价钱“计赃准盗论”。[②][BH004]以上律例对盗伐、毁坏树木，以及擅食他人田园瓜果之类的行为按照盗窃罪进行处罚；还制定了放牧区域限制的规定，在规定区域以外不得开展畜牧养殖，违律处罚，起到了保护区的作用。

《大明律·杂律》规定：“凡毁伐树木稼穑者计赃准盗论”[BH005]，还规定“若于山林地域失火，杖八十，徒二年。延烧林者，杖一百，流二千里。”[③][BH006]明代对山林火灾的处罚是非常严格的，不仅要受仗刑，还要发配两千里边疆，这种量

① 樊宝敏，董源．中国历代森林覆盖率的探讨［J］．北京林业大学学报（社科版），2001，（4）：60-65．

②（明）大明律·户律［M］//续修四库全书（第862册）．上海：上海古籍出版社，1995．

③（明）大明律·杂律［M］//续修四库全书（第862册）．上海：上海古籍出版社，1995．

刑级别是非常重的。

明太祖在位期间，多次派遣官员寻访前朝帝王陵寝，设置守陵户保护其陵园植被，按时祭祀，洪武三年（1370 年）下诏，“令有司禁樵采岁时祭祀”BH007，洪武四年（1371 年）下诏，“复命陵寝所在禁民无得樵采”BH008，洪武九年（1376 年）下诏，“命百步内禁人樵牧设陵户二人守之。”①BH009 可见陵墓保护政策在太祖朝已经执行，还派遣了专门人员负责守护。

明成祖永乐十四年（1416 年）颁布关于设置禁猎区的诏令：“东至白河，西至西山，南至武清，北至居庸关，西南至浑河，并禁围猎。”②BH010 当时的禁猎区由上林苑监管理，如有违犯还制定了具体处置规定：“一应人不许于内围猎，有犯禁者每人罚马九匹，鞍九副，鹰九连，狗几只，银一百两，钞一万贯，仍治罪。虽亲王勋戚，犯者亦同。”③BH011 成祖朝对禁猎区管理非常规范，不仅明确规定了区域范围，还将禁猎区管理职能划归上林苑监执掌，甚至对违者处罚标准都有了相应规定，有效扼制了当时王公贵戚无度畋猎的行为。

明仁宗即位初期就诏告天下，要求管理好帝王陵墓，洪熙元年（1425 年）诏令“帝王陵寝、先圣先贤忠臣义士旗纛城隍祠庙，常须洁净，遇有损坏随即修理，仍禁约樵采牧放”④BH012，保护前朝帝王将相的陵园祠庙及其植被，已成为政府的一项日常事务。

明宣宗宣德五年（1430 年），下达停止采木的诏令：“为国之道，农务为先。今国无大营缮，而工部采木不已，岂不妨废农业，敕已采者积水次，其军夫悉罢遣归农。”②BH013 明宣宗在位期间，针对北京城隍庙军民“盗取砖石、剪伐林木及纵放孳畜作践”的行为，宣德八年（1433 年）八月诏令张贴告示禁止，“其揭榜禁约，敢再犯者擒送法司治之”BH014，⑤还将“图小利而纵伐山陵树”的天寿山守官枭首，以示惩戒。

明英宗即位之初，即下诏停止各地采捕行为，宣德十年正月下诏：“各处打鹰及打捕鸟兽、采取虫鱼花草果木石山之类，诏书到日悉皆停罢。”BH015 明英宗正统二年（1437 年）诏：“谕天寿山祖宗陵寝所在，敢有剪伐树木者治以重罪，家属发边远充军，仍令锦衣卫官校巡视。”③BH016 明代皇帝非常重视保护皇陵林木，史料载有多个保护明成祖陵墓所在地天寿山林木的诏令。

明宪宗成化二年（1466 年）制定森林防火法令：“凡失火于山陵兆域内，失火者杖八十，徒二年。延烧林木者，杖一百，流二千里。”③BH017 将失火和延烧区分开来处置，量刑尺度各有不同。

---

①（明）明太祖实录·明实录［M］. 台北：台湾“中央”研究院历史语言研究所，1962.

②（清）张廷玉. 明史·职官志［M］. 北京：中华书局，1974.

③（明）申时行. 明会典·刑律［M］. 北京：中华书局，1989.

④（明）明仁宗实录·明实录［M］. 台北：台湾“中央”研究院历史语言研究所，1962.

⑤（明）明宣宗实录·明实录［M］. 台北：台湾“中央”研究院历史语言研究所，1962.

明孝宗弘治十三年（1500年）下达禁伐边防林的诏令，要求法司册定条例，题准敕令大同、山西、宣府、延绥、宁夏、蓟州、紫荆、密云等处分守，守备、备御并府州县官员，禁约该管旗军民等。不许擅将应禁林木砍伐贩售，违者问发南方烟瘴卫所充军。若前项官员有犯，军职俱降二级，发回原卫所都司终身带俸差操。文职降边远叙用。镇守并副参官有犯，指实参奏。其经过河道把守官军容情纵放者，究问治罪。BH018

明武宗正德十六年（1521年）下诏："纵内苑禽兽，令天下毋得进献。"① BH019废除了珍奇异兽进献制度，起到了保护野生动植物资源的作用。

明世宗嘉靖制定了盗陵园内林木的规定："凡盗伐园陵内树木的，全部杖一百，徒三年。如果盗他人坟茔内树木，杖八十。若计赃重于本罪的，各罪加一等。"② BH020嘉靖二十七年（1548年）诏："令于天寿山前后，龙脉相关所，大书禁地界石，有违禁偷砍树木者，照例问拟役、斩、绞等罪。"② BH021嘉靖二十九年（1550年）诏："凤阳皇陵，南京孝陵，天寿山圣陵寝，承天府显陵，山前山后禁限内，若有盗砍树株者，验实桩茬数量，比照盗窃大祀神御物，斩罪。若从者，发边卫充军。若取土取石，开窑烧山者，俱然前拟断。"③ BH022这些连续的保护皇陵诏令的发布，可见当时林木砍伐是非常严重的，甚至危害到皇陵所在山地。

明穆宗隆庆元年（1567年）夏四月下诏："禁属国毋献珍禽异兽。"④ BH023禁止进献野生动物的措施，实际起到禁止捕杀动物的效果，对林业资源起保护作用。

明神宗万历三年（1575年）下达关于严惩盗伐边防林的诏令："题准山西宁武、雁门一带山场原居流民，编立保甲，分立界线，责成看守界内林木，自盗者照例问罪，从人盗而不举者，一体连坐。"② BH024政府同意民间组建护林组织，负责保护相应范围内的林木资源，如果护林组织自己砍伐保护区内树木，同样要受到官府惩处。

清代的《大清律例·盗园陵树木》规定了六款盗伐林木的处罚法规：一是凡盗园陵内树木者，皆（不分首从）杖一百，徒三年。若盗他人坟茔内树木者（首）杖八十（从减一等）。若计（入己）赃重于（徒杖）本罪者，各加盗罪一等。BH025二是凡是（皇陵）山前山后各有禁限，若有盗砍树株者，验实桩茬，比照盗大祀神御物律斩，奏请定夺。为从者发近边充军。取土取石开窑烧造放火烧山者，俱照律分别首从拟断。BH026三是凡历代帝王陵寝及先圣先贤忠臣烈士坟墓（所在有司当加护守），不许于上樵采耕种及牧放牛羊等畜，违者杖八十。可见，对陵墓周围树木的保护措施是相当严格的。BH027四是凡子孙将祖父坟茔树木私自砍卖者，一株至十株，杖一百，枷号三个月，计赃重者准窃盗从重论。十株以上者，系旗

①（清）张廷玉. 明史·武宗纪［M］. 北京：中华书局，1974.

②（明）申时行. 明会典·刑律［M］. 北京：中华书局，1989.

③（清）嵇璜. 钦定续通典·职官［M］. 杭州：浙江古籍出版社，2000.

④（清）张廷玉. 明史·穆宗纪［M］. 北京：中华书局，1974.

人，发宁古塔当差；系民，发边远充军。看坟人等及奴仆盗卖者，罪同盗他人坟树者，杖一百，枷号一个月，计赃重者，照本律加窃盗罪一等。其知情盗买坟树之人，均照盗他人坟树例治罪。不知者不坐……树木等物分别入官给主。BH028 五是私买他人坟茔树木者，无论株数及已伐未伐，初犯杖一百，枷号一个月；再犯杖一百，枷号三个月。犯至三次者，发近边充军。BH029 六是凡故意弃毁人器物及毁伐树木稼穑者，计赃准盗窃论，免刺，罪止杖一百，流三千里。官物加二等。BH030

清太宗在位期间，颁布禁令禁止贵族郊外放鹰，“扰害人民，蹂践田园，伤残牲畜”，违者严惩，“嗣后放鹰之人，如扰民不止，事发之后，决不轻恕。”[①] BH031

清世祖顺治元年（1644 年）下令：“各边口内旷地，听兵治田，不得往垦口外牧地”[②] BH032，封禁了东北地区。同年，还下令保护帝王陵寝，“各处帝王陵寝，及名臣贤士坟墓，被人毁发者，即与修理，要禁止樵牧。”[③] BH033 清代制定了多项帝王陵寝树木保护政策，将帝王陵寝保护作为重要任务，管理非常严格、规范。清代对自家及他人坟树，也禁止私自砍伐。顺治三年（1646 年）严禁官员随意捕猎，诏令“于近京百里内围猎，贝勒以上欲猎于百里外者，必请上”[④] BH034，违者治罪。顺治帝认为历代帝王喜爱畋猎的原因是为了习武强军、训练军队，所以有“夫畋猎，原为讲习武事，古人不废，然恐妨民事，必于农隙”之说 BH035，对当时王公贵族大量圈占良田，妨碍百姓农林生产的现象进行了严厉训斥，要求立即将圈占的田地如数退还，归民复耕。若需开展畋猎活动，秋季庄稼收获之后才准许。顺治十二年（1655 年）诏：“民间植树以补耕获，地方官加意劝课，如私伐他人树株者，按律治罪。”[④] BH036 顺治十四年（1657 年）下诏“禁止官民采用楠木”[④] BH037，实际上这是将皇木采办的主要对象楠木置于中央皇室的统一控制之下。

清圣祖康熙九年（1670 年）诏令：“查黄运两河所栽之柳，每岁果能如该督疏内所定之数成活者，其栽柳之人三年后……授以巡检录用。”[⑤] BH038 将对河堤林木的保护列入官员升迁条件，并严格考核，提倡官吏在堤防上种植荆棘等植物，以固其地，杂之以柏杨，以备绝水的目的。康熙十三年（1674 年）诏：“覆准王以下，不得因行猎，蹂躏人田禾，违者官员以上交部议处，白身人鞭八十，每地一晌，追银三两，给偿地主。”[⑥] BH039 康熙十六年（1677 年），以长白山是满族发祥地的理由颁布诏令：“长白山发祥重地，奇迹甚多，山灵宜加封号，永著祀典，以昭国

① 清太宗实录·清实录（影印本）[M]. 北京：中华书局，1985.
② （清）赵尔巽. 清史稿·职官志 [M]. 北京：中华书局，1976.
③ （清）大清诏令 [M]. //续修四库全书. 上海：上海古籍出版社，1997.
④ 清世祖实录·清实录（影印本）[M]. 北京：中华书局，1985.
⑤ 行水金鉴 [M]. //四库全书. 上海：上海古籍出版社，1987.
⑥ 清圣祖实录·清实录（影印本）[M]. 北京：中华书局，1985.

家茂膺神贶之意。”①[BH040]清统治者认为长白山是上天赏赐给满人的厚礼，把长白山周围的千里林海、参山、珠河划为禁区，自此清政府在东北地区开始“四禁”政策。康熙二十年（1681 年），以喀尔沁、敖汉、翁牛特诸旗敬献牧场的理由，建立了木兰围场。[BH041]据嘉庆重修《大清一统志》记载，木兰围场在承德府北境外蒙古各部落之中，范围有一千三百余里②。东西三百余里，南北二百余里。据光绪《围场厅志》记载，围场大都是山深林茂、人迹稀少的地区，没有开垦过的地方。制定了严格的处罚规定，制定了诸如“蒙古、民人毋得阑入”，“私入围场偷打牲畜砍伐木植之犯，无论枷杖徒流发遣，均在犯事地方审拟发落起解，毋庸解部。转发仍专咨报部存案”等多项围场管理政策①，还制定了违反规定的处罚法规。[BH042]从某种意义上说，当时设置的围场起到了现代的保护区的作用。清代森林渐少，为了皇帝狩猎娱乐和训练军队的需要，帝王定期组织开展大型的木兰秋狝等狩猎活动。清代自立国始就开始设立围场，封禁区和围场的设立虽另有原因，但是实际效果是保护了东北地区大面积森林和自然资源。康熙二十一年（1682 年）诏令，从长白山封禁区范围内再划分出部分林地，设置了盛京围场和吉林围场，对设立的围场派驻官兵把守，严格封禁。[BH043]康熙二十一年（1682 年）针对田猎的时间、采捕对象等，曾专下诏谕进行详尽规定：“鹰鹞窝雏，于三月寻觅，四月内捕取，最妨农事，兼属无益。况所得鹰鹞，不谙呼饲，难至京师，徒劳人力，应行停止。”[BH044]“自八月放鹰，原欲令之熟习，以便赍送。数年以来，并无名鹰贡至京师，在乌喇地方兵丁，于冬寒之时寻觅山鸡，人马劳顿，应行停止。”[BH045]“围猎以讲武事、必不可废、亦不可无时，冬月行大围、腊底行年围，围猎不整肃者、照例惩治。”①[BH046]从以上法规可以看出，满人重视围猎活动，但是如何把握围猎的尺度，康熙帝作了具体规定，目的是在保证围猎活动进行的前提下，尽量减少野生动植物资源的毁坏。康熙二十五年（1686 年）五月诏：“著停止川省采运”①[BH047]，二十六年（1687 年）四月又谕工部：“免四川解送楠木。”①[BH048]这是地方官员奏报森林资源趋于枯竭，无法完成采伐任务，无奈之下颁布的诏令。

清世宗雍正即位之初，就下诏免除各地“狐麂兔狸皮、山羊毛、课铁、黄栌、椰、桑胭脂花梨南枣、紫榆杉条”等相干野生动植物及其制品的采办与进献。[BH049]

清高宗乾隆元年（1736 年）加强了对东北森林的封禁及内地汉民出关的限制，诏令“嗣后如满洲有犯法应发遣者，仍发黑龙江等处外，其汉人犯发遣之罪者，应改发于各省烟瘴地方”③[BH050]，此政策制定的主要目的不是保护东北森林，但实际上减少了东北人口，间接保护了东北原始林。乾隆五年（1740 年），“凡山前山后各有禁限，若有盗砍树株者，验实椿茬，比照盗大祀神御物律斩，奏请定夺。为从者发近边充军，取土、取石、开窑、烧造放火烧山者，俱照律分别首从拟

---

① 清圣祖实录·清实录（影印本）[M]. 北京：中华书局，1985.

② 1 里＝0.5 千米。

③（清）钦定大清会典事例 [M]. 北京：中华书局，1991.

断。”①[BH051]乾隆七年（1742年）诏：“为天下万世筹赡足之计者，不独以农事为先，而兼修园圃、虞衡、薮牧之政。故因地之利任圃以树事，任牧以畜事，任衡以山事，使山林川泽丘陵之民得享山林川泽丘陵之利……至于竭泽焚林，并山泽树畜一切侵盗等事，应行禁饬申理之处，转饬地方官实力奉行，该督抚不时稽查，务令从容办理，以期实效。”②[BH052]乾隆八年（1743年）提出三农、园圃、虞衡、薮牧四职皆为“资生养赡之术”[BH053]，要法度各级官吏重视“田里树畜”之事。要加强人工林木的保护，处理好植树和畜牧的关系，不要因过度放牧而毁坏已栽种的树木。乾隆十五年（1750年）诏：“奉天沿海地方官，多拨官兵稽查，不许内地流民再行偷越出口，并行山东、江、浙、闽、广五省督抚，严禁商船，不得夹带闲人。再山海关、喜峰口及九处边门，皆令守边旗员，沿边州县严行禁阻，庶此后流民出口，可以禁绝。”③[BH054]乾隆十六年（1751年）南巡，经过宿迁“六塘、沭山两河”，诏令“近河之堤根之软滩栽巨柳，广壮地势，固护堤岸。”②[BH055]要求官吏保证河堤植树，强调河堤植树的护堤、抗水灾的作用。“河口一带两岸内种卧柳……皆谁地谁在谁有”②[BH056]，从堤岸林美化环境的角度进行提倡，极大地促进了植柳工程建设。乾隆二十一年（1756年）诏令：“奉天地方不便安插军流罪犯，嗣后分别等次，改发他省。”[BH057]诏令重点是减少东北地区人口数量，避免因持续的人口增长带给森林资源的压力。乾隆二十七年（1762年）制订《宁古塔等处禁止流民条例》，规定“至宁古塔界内，地方偏小，外来流民，不便准其入籍，应将流民驱回。”[BH058]为了保证“四禁”效果，乾隆帝下了多次诏令，每次诏令可以说都是一道保护东北森林的政策，使东北森林的封禁达到了顶峰。乾隆三十七年（1772年），乾隆曾就植柳护堤工程作过总结，写了富有科学道理的五言律诗，诗中写道：“堤柳以护堤，宜内不宜外；内则盘根结，御浪堤弗败。外惟徒饰观，水至堤乃坏，此理本易晓，倒置尚有在，而况其精微，莫解亦奚怪。经过命补植，缓急或少赖，治标资小助，探源思其逮。”②[BH059]乾隆皇帝非常重视河堤植树，要求“栽后要保浇保活，不时浇灌，至夏秋之交，点查成活数目，以七成为率，岁终报部。”②[BH060]同时，为种好并保护好河堤树林，制定了《劝栽议叙法》。其中规定“道厅等官及标下营弁，各于空间之地种柳秧……专汛守备及千总、把总培养柳枝，遇枯损即为补栽，违者分别议处。”②[BH061]同时，《劝栽议叙法》明确规定：“除没有河兵处，督率陆续栽柳外，其余民地相连堤岸，听其芟采枝干，不得成株砍伐。”②[BH062]还规定，凡民众植柳成活五百株以上的要记录在案，第二年验收成活提交工部议叙传令嘉奖。柳是宿迁的主要乡土树种之一，河防护堤栽植柳树的经验引起了乾隆的重视。清乾隆四十年（1775年）在诏谕中明令打击偷猎行为，对于“围场内偷打牲口、砍伐木植者，严加缉捕治罪；如有拘捕，加重治罪；

① 徐本，三泰．大清律例［M］．//四库全书．上海：上海古籍出版社，1987．

② 清高宗实录·清实录（影印本）［M］．北京：中华书局，1985．

③ 清会典事例［M］．北京：中华书局，1991．

如拘捕伤人，即就地正法。”BH063 乾隆四十一年（1776 年），因关内流民向关外转移的趋势逐渐变大，再次下诏严禁流民随意毁林开垦：“盛京、吉林为本朝龙兴之地，若听流民杂处，殊于满洲风俗攸关，但承平日久，盛京地方与山东、直隶接壤，流民渐集，若一旦驱逐，必致各失生计，是以设立州县管理。至吉林，原不与汉地相连，不便令民居住。今闻流寓渐多，著传谕傅森，查明办理。并永行禁止流民，毋许入境。”① BH064 乾隆时期政局稳定，逐渐出现百姓从人口密集的关内大量向关外东北地区人口稀少地流动的现象，东北大量林地被开垦，为保证东北地区满族发源地风水，统治者开始了控制人口随意流动，并制定了森林保护的法规。

清仁宗嘉庆时期，国力已大不如前，但为了维护东北发源地，清政府仍坚持封禁政策不动摇。嘉庆七年（1802 年）清仁宗在诏谕中明确指出，围场之内鹿只稀少，原因是管理官员监察不力，“擅放闲人偷捕野兽、砍伐树林所致”，下令对其严加议处。BH065 后因围场“牲兽稀少”而停止沿袭已久的秋猎，并在诏谕分析了野鹿稀少的原因是“近年来砍伐官用木植之外，多有私砍者，并任令奸徒私入捕捉牲畜，以致鹿踪远逸”，因此下令查办围场管理官员；嘉庆帝详查围场“私砍木植、偷打鹿只”的情况之后，指出负责官员以权谋私，“善任令匪徒逸入私立寮铺，影射偷砍，运载出境牟利，其未运之木，尚堆积路隅，不可胜数。及闻知朕行围伊迩，复将余木焚烧灭迹，竟系烈山泽而焚之，禽兽逃匿可见”，并且“于现定行围处所肆意偷砍，致令鹿踪远逸。并有携带鸟枪、偷打鹿只、售卖鹿茸之事。是以国家百余年秋狝围场，竟与盛京高丽沟私置木厂无异。而习劳讲武之典，连岁阙如”，因而提出对当事官员“不可不严行惩究”。BH066 此后，仁宗鉴于“偷砍树木，及往来取便行走之人惊逸兽群”的状况，下令官员派兵严格稽查，对于“偷砍树木、及偷盗牲兽之人”，②即拏交围场总管会同办理。BH067 嘉庆八年（1803 年）下令：“山海关外系东三省地方，为满洲根本重地，原不准流寓民人杂处其间，私垦地亩，致碍旗人生计，例禁有年……并着直隶、山东各督抚接到部咨，遍行出示晓谕，以见在钦奉谕旨饬禁民人携眷出口。”② BH068 嘉庆九年（1804 年）下诏：“着通谕直隶、山东、山西各督抚饬各关隘及登、莱沿海一带地方，嗣后内地民人有私行出口者，各关门务遵照定例实力查禁。”① BH069 阻止关内人民外迁，有力地避免了原始林地的垦殖，保护了东北的原始林。

这一时期还出现了一种新的护林政策推广方式，就是由官方竖立载有护林法规的石碑于保护地区，以此石碑警示人们勿毁林木，否则将受惩处。刻印着护林内容的石碑简称为护林碑，按照竖立者身份不同来划分，把护林碑分为官方护林碑和民间护林碑，在此主要介绍官方护林碑。官方护林碑是政府部门竖立的，记录国家关于森林保护内容的法律、政策的石碑，是国家林政的一种表现形式。例

① 清高宗实录·清实录（影印本）[M]. 北京：中华书局，1985.
② 清仁宗实录·清实录（影印本）[M]. 北京：中华书局，1985.

如，北京十三陵中明成祖陵前至今保存着一块清代顺治皇帝竖立的护林碑，这一块护林碑的效力与皇帝诏令相等。另外，还多见有官府、官吏竖立的护林碑，这种护林碑同样具有法律效力。明清时期官方竖立护林碑的方式逐渐出现，目前已见到的自明代和清前中期（1368—1840 年）明确的由官方竖立的护林碑共有 19 通[BH070-088]，详见表 6-1。

表 6-1　明代和清前中期（1368—1840 年）官方护林碑统计表

Tab.6-1　The tables of offical foresty protection monuments of the Ming dynasty and the early and mid-Qing dynasty（1368—1840）

序号	年代	地点	立碑者	碑文
1	明永乐十七年（1419 年）	四川通江	官府	严禁偷窃，如有砍伐，撤示众牌，执公呈官
2	明万历三十六年（1608 年）	陕西甘泉	延安府	松柏大树自唐宋以来栽培。岂宜砍伐，要虔心看守。但有本县势豪人等欲来采打，指名呈府以凭重究
3	明崇祯十四年（1641 年）	江苏南京	官府	孝陵关系根本，祖脉发茅山鲜原，开于钟阜。国初刊有榜文大彰明禁剪伐树株……今后大小官员军民人等敢有仍前不法故违明禁者，决不轻贷
4	明崇祯年间（1628—1644 年）	福建太宁	县府	封山护林碑一通
5	清顺治年间（1644—1661）	北京十三陵	顺治帝	诸陵殿宇墙垣倾圮已甚，近陵树木多被砍伐，现存树木永禁
6	清康熙二年（1663 年）	江苏苏州	官府	近闻不肖寺僧，勾串奸棍，将山木任意盗卖，得价分肥，为此……住持将二十八房寺僧分管山界，现存树木逐一查明，立薄收执，不时查考
7	清康熙四十九年（1710 年）	河北满城	官府	易州正堂口口赵为叩天赏事禁约，如有不法之徒在此遭践、渝摘山柿者，许该管甲地住持指名报州，以凭严拿究处，各宜凛遵毋违
8	清康熙五十二年（1713 年）	浙江开化	知县	禁采石灰岭来龙山示
9	清雍正五年（1727 年）	浙江会阴	知县	查担山既系章姓第一世祖坟公山，自应永远禁约，嗣后凡在山毋得砍树掘泥并附近侵葬……毋违特示
10	清乾隆三十四年（1769 年）	福建松溪	知县	历久留植树木，原系遮荫水源，滋润田地，无论长短松杉杂树，俱不许砍运。违者捆送赴县，按法严禁
11	清嘉庆十四年（1809 年）	浙江江阴	知县	培养荫木六千余株，春间墓后被砍多株……自示之后如有前项不法患同窃砍，许该生等协获送县以凭法究，该地保管坟人等，如敢绚纵，定提并究
12	清嘉庆二十二年（1817 年）	广东潮州	知县	示谕附近居民人等知悉，尔等嗣后毋许在于郑宅粮山界内盗砍树木及强取五谷稼稿……毋违特示
13	清嘉庆二十三年（1818 年）	山西洪洞	官府	此诚古刹名胜之区，自应加意培护……私伐树株者，许尔等指名禀县，以凭究处。各宜凛遵，毋违特示，并不许在该山牧羊，以致残食树栽，如违凛究
14	清道光十二年（1832 年）	贵州梵净山	贵州巡府麟庆	禁砍山林碑：灵山重地，严禁伐木掘窑，以培风脉事。照得铜仁府属梵净山……斯居其地者，咸享平安之福

续表

序号	年代	地点	立碑者	碑文
15	清道光十二年（1832 年）	贵州梵净山	贵州承宣布使司	禁砍山林碑：前于道光三年，因寺僧私招奸徒，在彼砍伐山林……务须随时稽查，妥为护蓄
16	清道光十八年（1838 年）	浙江江阴	知县	禁止越界砍伐荫木示：示仰该地居民及总保人等知悉，须知业各有主，毋得觊觎章琦等葬祖坟山……如敢不遵……定即提案究惩，总保询隐，并干重咎
17	清道光十八年（1838 年）	四川通江	知县	示谕本城军民诸色人等，护守禁蓄树木……一经巡役口被斋长告发，定行拿案严惩，枷号示众，决不稍宽
18	清道光十九年（1839 年）	陕西留坝	知县	禁伐紫柏山树木示：尔等居山即有看守之责，倘敢再任佃户辗转顶拨，侵垦山场，擅伐树木，人问罪，地充公……遇有前项弊端，许随时禀官究办
19	清道光年间（1821—1850 年）	贵州梵净山	铜仁知府	十年之计树木，况兹崇山茂林，岂可以岁月计？宜止焉，戒勿伐，弗若焉，未可也。嗟呼，草木者，山川之精华；山川者，一郡之风气，后之君子以为如何

二、林木培育政策

明太祖视农桑为立国之本，建国初始就诏告天下尽快发展农林业。明太祖在完成统一的战争过程中，也不忘农桑生产，“分遣儒士告谕乡邑，劝耕桑。”PY001 洪武元年（1368 年）颁布了劝农桑章程，规定：“凡课种，国初天下农民，凡有田五亩至十亩者，栽桑麻木棉各半亩，十亩以上者倍之。田多者，以是为差，特废不举耳。有司亲临督视，惰者有罚。不种桑者，使出绢一匹，不种麻者使出麻布一匹。不种木棉者使出棉布一匹。”[①] PY002 洪武元年（1368 年）奏准桑麻科征标准，规定麻每亩八两，木棉每亩四两。如果种植的是桑树，四年以后成活，才开始征税。[②] PY003 明洪武帝曾号令南京臣民在钟山植桐、棕、漆树，又令百姓广栽桑、枣、柿、栗、核桃，违者按律治罪；还诏令河南、山东免征桑、枣税，且为种植桑、枣、果树者免费提供耕牛、种苗，并把植树造林、管理林业的表现作为官吏考绩之一，有功者提升，违律者降罚。《日知录·卷 10》载：“明初承元末大乱之后，山东、河南多是无人之地，洪武中，诏有能开垦者，永不起科，即为己业。”[③] PY004 这一政策在明初推行七十余年，民众开垦荒田的积极性极为高涨，仅到洪武十六年（1383 年）全国就开垦了土地一亿八千零六十四万七千八百一十八亩。[④]明太祖发展农桑政策的效果好坏，主要取决于官员的督劝和农民的遵守，所以制定了对官员考核的政策。洪武三年（1370 年）八月下诏规定：“农桑衣食之本，学校道理之

① （清）张廷玉．明史［M］．北京：中华书局，1974．

② 中国历代食货典［M］．台北：台湾中华书局，1983．

③ （清）顾炎武．日知录集釋全校本［M］．上海：上海古籍出版社，2006．

④ 乌廷玉．中国历代土地制度史纲［M］．长春：吉林文史出版社，1987．

原，朕尝设置有司，颁行条章，使敦笃教化，务欲使民丰衣足食……皆无桑株树木，学校缘由，甚与朕意相违，特勒中书令有司今后有无农桑学校者论拟违制，民有不奉天时而负地利者如律究焉。”① PY005 洪武四年（1371 年），诏令各府、州、县行移提调官，要时常用心尽力劝导民众从事农桑生产，不要耽误农时，将农民栽种的桑果等树木不论新旧一起登记注册，如实上报朝廷。PY006 洪武五年（1372 年）诏：“中书令有司，今后考课必书学校，农桑之绩违者降罚。”① PY007 洪武八年（1375 年）再次下诏重申，农桑衣食之本，学校道理之原，朕尝设置有司，颁行条章，使敦笃教化，务欲使民丰衣足食，理道畅焉，何有司不遵朕命，往往给由赴京者，皆无桑株数目，学校缘由，甚与朕意相违，特敕中书，令有司，今后敢有无农桑，学校者，论拟违制。民有不奉天时，而负地利者，如律究焉。PY008 洪武十八年（1385 年），明太祖诏：“人言吾农桑衣食之本，然业本必先于黜末，自什一之塗开，奇巧之技作。于是一农执耒，而百家待食，一女躬织，而百家待衣，欲民之毋贫得乎。朕思足食在于禁末作，足衣在于禁华靡，宜令天下四民，各守其业，不许进食，庶民之家，不许绵织。”① PY009 再次强调了重本抑末的决心，指出开展农林生产的重要性，鼓励民众不分男女各司其能，创造财富。同年，下诏减免农税，“议农桑起科太重，百姓艰难，多于优抚为宜，令今后以定数额，听从种植经济林木，不必起科。”① PY010 通过减免种植业赋税的方法，调动民众种植的积极性。洪武二十一年（1388 年）下达关于由老年人监督农事的诏令：“河南、山东农民中有等懒惰，不肯勤务农林业，朝廷已尝差人督并耕种，今出号令，此后止是各该里分老人劝督，每村置一面鼓，凡遇农种时月，五更擂鼓，众人闻鼓下田，该管老人点闸，若有懒惰不下田者，许老人责决，务要严切督并，见丁著业，毋容惰夫游食，若是老人不肯勤督，农民穷窘为非，犯法到官，于乡老人有罪。”② PY011 制定了由地方推举的德高望重的老者负责督促农桑事务，如果出现懒惰的情况，任由老者处罚，但是若老者不尽职尽责，导致地方百姓穷困的，官府将严重老者。洪武二十四（1391 年）诏：“令公侯大官及民人，不问何处，惟犁到熟田，方许为主，但是荒田具系在官之数，若有余力，听其再开，其山场水陆田地，亦照原拨赐则例为主，不许过分占为己有。”③ PY012 诏令提到“山场”即林场，可以与田地等同样对待，任民自愿开垦。洪武二十五年（1392 年）诏谕：“天下卫所分兵屯种者，咸获稼穑之利。其令在屯军士，人树桑、枣百株，柿，栗、胡桃之类随地所宜植之，亦足以备岁歉。五府其遍行程督之。”① PY013 同年，还要求凤阳、滁州、庐州、和州种植树木，“每户种桑二百株，枣二百株，柿二百株，愿多种者不限”④ PY014，规定地方按照地力和气候情况种植适宜的树木，并且明确了最低

①（明）明太祖实录·明实录［M］. 台北：台湾“中央”研究院历史语言研究所，1962.

②（明）申时行. 明会典·刑律［M］. 北京：中华书局，1989.

③（清）嵇璜. 钦定续通典·职官［M］. 杭州：浙江古籍出版社，2000.

④（明）申时行. 明会典·农桑［M］. 北京：中华书局，1989.

种植数量。洪武二十七年（1394 年）圣旨榜例，明令百姓植树。要求天下百姓务要多栽桑枣，每一里种二亩秧，每百户内共出人力，挑运柴草烧地，耕过再烧，耕烧三遍下种，待秧高三尺，然后分栽，每五尺阔一垄。每一户，初年二百株，次年四百株，三年六百株，栽种过数目造册回奏。不仅要完成种树数量，还要保证成活，违者发云南金齿充军。① PY015 同年，又令湖广辰、永、宝、衡等处宜桑，而种者少，命于徐淮取桑种廿石，送其处给民种之。PY016 洪武二十八年（1395 年）诏："命山东、河南，栽种桑枣果树及新垦地，不论多寡俱不起科。若有司增科扰害者，罪之。"② PY017 对于官吏验收百姓种植林木数量事务进行了具体规定，不仅要验明种植数量，还需验明成活数量，成活率不足的需补种，直到成活数量达标。对于种植林木的行距、方法等也进行了规定。

明成祖永乐二年（1404 年）诏："今春时和，东作方兴，宜申明教术，勤力督课农桑。"③ PY018 成祖在要求各级官吏抓紧在春天推广种植新技术，加大引导民众在耕种季节勤于农桑。

明仁宗即位之初，即颁布诏书告示天下，劝勉农桑生产，洪熙元年（1425 年）颁布劝农诏："农桑衣食之本，学校风化之原，有司宜加劝课。" PY019 同年，接受工部大臣建议，下令负责官员"严督里老百姓以时辟田园、修陂堰、种桑枣"④ PY020，本期仍旧引导民众遵从农时植树种桑。

明宣宗在位期间，重申太祖时的"栽种桑枣之令"，针对之前所种植的桑枣等林木，"民之无知者砍伐殆尽，存者亦多枯瘁，有司不督民更栽，以致民无所资"的情况，下令地方官员"督民以时栽种"，并派遣专官严格巡视督察。PY021 宣宗宣德二年（1427 年）四月，设置江南劝农官。PY022 宣宗敦促农桑生产，并在诏谕中指出其重要性，宣德三年（1428 年）三月诏令："民之衣食本乎农桑，种艺以时则地无遗利，游食有禁则务本者多，庶几家给人足，礼教可兴。" PY023 宣德四年（1429 年）九月诏令："北方直隶地方，比圣祖山东河南例，民间新开荒田，不问多寡，永不起科。"⑤ PY024 宣德十年（1435 年）十一月，诏令："都布二司，严督所司种桑枣。" PY025《典故纪闻·卷 10》记录了明宣宗鼓励民众务农的一则事例，宣宗对户部众臣下诏规定："桑枣是生民衣食之计，洪武年间已经派遣官员专督种植，现在有司略不加意，前屡有言者，已命你们申明旧令，至今未有实效，其既然已颁布天下，就要严格督促民众栽种，违者究治。"⑥ PY026

明英宗正统元年（1436 年）十一月诏令天下布政司都司"严督所属栽种桑枣"，

---

①（明）申时行．明会典·农桑［M］．北京：中华书局，1989．

②（明）明太祖实录·明实录［M］．台北：台湾"中央"研究院历史语言研究所，1962．

③（明）明成祖实录·明实录［M］．台北：台湾"中央"研究院历史语言研究所，1962．

④（明）明仁宗实录·明实录［M］．台北：台湾"中央"研究院历史语言研究所，1962．

⑤（明）明宣宗实录·明实录［M］．台北：台湾"中央"研究院历史语言研究所，1962．

⑥（明）余继登．典故纪闻［M］．北京：中华书局，1981．

并由风宪官兼任督察“民间栽种桑枣”。[PY027] 英宗正统三年（1438 年）诏：“各处凡有入额纳粮田地，不堪耕种，另自开垦补数者，有司勘实，不许重复起科。”① [PY028] 鼓励民众开垦新田，不超过原来总亩数的，不再增加赋税。还下诏规定：“农桑衣食，本原布政按察司及巡按御史，严督州县官，及时劝课，果有所惰，有荒弃田不治者，移所在田少丁多民，往种之。”① [PY029] 英宗还接受臣下建议，因地制宜，对于不宜种植桑枣林木的地区，正统四年（1439 年）十月令“随地所宜，毋限桑枣，凡菜果麻苎木绵之属但可衣食养生者，督民广植，勿限其数。”[PY030] 正统六年（1441 年）闰十一月明英宗接受大臣建议，明确以劝课农桑的成效作为考核官员的标准，“考课有司，加农桑兴废一条为殿最，每岁风宪官核实，其有田土荒芜、桑枣不茂者，劾奏降黜。”[PY031] 明英宗正统九年（1444 年）七月重申“申明种桑枣法”，并下令刊印《农桑撮要》一书颁布天下，指导百姓从事农桑生产。[PY032]

明宪宗面对地方灾荒，成化九年（1473 年）正月在诏书中明确指出“赈荒劝农、教民树畜皆王政首务，其亟行之。”[PY033]

明世宗嘉靖六年（1527 年）诏：“各处板荒、抛荒田地，不拘本府别府，军民匠灶，尽力耕垦，给与田帖，永远管业。”② [PY034] 其中所指各类土地属土质较差之地，不宜种植或产量不高，说明当时已出现鼓励民众开辟贫瘠土地，政府划拨给开垦者私有的政策。同年，还诏：“江南等处，各该抚、按官，通行所属府、州、县，原设有农官处，不许营干别差，责令著实修举本等职业，专一循劝课。”③ [PY035] 还规定，凡是里长部内，已经入籍粮当差田地，随意弃种致使荒芜者，以十分为率，一分笞二十，每一分加一等，罪止杖八十。县官各减二等，长官为首，佐职为从。人户亦计荒芜田地，及不种桑麻之类，以五分为率，一分笞二十，每一分加一等，补交的桑麻归公。③ [PY036] 嘉靖十一年（1532 年）诏：“令蓟州永平沿边关营抛荒山场地亩，系有粮原为民业者，附近军余承佃，任纳民粮，其册籍不载，量收轻税，作为屯田余地。”④ [PY037] 同年，下诏要求“于西苑先蚕坛隙地及仁寿宫西梨园，各栽植桑树以供蚕事。”[PY038]

明代劝课农桑之政基本全是太祖一朝，仁宗、宣宗两帝也还重视，此后历任少见劝农的记载。关于边防林建设也是如此，前期边防林建设效果明显，《明会典·卷 205》记载了宣德年间（1426—1435 年）边防林情况，“林树戟列，森翠苍郁，四时无改。”③ [PY039]《明经世文编》记载了嘉靖年间（1522—1566 年）军都山边防林状况，“重岗复领，蹊径狭小，林木茂密。”⑤成化年间（1465—1487 年），“复自偏头，雁门，紫荆，历居庸，潮河川，喜峰口至山海关一带，延究数千余里，

① （明）明英宗实录·明实录［M］. 台北：台湾“中央”研究院历史语言研究所，1962.

② （明）明世宗实录·明实录［M］. 台北：台湾“中央”研究院历史语言研究所，1962.

③ （明）申时行. 明会典·农桑［M］. 北京：中华书局，1989.

④ （清）嵇璜. 钦定续通典·职官［M］. 杭州：浙江古籍出版社，2000.

⑤ （明）陈子龙. 明经世文编（影印本）［M］. 北京：中华书局，1962.

山势高险，林木茂密，人马不通。”[PY040]这一地区就是现在的山西省中条山、吕梁山地区。但是自明宪宗以后，砍伐日益严重，林木日益殆尽。《明经世文编》载：“大同、宣府规利之徒，官员之家，专贩筏木，往往雇觅彼处军民，纠众入山，将应禁树林任意砍伐。”[①][PY041]明代后期林业政策逐渐松弛，地方官吏没有尽职尽责，导致滥砍滥伐现象逐渐增多。

明代也有官吏率部植树造林的典型事迹，据记载，弘治十七年（1504 年），辽东御史余濂驻守辽阳期间，为加强军事防御，巩固边防，在辽阳、蒲河一线种植柳树三十万棵。[PY042]隆庆四年（1570 年），尚书霍冀上书穆宗，指出边防军务重要的一条就是城堡植树，畿辅内地平衍空阔，虏骑得以长驱，宜于城堡外多栽树木，不惟利民，且因可以悍虏。这一奏折指明了边疆大量种植边防林不仅是为了造福民众，更可以限制敌军骑兵，起到军事防御作用。《榆林府志》记载，陕西巡抚余子俊，在榆林县城西十里的黑山修筑台堡，还在台堡周围种植了上万株柳树，防止北人内扰。[②][PY043]陕西榆林地区因此而得名，是我国古代军事防御林种植较好的典型。

清太宗天聪元年（1627 年）诏谕中告诫臣下，“出师征伐，以有土有人为立国之本，非徒为财利也。至于厚生之道，全在勤治农桑耳。”[PY044]这一诏令的内容类似于兵法上注重的“兵马未动，粮草先行”的道理，讲究国家富裕了才有可能带动军事能力强大，农林业是各项事业的基础。

清世祖建国伊始就布告天下：“凡有益于民生者……惟农桑一事，于民众最有裨益。”[PY045]要求各地在路旁、沟渠、房舍周围都植树木，务使野无旷土。顺治十年（1653 年）为了促进农桑种植发展，颁布了《辽东招民开垦例》，将辽东地区开放供民种植。[PY046]顺治十三年（1656 年）下达关于招垦荒地的诏令：“滨河州县，新旧堤岸，皆种榆柳，严禁放牧。各官栽柳，自万株至三万株以上的，分别录用，不足三千株，并再栽种的，分别参处。”[③][PY047]顺治十五年（1658 年）：“桑柘榆柳，令民随地种植，以资财用。”[③][PY048]据《中国土地制度史》记载，清顺治十五年制定了各级官吏开垦荒地任务指标和考核的规定，并根据各地不同人口和土地面积等因素有区别地下达任务，要求督抚一年内开垦荒地二千至八千顷甚至以上，道府开垦荒地一千至六千顷甚至以上，州县开垦荒地百顷至六百顷甚至以上，卫所开垦荒地五十至二百顷甚至以上者，得分别议叙。全无开垦荒地者，题参。[④][PY049]顺治帝在清代初期制定的农林政策短期内就取得了显著效果，为清统治者稳定社会起到了积极的作用。

清圣祖为“耕织图”作序，序言中说：“朕早夜勤毖研求治理，念生民之本，

---

①（明）陈子龙．明经世文编（影印本）[M]．北京：中华书局，1962．

②（清）李熙龄．榆林府志 [M] //中国地方志集成版．南京：凤凰出版社，2007．

③（清）钦定大清会典事例 [M]．北京：中华书局，1991．

④ 赵冈，陈钟毅．中国土地制度史 [M]．北京：新星出版社，2006．

以衣食为天……欲令环宇之内皆敦崇本业，勤以谋之，俭以积之，衣食丰饶以共跻于安和富寿之域。”[①]康熙元年（1662 年）诏：“各省荒地限自康熙二年为始，五年垦完，六年秋请旨遣官严查，各省垦过地亩，如荒芜仍多，督抚以下分别议处”[②][PY050]，至康熙继位，全国的荒地还是很多，制定的劝课农桑政策效果不是很好，所以康熙承继顺治期间鼓励种植的政策，给各级官吏下达了严格的任务。康熙九年（1670 年）下诏规定：“于沿河州县，择闲散人，授以委官名色，专管栽柳，三年分别奖惩。”[③][PY051]康熙十年（1671 年）诏：“民间农桑令督抚严饬有司加意督课，毋误农时，毋废桑麻。”[③][PY052]康熙十五年（1676 年）诏：“河官种不及数者，免其处分，成活万棵以上的，纪录一次，二万株以上的，纪录两次……多者，照数议叙，分司道员，各计所属官员内，有一半叙议者，纪录一次，全议叙者，加一级，均令年终题报。”[PY053]康熙十七年（1678 年），诏令治理河患，“按里设兵，分驻运堤，自清口至邵伯镇南，每兵管两岸各 90 丈，责以栽柳蓄草，密种菱荷蒲苇，为永远护岸之策。”[PY054]重申河堤植树的意义，规定官吏种植堤岸林的形式和树种，作为堤岸管理的重要措施，长期坚持下去。康熙二十年（1681 年）令：“武职栽柳，照文职例议叙”[PY055]，对武官同样下达了植树任务。康熙二十二年（1683 年），重申要求河官栽柳事务，不但要做柳，而且要保证成活，“成活二万株以上者，纪录一次……八万株以上的加一级，多者照数议叙”[③][PY056]，将植树成活数量作为官吏奖惩的标准，制定了相应的奖励等级。康熙三十一年（1692 年）诏：“准淮河岸堤宽二丈留八尺为道路，另外一丈二栽柳，在缓坡上种卧柳。”[PY057]康熙四十一年（1702 年）诏：“今责成地方官，令五亩之田，种桑两株，百亩之田，种桑四十株。”[PY058]康熙六十年（1721 年），令在河堤种树柳树，若有毁树的，将严惩负责的官员。[③][PY059]以上几道诏令主要内容是关于河堤植树，说明当时植树护堤和绿化功能已备受重视，另外对种植模式、毁林处罚也作了规定。

清世宗雍正元年（1723 年）诏：“各省凡有可垦之处，听民相度地宜，自垦自报，地方官不得勒索，胥吏亦不得阻挠。每岁地方官将村坊种树数目上报。”[④][PY060]雍正二年（1724 年）谕令：“于每乡择一二老农之勤劳作苦者优具奖赏，以示鼓励。舍旁田畔，以及荒山旷野，量度土宜，种植树木。桑柘可以饲蚕，枣栗可以佐食，柏桐可以资用，即榛楛杂木，亦可以供炊爨，其令有司督率指画，课令种植。仍严禁非时之斧斤，牛羊之践踏，奸徒之盗窃，亦为民利不小。”[④][PY061]同年，诏令在京城种植行道树，“自西直门、德胜门至畅春园，沿途皆著种柳，岔道亦著栽种，动用钱粮，栽完树木，令人看守。”[PY062]雍正朝还制定了京城栽种树木成活率的规定：凡种树者，需保活三年，三年如树木干枯，则由原种树的人补种；若树木被

---

① （清）鄂尔泰，张廷玉．授时通考 • 文渊阁四库全书［M］．台北：台湾商务印书馆，1983．

② （清）钦定大清会典事例［M］．北京：中华书局，1991．

③ 清圣祖实录 • 清实录（影印本）［M］．北京：中华书局，1985．

④ 清世宗实录 • 清实录（影印本）［M］．北京：中华书局，1985．

人损坏，或被牲畜啃食，仍需补种。还告诫地方官员要“各体朕拳拳爱民之意，实心奉行。”[①] PY063 清世宗在给各地知府等官员的诏谕中，肯定了地方官员的重要地位，“国家亲民之官，莫先于守令”，并要求其在任职之处，“劝农课桑，以厚风俗。”PY064 清世宗在诏谕中，要求直隶各省官员在“驿路两傍栽种柳树”；PY065 其后，又诏谕河南巡抚，要求其在“直隶山东，大道两傍皆种树木。”PY066 此外，世宗还接受臣下建议，下令在各地不宜种植农作物的地区，“耕种杂粮，广植树木。”PY067 清世宗在位期间，曾亲自拟定“劝农种树之诏”昭示天下。PY068 雍正三年（1725 年）议准：“嗣后管河之分司道员、通判、县令等官员，于各分管沿河地方栽柳，成活五千棵的，纪录一次，万棵的纪录二次，一万五千棵的纪录三次，二万棵的加一级。种苇一顷纪录一次，二顷记录两次……栽柳二万株或种苇四顷者，给予九品顶戴荣身。”PY069 雍正五年（1727 年）议准：“直隶州县闲旷之地，令相其土宜，各种薪果，如各处河堤栽种柳树……其地宜桑麻者，尤当勤于栽种，令地方官察其勤惰，分别奖惩。”PY070 同年谕令：“修举水利种植树木等事，原为利济民生，必须详谕劝导，令其鼓舞从事，不得绳之以法。”[①] PY071

清高宗乾隆很重视植树绿化环境，编写了简单明了的种树护堤基本技巧，在民间广为传颂：“堤柳宜护理，宜内不宜外，内则根盘结，御浪堤费败。”[②] PY072 乾隆三年（1738 年）谕令：“据河南巡抚奏称，‘种树为天地自然之利，臣经钦奉谕旨，随饬地方官多方劝谕，桑柘榆柳枣梨桃杏，各就土性所宜，随处种植。一年之内，成活之树，共计百九十一万有余’。朕御极以来，轸念民依，于劝农教稼之外，更令地方有司化导小民，时勤树植，以收地利，以益民生。今览该抚所奏，是豫省一年之内，已种树百余万之多。朕思中州接壤畿辅，为南北往来之冲，并未闻有教民种植滋事繁扰之处。安见豫省之法不可仿行于他省耶？……可将此传谕各督抚善体朕心，勉力为之。”[②] PY073 乾隆九年（1744 年）题准：“直隶、天津、河间各属，土性宜枣，种植最多。深、冀亦产桃、梨，至于榆、柳、杨树之类，河洼碱地，各有所宜。令民间于村头屋角、地亩四至，随宜广种，始足以资利益。如有旗地可种树木之处，广令该管各官，劝谕旗人，亦可多为栽种。”[②] PY074 乾隆提倡植树，尤其重视堤防植树，在治理北京永定河的过程中，他亲自总结了堤防植树的五言诗。乾隆十九年（1754 年），议准如果有官员劝栽无术，致使树木枯死千株以上的，令该督将厅员职名同汛官一并参处，同时命令补种，监生能于官地内损栽杨树四千棵及在自家地内捐栽二千棵的，均免其考职，给予主簿职衔。[②] PY075 乾隆二十四年（1759 年），为了调动民众植树热情，采取了免徭役的政策。在官地栽种杨树五百株，苇二顷，并且在自家地栽种杨树二百五十株，苇一顷的，免本年徭役……如果在统计的三年内在官地栽活杨树二千株，在自家地里栽活杨树一

① 清世宗实录·清实录（影印本）[M]. 北京：中华书局，1985.

② 清高宗实录·清实录（影印本）[M]. 北京：中华书局，1985.

千株及苇四顷的，咨部议叙，给予九品顶戴荣身，免五年徭役。[PY076]乾隆四十八年（1783年），清高宗诏令黄河沿堤种柳，并申禁近堤取土。还规定“令官山、官地，无论土著流人，以呈报之先后予垦民，地田业主先报，或军实力绌，他人始得承之。”①[PY077]乾隆帝很重视农林技术推广，继位初期命鄂尔泰等编纂了《授时通考》①[PY078]一书，该书于乾隆七年颁行天下，书中汇集前代林木栽培经验，对林业推广起到了积极的作用。清高宗在位期间，亦多有诏令督导官员重农桑。高宗接受臣下建议，在安河庐凤地方“广植树木以收山泽园林之利，栽桑种棉以资纺绩”，并且要求地方官员勤加劝导“就地势之高下广为种植，宅边陇畔遍栽蔬果，通衢官路多植槐柳，务使尺田寸土皆无闲旷，庶数年之间民气渐复。[PY079]高宗还接受臣下建言，“专以农桑课有司”[PY080]，以农桑发展成绩考核地方官员，并以此为惯例认真施行。高宗还在江南“各处沿河滩地，有可种植芦苇处，仍饬地方官劝民栽种”，在京城至马兰峪的官道“两旁种植柳株”。[PY081]高宗在出巡过程中，发现沿途道路植树情况落实不力，“未种之处尚多。即有种植者，亦空缺不全，或多枯干。皆因初时不过循种树之名，原未实心经理，又听往来民人毁折及牲畜戕损，以致如此”，鉴于这种情况，在诏谕中明确要求地方官员“务须补种齐全，时加培养，毋致毁伤。”[PY082]

清宣宗道光年间，曾批准在山东等地种桑养蚕。“道光十七年（1837年）奏准：山东登、莱、青三府属多山，其平衍处间有种桑，而饲养野蚕，别有一种桲椤树，亦名槲叶，将蚕放置树间，收茧取丝，获利甚广，其余各府州民，向勤蚕桑，现已饬广行栽植。”②[PY083]由上诏令可知，由官方主导的养蚕植桑业在地方曾大规模开展，各地官吏也具有了因地制宜发展种养业的申请，并获得统治者支持。

三、林木利用政策

明清时期林木利用的主要形式是皇木采办，属于封建徭役的范畴。皇木采办，就是专门为皇帝、皇室、朝廷采伐和置办所需用于建造宫殿和其他大规模皇家工程的木材。关于皇木采办古已有之，但是，采木持续时间之长、次数之频繁、规模之宏大，对当时及后来的社会和生态影响之深远，莫过于明清两朝了，皇木采办成为朝廷的一件大事，也是一项系统的林政工作。

明代山林大量私有化，特别是中后期达官勋贵赐田占田之事越来越多，占地面积越来越广，买卖交易日益发达。史料中有关于明嘉靖年间休宁吴府山林买卖的一段记录，“本祠于嘉靖四十五年用价买梁上李世高，东关周文二家山共七亩六分，其山原有柴薪，言定五年出租一次，因山上有柴，其年柴价从轻，以补二人

① 清高宗实录·清实录（影印本）[M]. 北京：中华书局，1985.

② 清宣宗实录·清实录（影印本）[M]. 北京：中华书局，1985.

养木之力，以后拼木之年，再无工食。”①这是一个具体的山林买卖的例子，甚至包括山上种植的树木也要作价。明代将承租山地种植林木的人称为火佃，火佃承租山林时要明确说明种植林木的数量和规划，并承诺不得抛荒，还要三年见青五年齐苗，类似于现在的承包合同。

明太祖建国初即规定：“麻亩征八两，木棉亩四两。栽桑以四年起科。”② LY001 这是关于明代赋税的最早记录，也是抽分征税法的开始。明代对竹木果品柴炭均征税。征税机构有都税、宣课、司、分司、抽分场局、河泊所。征税有课税和抽分两种方法，凡是课税，征商估物质，抽分，科竹木柴薪。商税的标准是三十而取一。洪武元年（1368 年）诏：“始定役法，按田出丁。”③ LY002《明史·职官志》中有关于服役的记载：“凡工匠二等曰轮班，三岁一役，役不过三月，皆复其家曰住坐。”④ LY003 洪武二年（1369 年）诏：“置直隶应天府等十八府州及江西九江、饶州、南康三府，均工夫图册，每岁农隙，其夫赴京供役，每岁率用三十日遣归。”④ LY004 建材使用也更加规范。洪武十年（1377 年），户部奏报天下税课司局，征商不如额者百七十八处，帝准奏，派遣中官、国子生及部委官各一个核实情况，确立定额。LY005 洪武十三年（1380 年），户部奏下诏规定税课司局岁收额不及五百者，凡三百六十四处，宜罢之。帝下诏规定：“曩者奸臣聚敛，税及纤悉，朕甚耻焉。自今军民嫁娶丧祭之物，舟车丝布之类，皆勿税。”④ LY006 自此抽分竹木场被裁撤。洪武二十六年（1393 年）诏：“定凡宫殿门舍墙垣如奉旨承造及修理者，必先委官督匠度量材料，然后兴工……支拨其合用竹木，录抽分竹木局。”③ LY007 在龙江、大胜港都设立了抽分竹木局，实行抽分之例。凡是杉木、软篾、黄藤等三十分取一。凡松木、松板、杉板、檀木等十分取二。LY008 赋税管理规定，凡民间一应桑株，各照彼处官司原定则例起科丝绵等物，其丝绵每岁照例折绢，俱以十八两为则，折绢一匹。所司差人类解到部，劄付承运库收纳，以务赏赐支用。其树株果价等项，并皆照例徵收钱钞。LY009 在凡龙江、大胜港，均设立抽分竹木局，客商兴贩杉木、棕毛等，三十分取二，松木、杉板、柴炭等十分取二。LY010 又令军卫自设场收贮柴薪，按月给与禁军孤老等烧用。LY011 竹木等物堆垛在场，令各局按旬奏申知数，遇有用度，以凭计料，拣定数目，度量关填，勘合支拨。LY012 如营造数多抽分不敷，奏闻给价收买或差人砍办。LY013

明成祖永乐元年（1403 年），奏准各处小民挑担蔬菜民间家园池塘采用，非兴贩者及民间常用竹木、蔬果、蒲草等非贩卖的物品，全部免税。LY014 永乐六年（1408 年）设置抽分竹木局，设通州、白河、芦沟、通积、广积五抽分局。LY015 永乐九年（1411 年）令蔚州及美峪、九宫口、五龙山、龙门关等山场，除成材大木

① 赵冈，陈钟毅. 中国土地制度史［M］. 北京：新星出版社，2006.

② （清）张廷玉. 明史·食货志［M］. 北京：中华书局，1974.

③ （清）陈梦雷. 古今图书集成［M］. 北京：中华书局，1985.

④ （清）张廷玉. 明史·职官志［M］. 北京：中华书局，1974.

不许采取，其小木及椽枋之类，听人货卖，经抽分处取十之三。[①] LY016 永乐十三年（1415年）令照例抽分。松木、柏木、椴柴、椴木、块柴、鞭杆、松木板、木炭、檀木、片柴、杉木板、猫木、水竹、桂竹、杉木篙、车轴、车辋、车辐、杂竹、竹扫帚、箭竹、梢柴、黄藤、鞭杆、杂木、檐板等三十分取六。芦苇柴三十分取五。蒿柴、棕毛等三十分取三。杉木、黄藤、白藤、软竹、蔑黄、杨木三十分取一。[①] LY017 明代从此竹木税繁多，增加了人民的生活负担。

明仁宗洪熙元年（1425 年）开山泽之禁，《典故纪闻》中摘录仁宗向兵部下达的谕令："古山林川泽皆与民共，虽虞衡之禁，取之有时，用之有节，其实亦为民守，非公家专有之。京师军民数百万众，薪非出山，何所取给，人君于民有父母之道，苟可惠民，皆当施之，况山泽天地所产以利民者，其居庸关以东与天寿山相接，宜禁樵采，余听人采，勿禁。"[②] LY018 增加市肆门摊木器商品的税，凡是经营木制品均须缴税。LY019 宣德四年（1429 年），为了加强伐木管理和林业赋税收取，在重要林区新设置了漷县、临清州、济宁州、徐州、淮安府、扬州府、上新河七处税关。LY020 正统元年（1436 年），设立抽分厂，管理木植。LY021 正统七年（1442 年）制定了新的赋税规定，新法规要求每季按铺缴纳税款，包括木植、林果等林产品在内的坊铺每季缴纳税款 36 贯。[①] LY022

明代景泰元年（1450 年）大理卿薛琥言上奏，抽分薪炭等隐匿不报者，准舶商匿番货罪，尽没之，过后，请得比匿税律。帝准奏。[①] LY023 明确了偷税漏税的适用法规，对当时出现的藏匿林产品的行为处置有法可依。

明宪宗成化七年（1471 年）分别在杭州、荆州和芜湖三地增设了三个竹木抽分厂，隶属于工部都水司。凡是竹木每十分抽一分。[①] LY024 成化十七年（1481 年），增设兰州抽分厂。LY025 明代万历二十七年（1599 年），在密云设立抽税关。不断增设的税关和抽分厂，加大了对林产品利用的管理，林产品赋税成为政府主要财政来源。LY026

明世宗嘉靖元年（1522 年）定二八抽分法，奏准通州抽分竹木局凡商贩黄松等木，曾经真定府九一抽取有印信执照者，止用九一抽分，通前合为二八，其未经真定抽分，仍用二八抽取。LY027 随着林业管理的逐渐深入和全面，林业赋税政策也进行了逐步调整，税率也根据适用对象的不同而制定了不同的比例，说明当时已改变了传统的单一税率，林业赋税法规越发科学、成熟。

清世祖顺治六年（1649 年）诏令："部委官诣江南会同地方官采买架木。"[③] LY028 顺治八年（1651 年）又下诏，开始在正定、山西、浙江、湖广、江西采买木植。LY029 顺治十五年（1658 年）诏令："江西巡抚准各工需用架木，水路不能速到，行文江宁巡督，自本年起动支正项岁解二千根备用。" LY030 同年，令在古北口设立税务

① （清）张廷玉. 明史·食货志［M］. 北京：中华书局，1974.
② （明）余继登. 典故纪闻［M］. 北京：中华书局，1981.
③ （清）钦定大清会典事例［M］. 北京：中华书局，1991.

关，岁遣监督征收木税。① LY031 顺治十六年（1659年）为了加强潘家、桃林地区林产品管理，诏令增设潘桃口税关，“潘家、桃林等口，差满汉官各一人，笔帖式二人，驻扎该地方抽分木植，停止采木差官。”① LY032 清代建立初期皇帝就已很重视林业利用，并设立大量税关征收林产品财税，作为增加政府财政收入的措施之一。顺治十八年（1661年）统一了林业税率，明确规定各地木植税征收十分之一。LY033

清圣祖康熙十一年（1672年），“撤山东夏镇关，令中河分司移驻宿迁收税。裁去徐州等关，总在宿迁一处征收。”LY034 康熙十八年（1679年）重申，“潘家、桃林二口，仍差工部满司官一人、笔帖式一人，驻扎永平府抽分。”② LY035 康熙二十五年（1686年）规定：“打牲乌拉壮丁岁交松子十五斤石，每斤石合仓石三石六斗，松塔千个。”③ LY036 康熙三十八年（1699年）诏令，“设河宝营，差满官督收大青山木税。”LY037 康熙四十年（1701年），“裁通惠河分司，通州木厂，归通永道管理。”② LY038 康熙四十一年（1702年）诏令，“大青山木税归并杀虎口兼辖”LY039。康熙四十六年（1707年）诏令：“准四川巡抚能泰奏折，设立渝关，归东道征收木税。”LY040 康熙五十一年（1712年）二月颁布谕旨：“承平日久，生齿日繁。嗣后滋生户口，无用更出丁钱，即以本年丁数为定额，著为令。”LY041 康熙五十二年（1713年）三月，颁布了著名的“永不加赋”诏书：“嗣后编审增益人丁，只将滋生实数奏闻。其征收办粮，但据五十年丁册，定为常额，续生人丁，永不加赋。”LY042 康熙五十三年（1714年）诏：“准胡纳胡河等处抽分监督，拣选盛京各部才能官员，开列职名启奏，一年更换。”② LY043 康熙五十五年（1716年）又重申：“新增人丁，钦奉皇恩，永不加赋。今以新增人丁补足旧缺额数……其余人丁规人滋生册内造报。”LY044 两年后，又采纳浙江巡抚朱轼建议：“将烟户内已成丁者尽行查出，送人滋生册内。”LY045 这样“滋生人丁”就包括了所有在册人丁。

清世宗雍正元年（1723年），下令“呼讷赫河木税，设旗官协领一员，会奉天府治中征收，每十五抽一，备盛京工部之用。”② LY046 雍正二年（1724年），“准直隶巡抚李维钧请，将丁银随地起征。自后丁徭与地赋合而为一，民纳地丁之外，别无徭役矣。”LY047 这一时期还推行“火耗归公”的政策，有效控制了地方官吏横征暴敛现象。“摊丁入亩，永不加赋”，大大缓解了赋役不均的矛盾，减轻了无地少地农民的负担。同时徭役摊入田地，将生活境况最为悲惨的广大贫雇农从封建人身依附关系的束缚中解放出来，“富户坐困于输丁，而一切游手末作者，皆相率而为化外之民，虽或逃丁以鬻贩邀厚利，而官曾莫得敛而役焉”，极大地调动了他们的生产积极性。雍正五年（1727年），“设永吉州，交知州管理尽收尽解。每年征收……木税银三百二十余两不等。”④ LY048 还诏令：“宿迁关税务，归并淮关监

① （清）钦定大清会典事例［M］. 北京：中华书局，1991.

② （清）史宜直. 钦定工部则例［M］. 北京：北京图书馆出版社，1997.

③ 清圣祖实录·清实录（影印本）［M］. 北京：中华书局，1985.

④ 清世宗实录·清实录（影印本）［M］. 北京：中华书局，1985.

督征收。”① LY049 雍正六年（1728 年）为了加强东北的林业管理，下诏规定盛京工部负责管理东北、长白山地区的森林资源和林产品利用，包括发放准许采伐林木的官票，并负责征收各类林产品赋税。LY050 雍正十年（1732 年）二月诏令，准太原府知府刘崇元奏请，在山西交城县设立武元城税关。LY051

清高宗乾隆七年（1742 年）诏令：“山头地角止宜种树者听垦，免其升科”LY052，实施山林开禁政策，引导百姓向人烟稀少的山区移居，并在赋税上给予优惠或免税，有效缓解了人口密集城镇的压力，但对森林资源是极大的破坏。大量原始森林被人为毁坏，辟为农田。乾隆十四年（1749 年）规定：“打牲乌拉每年额交人参三千两……令每人暂交人参七两五钱。”② LY053 乾隆二十八年（1763 年）谕：“存武元城税口，在故交村增设税口。”② LY054 乾隆三十一年（1766 年）诏令：“潘桃口和六小口木税，归通永道辖管，征收报解。”③ LY055 乾隆三十五年（1770 年）议准，三姓地方征收木税。④ LY056 乾隆皇帝对人口增加对森林资源在内的各种资源带来的影响十分担忧，乾隆四十年（1775）谕军机大臣等：“朕查上年各省奏报民数，较之康熙年间，计增十余倍。承平日久，生齿日繁，盖藏自不能如前充裕。且庐舍所占田土，以不啻倍蓰。生之者寡，食之者众，朕深忧之。有幸朕临御以来，辟土开疆，幅员日廓，小民皆得开垦边外地土，藉以暂谋衣食。然为之计及久远，非野无旷土，家有赢粮，未易享升平之福。”LY057 此谕令之后，遂广为实行山林开禁政策。

清仁宗嘉庆二十三年（1818 年）诏令，实行“伐木山场”制度。⑤ LY058 在辽东设置伐木山场，赋税制度为“采木山场二十有二，兴京之界其场九，开原之界其场三，凤凰城之界其场六，岫岩之界其场二，辽阳之界其场二。若商、若台丁，皆与以部照而征其税。”LY059 嘉庆时期山林开禁政策持续，大量棚民继续涌入原本人烟稀少的林区，据《续兴安府志》称此时的山区已是“深山邃谷，到处有人，寸地皆耕”，“广黔楚川陕之无业者侨寓其中，以数百万计”，粗犷的耕作方式和掠夺式的经营使大面积山林土质恶化，造成水土流失等自然灾害逐年增多。

清代林业赋税政策分两种征收方法：一种是各省上缴中央政府的林产品贡赋；另一种是各地税关征收的木税。康熙五十一年（1712 年）宣布，以康熙五十年的丁银额为准，此后无论人口如何增加，不再多征丁银，这叫作“盛世滋丁，永不加赋。”⑤ LY060 康熙五十五年（1716 年）又在广东试行“摊丁入亩”的办法 LY061，雍正二年（1724 年）在全国推广实行“摊丁入亩”的办法。⑤ LY062 这个制度改变了以前按人头征税的方式，实行摊入地亩方式，把原来的税额改作田亩税来征收。

---

① 清世宗实录·清实录（影印本）[M]. 北京：中华书局，1985.
② 清高宗实录·清实录（影印本）[M]. 北京：中华书局，1985.
③（清）史宜直. 钦定工部则例 [M]. 北京：北京图书馆出版社，1997.
④（清）长顺修，李桂林. 吉林通志 [M]. 长春：吉林文史出版社，1986.
⑤ 清仁宗实录·清实录（影印本）[M]. 北京：中华书局，1985.

第一种指各省上缴中央政府的林产品贡赋，有明确的品种和数量规定。雍正十二年（1734年）奏准，遵义等县山场小税，著照黔省通例一并豁免。至于所贡林产物，各省额办户部物产：直隶解榛、栗、黄连木；江苏、安徽、浙江，均额解桐油；江西额解桐油、五倍子、台连纸；福建额解扛连纸；湖北、湖南均额解白蜡；山西额解毛头纸、呈文纸；广东额解降香、紫榆、花梨木、白蜡。又各省额办工部物产：江苏每年额解桅木、杉木、架木、桐皮槁；湖南每年额解桅木、杉木、架木、桐皮槁。① LY063 这部分贡赋的征收由工部的营缮清吏司负责，根据工程计划下达任务指标，责令各省地方政府完成，并交皇木场验收。“营缮清吏司，掌营建之事，凡木税苇税皆核焉。”② LY064 “各省解到木植，由部委员会同皇木厂监督验收，皆辨其等而定直。”② LY065 清代的皇木厂位置在通州，木仓位置在大清门内，以上两个机构负责各省上交的木材的验收和存储。“皇木厂，掌收木材。凡解木，各以其额。入厂、出厂皆稽之，桅木之抵者准以限。帮木亦如之。”② LY066 各省按照定额运解木植到京后，由该督抚委员照数采办，逐一测量验收，将根件丈尺，于批内分别注明，放置到木厂，赴部投批，由部派员丈量记印斧号，会同监督照数收储。等到部委的运木官员来到木厂后，将木植点验然后交运到木仓存放。第二种指清代沿明制，各地设税关征收木植税。于各省交界及崇山峻岭多设木厂、纸厂、竹厂、耳厂（生产木耳的林场）等，或官营，或私营，这些厂纳税统由各省税关管辖。据《清史稿·食货志》记载有设木税之关，顺治十六年（1659年）诏令调整潘桃等林区税关的位置，“移潘桃口于永平，移古北口于密云，并设关征木植税，十分取二。”③顺治十八年（1661年）各关木植税都征十分之一。康熙三十八年（1699年）“设河宝营，差满官督收大青山木税。”③康熙四十一年（1702年）“大青山木税归并杀虎口兼辖。”③康熙四十六年（1707年）“设渝关于重庆，归川东道征收木税。”③这部分林业税的征收也由工部总负责，但分别隶属多个部门。营缮清吏司负责一部分木税征收。“营缮清吏司，掌营建之事，凡木税苇税皆核焉。”② LY067 “凡木税，各定其额，与其赢余，越岁则报解。”② LY068 其中征税的计算方法也不同，其中工关之隶于司者，有直隶通永道六小口税，多伦诺尔厅大河口税，山东临清州砖版插税，山西杀虎口税，交城县武元城税，湖南辰州府辰关税，四川夔州府渝关税，以上七个税关，有六个税关征收木税。只有砖版插这个税关征收船料木税，通永道六小口、大河口、杀虎口三个税关征税方法是按照木材长径的尺寸，核以部定之价，折征十分之一。武元城、辰关两个税关征税方法是按照部价折征百分之三。渝关的征税方法是按照核估木价折征百分之三。船料征税方法是按照梁头尺寸征收。另外，各关岁额也不一样，直隶通永道六小口税1115两有奇。山东临清关4572两有奇，山西杀虎口7200两，武元城

① 陈嵘. 中国森林史料［M］. 北京：中国林业出版社，1982.

②（清）钦定大清会典事例［M］. 北京：中华书局，1991.

③（清）赵尔巽. 清史稿·食货志［M］. 北京：中华书局，1976.

1231两有奇，湖南辰关12 500两，四川渝关5000两，各个征税的机关赢余税额也不同，临清关3800两，辰关3800两，其余各处全部尽收尽解没有定额。① LY069 这表明，各地税率不一，有的征十分之一，有的征百分之三，而且有时蠲免。史料载："雍正十二年（1734年），遵义等县山场小税，著照黔省通例一并豁免。" ① LY070 都水清吏司也管一部分："都水清吏司掌天下河渠关梁川涂之政令，凡坛庙殿廷之供具皆掌焉。" ① LY071 "凡木税船税货税，各定其额，与其赢余，盛京木税十五而取一焉。" ① LY072 各个税关隶属于司，江苏宿迁的税关，征收竹木、船契、船钞捆包桶篓捆束等物品的关税，分税关是徐关，负责征收货物箱篓包件等物品的关税。安徽的芜关，负责征收竹木、船料、商货、蓝篓箱桶、米麦柴炭等物品的关税，分税关是清弋、新庄、裕溪、泥汊，负责征收竹木和包捆方面的税。湖北的荆关负责征收竹木和盆桶等物品的关税，分税关是田关，征税如之。另外，吉林宁古塔、辉发、穆钦等处的税关，也有征收木税的职能。

东北三省的木税由盛京工部侍郎掌管："盛京工部侍郎，掌盛京营作之政令，稽其采伐，制其经费。" ① LY0073 "左司郎中，掌分理营作之事，治其木税……凡采木山场二十有二，兴京之界其场九，开原之界其场三，凤凰城之界其场六，岫岩之界其场二，辽阳之界其场二。若商若台丁，皆与以部照而征其税。" ① LY074 可见征收木植实物税率为十五分之一，也有折银征收的。采木山场共有二十二个，其中只有兴京的梨树沟、小夹河那尔牛、开原的英额河、腊子大石头四个木场，是由台丁负责管理，其他的全部是由商人来管理的。将军衙门发给申请承领木场的商人砍木照票，类似于现在的承包方式，商人能够领到十八张票，台丁能够领到四张票。所运木植，每十五根抽分一根。浑河口每年能够征收到税银788两有奇，抽分充公木植11 800件有奇。辽阳税口每年能够征到税银1063两有奇，抽分充公木植4270件有奇。凤凰城税口每年可以征收到税银73两有奇，抽分充公木植160件有奇……每年完成课税任务后，限该商人、台丁于本年九月内将旧照缴回，另行换给新票，仍收旧票。年终汇咨京师工部存查。

明清时期兴造都城、宫室，大规模皇木采办对仅存的森林资源进行了又一次剧烈采伐。《明史·食货志》载："明初工役之繁，自营建两京宗庙、宫殿、阙门、王邸。采木、陶甓、工匠造作，以万万计。" ② LY075 明成祖统治期间，取材主要在京西地区、山西太行山林区，据《明成祖实录》记载："成祖重修三殿，有巨木出卢沟。" ③ LY076 明成祖永乐四年（1406年）派遣多员高级官吏赴各地采办木材，"遣尚书宋礼如四川，侍郎古朴如江西，师逵、金纯如湖广，副都御史刘观如浙江，佥都御史史仲成如山西。" LY077 宣德元年（1426年）修建南京天地山川坛殿宇，再

① （清）钦定大清会典事例［M］. 北京：中华书局，1991.

② （清）张廷玉. 明史·食货志［M］. 北京：中华书局，1974.

③ （明）明成祖实录·明实录［M］. 台北：台湾"中央"研究院历史语言研究所，1962.

次派遣官吏赴各地办木，“命侍郎黄宗载、吴廷用采木湖广。”① LY078 正德元年（1506年）再颁采木诏令：“采木湖广、川贵，命侍郎刘丙督运。”② LY079 嘉靖二十年（1541年）重建宗庙，“遣工部侍郎潘鉴、副都御史戴金于湖广、四川采办大木。”③ LY080 嘉靖二十六年（1547年）诏令：“遣工部侍郎刘伯跃采木于川、湖、贵州。”③ LY081 万历元年（1573年）兴修宫殿：“遣使采大木于湖广、四川、贵州。”④ LY082 明代历朝接连派遣官吏大规模采伐林木，无法计数的树木在这一时期被砍伐利用。清代承明代宫室修建之继，宫室、殿堂修建仍是林木利用的主要形式之一。康熙二十一年（1682年）派遣官吏赴各地采木：“凡楚、蜀、闽、粤，产木之地，皆差部员往采。”⑤ LY083 据《清高宗实录》载，乾隆朝关于皇木采办的诏令多达十四道，分别是乾隆十年（1745年）二月广东巡抚策楞为采办楠木足额并起运事奏折，乾隆准奏；LY084 乾隆十三年（1748年）六月四川巡抚纪山为复川省采办楠木情形事奏折，乾隆准奏；LY085 乾隆十三年（1748年）六月甘肃巡抚黄廷桂为川省已采力、及未获之楠木数目事奏折，乾隆准奏；LY086 乾隆十三年（1748年）六月两广总督策楞为复运送楠木并无弊端事奏折，乾隆准奏；LY087 乾隆十三年（1748年）六月广东巡抚岳濬为复核办楠木事奏折，乾隆准奏；LY088 乾隆十四年（1749年）七月四川总督策楞为川省第六运楠木办竣起程事奏折，乾隆准奏；LY089 乾隆十四年（1749年）九月四川总督策楞为办理第六运楠木尾帮入游事奏折，乾隆准奏；LY090 乾隆十四年（1749年）十一月四川总督策楞为第六运楠木全数交员领运北上事奏折，乾隆准奏；LY091 乾隆十五年（1750年）八月广东巡抚苏昌为复办理钦工楠木冒销银两事奏折，乾隆准奏；LY092 乾隆十六年（1751年）闰五月陕甘总督尹继善为采获钦工巨楠并运送事奏折，乾隆准奏；LY093 乾隆十六年（1751年）闰五月湖南巡抚杨锡绂为遵旨办理解运楠木营私属员韩宗蕃事奏折，乾隆准奏；LY094 乾隆三十二年（1767年）四月四川总督阿尔泰为于川省叙府雷波采获楠木运抵金沙江口事奏折，乾隆准奏；LY095 乾隆三十五年（1770年）四月四川总督阿尔泰为于雷波采获楠木并运京交收事奏折，乾隆准奏；LY096 乾隆三十六年（1771年）六月大学士阿尔泰为川滇山中采办巨楠六十株运京事奏折，乾隆准奏。⑥ LY097 嘉庆四年（1799年）正式恢复陕西终南山地区森林采伐，终南山自宋末至乾隆年间封禁了五百余年，天然林茂密，嘉庆诏令：“朕意莫若将山内老林量加砍伐，其地亩既可拨给流民，自行垦种，而所伐材木，即可做为建盖庐舍之用……松筠台布务需实心经理，妥协筹办。”LY098 诏令下达后，终南山林木采伐正式开始，百年老林逐渐殆尽。嘉庆

①（明）明宣宗实录·明实录［M］. 台北：台湾“中央”研究院历史语言研究所，1962.
②（明）明武宗实录·明实录［M］. 台北：台湾“中央”研究院历史语言研究所，1962.
③（明）明世宗实录·明实录［M］. 台北：台湾“中央”研究院历史语言研究所，1962.
④（明）明神宗实录·明实录［M］. 台北：台湾“中央”研究院历史语言研究所，1962.
⑤（清）赵尔巽. 清史稿·食货志［M］. 北京：中华书局，1976.
⑥ 清高宗实录·清实录（影印本）［M］. 北京：中华书局，1985.

八年（1803 年）八月四川提督勒保为于云南永善县采获楠木并运送事奏折，嘉庆准奏。[①] LY099 清宣宗道光二年（1822 年）五月四川总督蒋攸銛为暂留闻讣丁忧之知县经理采运楠木事奏折，道光准奏；LY100 道光三年（1823 年）六月四川总督陈若霖为奉文行取楠木等已全数采获事奏折，道光准奏；LY101 道光三年（1823 年）六月下达著直隶筹款借给办理木植运员并责成各州县护送照料事上谕：“蒋攸銛奏，办运木植委员经由直隶借给运费一折，江苏省办运昌陵碑楼工木八百余根。”[②] LY102

四、林业政策的影响

（1）封禁保护和开荒毁坏政策并存

明代和清初期人口因素还没有对森林资源造成太大压力，至清代初期东北大部仍实行禁伐森林、禁采矿产、禁渔猎、禁农牧的“四禁”政策，还在边界设置了边门，每门派驻官兵把守。由于东北地区采取了封禁政策，加上皇帝不时亲自东巡，或派遣王公大臣前往祭祀发祥地，在客观上对保护东北大片森林起到积极作用。东北森林在一个较长时期内保持原始状态，清初的“四禁”政策是一个重要原因。但是，随着明清人口的快速增长，资源需要量急剧增加，统治阶层同时实行了与“四禁”完全相反的屯田（或屯垦）政策，针对林业来说则是一项毁林政策，即变林地为农地。屯田毁林政策的实行，一方面扩大了耕地面积，提高了粮食产量，应付了人口增长的压力，使中国传统农林业到明清时期达到其发展的巅峰。的确，由于大幅度的深入垦辟，减缓了人口与土地的矛盾，同时山区吸纳了大量流民，在一定时间内缓和了社会危机，促进了内陆和西南地区的经济开发，起到平抑粮价赈济灾荒的作用。但另一方面，从反面说，盲目的围垦虽然带来了近期的粮食增收，但却付出了灾害加重、旱涝无常等影响深远的代价。物极必反，传统农林业发展的巅峰，屯垦的极限，同时就意味着森林生态大破坏的高峰，破坏大自然的高峰，接踵而至的便是一连串的生态灾难和大自然的报复，生态灾难又引发社会灾难。

（2）林产品贸易发达

明清时期随着木材需求量的逐渐增多，以木材买卖为代表的林产品贸易迅速发展壮大。在大的林区或林产品集散地形成了多个规模宏大的木材贸易市场，木材经营范围不仅涉及国内，甚至远销海外。明代中期木材业已相当兴隆，“福建延汀邵建四府出产杉木。其地木商，将木沿溪放至洪塘、南台、宁波等处发卖。外载杉木，内装丝棉，驾海出洋。每赁光化大海船一只，价至八十余两，其取利不赀。”[③]又如，明人李默著的《群玉楼稿》记载了“（建安）高阳之产杉木也，比于楚材。岁中所

① 清仁宗实录·清实录（影印本）[M]. 北京：中华书局，1985.
② 清宣宗实录·清实录（影印本）[M]. 北京：中华书局，1985.
③（清）计六奇. 明季北略 [M]. 北京：中华书局，1984.

伐，以亿万计。”可见当时木材贸易之兴旺。同治《宁洋县志》：“宁邑所产之木无甚奇材，独杉为营造常需。康熙年间，近地采买已尽，商人复从永安辖界贩运。”乾隆年间，福建木材业更加繁荣。木材与竹笋、茶叶并称当时福建三大贸易项目。杉木尤其出自建宁府所辖各县。这一时期原来活跃于福建的徽州木商逐渐没落，更多地来自江浙、潮州和本省的木商掌控了全国的木材贸易，其中规模最大、资本最雄厚的多为江浙商人。江浙地区是福建木材的主要销售场所，称“（浙江）材木之用，半取给于闽。每岁乡人（江浙木商）以海船载木出（福州）五虎门，由海道转运，遍于两浙。”除民间木材贸易外，政府造船需大量采购木材。清前期福建省有官府造船厂四处，分别在福州、漳州、泉州和台湾。木材皆采自福建林区。《闽政领要》记载，至乾隆中期，“缘各处采办木料，历年久远，凡近水次山场大料采伐殆尽。近年来购办甚艰，每桅一根需价四、五百金，承办各道不能赔垫。”可见明清时期巨大的木材需求，催生了福州等多个规模庞大的木材贸易市场，也造就了清代发达的木材商业贸易。

（3）护林碑大量出现

明清时期大量出现以竖立护林碑的形式保护森林资源，护林碑是地方政府或民间组织护林、管林的一种特殊形式。官方竖立护林碑是实施森林管理职能的一种新形式，是在护林意识深入、风水意识盛行和毁林严重等因素下产生的具有地域特色的管理形式。总的来看，从明清前期出现大量护林碑刻的史实分析，一方面，这显示出群众对保护森林和生态环境意识的觉醒和提高，对山林所具有的经济和生态效益的普遍认同。另一方面，也说明由于人口、经济等压力，对山林的破坏，以及由此所引发的生态环境问题已相当严重，甚至有些地区已达到山林“日见濯濯、洪旱相加、贫寒日甚”的悲惨程度。民众通过“护林碑”的形式来保护山林，其实质是一种乡规民约。这种乡规民约，在一定程度上起到地方性法规的作用，对制止滥伐森林、保护野生动植物起到积极作用。

（4）赋税成为林产品利用的主要内容

明清时期林业管理日趋严格，在各个林区陆续设立了大量税关和抽分厂，政府对林业的管理职能逐步集中到了林产品赋税征管。这一时期的税率政策进一步健全，针对不同地区、不同林产品，制定了相应的税率。森林赋税逐步成为政府财政收入的主要来源。林业赋税主要分为两种，一种是由营缮清吏司负责的中央林产品赋税征收和管理，各省按照制定的税额按期交纳；另一种是由各地税关或抽分厂负责的赋税。关于征收的税额的使用，主要由政府统一支配，没有见到拨付用于林业建设经费的记载，也没有任何关于反哺林业的各类拨款。

（5）严重破坏森林资源的皇木采办

明清两朝定都北京后，大兴土木建筑工程，拔地而起的宏伟建筑大量使用着林木，使本已稀少的森林资源趋于枯竭。旷日持久的皇木采办耗费了大量的人力物力，进一步加重了明清两朝入不敷出的财政窘境，使民间百姓的劳役和赋税持续增加，社会矛盾日益激化。明清两朝的皇木采办数量之大是空前的，当时的湖广地区、川陕地区的楠木、杉木等大木资源也受到了致命的摧残，森林面积迅速减少，严重破坏了生态环境。

第三节　林业管理

明清是中国封建社会的最后阶段，随着政治、经济和科技水平的不断发展，森林与人类社会的联系越来越紧密，政府对林业的管理也逐步加强和全面。六部为主的重要政府部门承担着林业管理诸多职能。

一、林木保护机构

虞衡司

明代虞部初设置于洪武二十六年，二十九年改为虞衡司。虞衡司设有郎中、员外郎、主事等职，“虞衡司郎中一员，员外郎二员，内一员管街道沟渠。”关于其职能，“掌天下虞衡山泽之事，而辨其时禁。”①这一时期虞部主管事务不仅是林务，还包括鸟兽捕猎、军器制造等，《古今图书集成》载：“虞衡掌山林采捕，厉禁陶冶之事，凡采捕禽兽肉及革骨羽毛，岁下诸司采捕。以供祭祀宾客之膳羞……凡畋猎以时冬春之交，罝罛不施川泽，春夏毒药不施原野。”②“若害兽，听为陷井获之，赏有差。”②凡诸陵山麓，不得入斧斤，凡是帝王、名山、岳镇、陵墓、祠庙等地，禁止砍伐树木和放牧。①

清代仍在工部属下置虞衡司，负责山泽采捕、陶冶器用。虞衡司设置为：“虞衡清吏司郎中满洲四人，汉一人。员外郎宗室一人，满洲四人，汉一人。主事满洲三人，汉一人。”③管理官员设置清楚，层级明确，主要负责规划、监督之责。劝课农桑之具体施行，下放到地方官员。

二、林木培育机构

（1）工部

工部属于综合管理机构，依据其在本时期涉林职能和下属机构的职能涉及培育较多，所以将工部列入林木培育机构类。工部掌天下造作之政令，与其经费。凡是土木建造、器物制作、堤坝修筑等事务都归工部。大事上之，小事则行，以饬邦事。③工部设尚书，左右侍郎。下属营缮、虞衡、都水、屯田四清吏司。尚书掌管天下百官，发布山泽政令。“掌工虞器用，辨物庀材，以饬邦事。”③明代除四司外还辖大小衙门十个，其中与木材利用有关者有营缮所，抽分竹木局，柴炭司

① （清）张廷玉．明史·职官志［M］．北京：中华书局，1974.
② （清）陈梦雷．古今图书集成［M］．北京：中华书局，1985.
③ （清）赵尔巽．清史稿·职官志［M］．北京：中华书局，1976.

三者。而营缮所原为将作监，初改为将作司，再改为营缮所。清代工部辖营缮、虞衡、都水、屯田四清吏司，包括节慎库、制造库、料估所、琉璃窑、木仓、皇木厂、管理街道所等机构，与林业关系密切。“工部，掌天下造作之政令，与其经费。以赞上奠万民。凡土木兴建之制，器物利用之式，渠堰疏障之法，陵寝供仪之典，百司以达于部，尚书侍郎率其属以定议。大事上之，小事则行，以饬邦事。”[①]意思是工部管理土木建筑、器具制造、水利工程、陵寝管理等。

（2）屯田司

屯田司属工部下级机构，职能是“掌屯种、坟墓、抽分、薪炭、夫役之事。”[②]凡抽分征诸商、视其财物各有差。凡薪炭，南取洲汀，北取山麓，或征诸民，有本、折色、酌其多寡而撙节之。夫役伐薪、转薪、皆雇役等而其差。[②]《清史稿·职官志》载：“掌修陵寝大工，辨王、公、百官坟茔制度。”[③]薪炭管理和供应等事务成为屯田司主要职能，“屯田重农事也，制诚善矣，其后也，徒有其名耳，而其司仅掌上供关监局柴炭与山陵之事，分司为台基柴炭厂。”[③]“掌陵寝修缮之事，凡供薪炭皆核焉，掌本衙门汉官之升补，治其匠役，申其禁令。”[③]在陵寝外围墙外，每里设置红桩为界，禁止采樵耕种，距离红桩四十步或二十步以外设置白桩，距白桩十里外设置青桩，木桩上悬示的禁牌明令军民人等不准在桩内取土、取石、设窑，以及采伐林木，违者按律处罚。“凡岁修，则敬供其事，种仪树杂树亦如之。”[③]具体管理办法是陵寝仪树，要求限三年保活，限期内如果有损毁，要求树户及时补种。凡是树株稀疏之处，要求树户每年补种十株，如果树株已经稠密，不用补种。期限以外毁损的，也需要补栽，另外制定成活期限。凡是毁损的树株，东陵的由马兰镇总兵负责管理，西陵的由泰宁镇总兵负责管理，其中不能再用的，交给内务府作为祭祀用柴草。仪树外围需要新种植树木的，所需费用由广恩库发商生息的库银。

（3）上林苑监

明代于永乐五年（1407年）设置上林苑监，负责保护和管理苑内林木。据《明史·职官志》载：“上林苑监，左、右监正各一人。左、右监丞各一人。其属典簿廳典簿一人。良牧、蕃育、林衡、嘉蔬四署，各设置典署一人，署丞一人，录事一人。监正掌苑囿园池、牧畜、种树之事。”[②]由此可见，明代上林苑监属于组织生产机构，是为皇帝服务的。清初承明代，入关初设上林苑监，管理皇家园林。《大清会典》载：“顺治元年置上林苑监，正七品，衙门设监丞一员，其属有四署：曰蕃育、曰良牧、曰林衡、曰嘉蔬，各设署丞一员。”[④]其中的林衡署，就是主管全国林业的行政机构，负责发放木票、征收木税。后分工更细：奉宸苑设兼管大臣，管理天坛、南苑、三海等皇家苑囿；圆明园、畅春园、颐和园、静明园、静

---

①（清）钦定大清会典事例［M］．北京：中华书局，1991．

②（清）张廷玉．明史·职官志［M］．北京：中华书局，1974．

③（清）赵尔巽．清史稿·职官志［M］．北京：中华书局，1976．

④ 陈嵘．中国森林史料［M］．北京：中国林业出版社，1982．

宜园等，设总管事务大臣，其他行宫如热河、盘山、汤泉、西陵皆设总管。嘉蔬署负责瓜菜种植事务。顺治二年撤销嘉蔬署，顺治十五年以林衡署归并良牧署，后来陆续废除原有制度，取消上林苑监一职。清代撤销上林苑机构并非是不再开展园林服务，而是将上林苑所承担职能转移至其他机构。例如，明代上林苑负责供应光禄寺、太常寺所需物资，在清代改为钱银，由大官、珍馐、良酝、掌醢四署负责，其中大官署负责徵菜地赋额致诸库，掌醢署负责徵果园赋额致诸库，以上为国家苑囿管理机构。而针对皇家园林，由内务府全权负责。

（4）司农司

明洪武三年（1370 年）五月，设司农司，建制是卿一员，少卿二员，丞四员，主簿二员，录事二员。[①]职能承袭前代，仍负责劝导农桑事务。

（5）果木管属官

明英宗正统元年定远近果木管属官，《明会典》载：上林苑监凡大兴，宛平二县附近果园正统元年令听本监管属。远者，并府州县果木俱令有司自行管属，果品听其自进。[①]属于林产品管理机构，掌管林果业市场、销售、运输等经营事务，类似于当今商业管理机构。

（6）地方林业管理机构

清代，各级地方政府的省、府、州、县的长官，也承担其辖区内与林业有关的所有政务，结合地方官员的权限，大多是种植林木业绩突出，所以在此列入林木培育机构类。知县或县令当为最基层的地方长官，林业事务也是其职能之一。在林业上建树比较有名的，要数乾隆年间直隶省无极县知县黄可润。据记载，黄可润任职初期，见到当地“四十里皆平沙，民生憔悴”。他认识到沙尘随风扬起，种树可以阻止刮风。于是他劝当地民众植树造林，改造沙丘。他总结民间经验，不仅总结先进植树方法，还针对植树过程中存在的问题，立定章程并公开宣传，使家喻户晓，并且严格执行。所以在他有限的任职期内，取得显著效果，大树已成林，小树也茂盛，通计四十余村，绵亘四十余里。使从前寸草不生的沙地，变成青葱一片，还在树间播种粮食，使当地民生逐渐富庶。由于他植树富民政绩卓著，深得百姓拥戴，当他卸任无极县令时，当地出现百姓万人相送的场景，后人还把这一带树林称为“黄公树”。黄可润所立章程如下：一是凡有主之地，令本人自行栽种，限期栽满，过期不种者，任他民分种，并为种树人所有，原主不得干涉；二是各村无主之地，由官府按家资大小、劳力多少进行分配，上户可以种植三十亩，中户种植二十亩，下户种植十亩，直到将全部沙地栽满为止；三是树长大成材后，树和地都归种树人所有，官府发给凭据，永远不用纳税；四是设立督查制度，每个村推选一名百姓认可的人做练长，练长负责督查制度执行情况，如果发现有违犯者必严惩。当时的做法取得很好的成效，对今天地方林业管理也有

① （清）张廷玉. 明史·职官志［M］. 北京：中华书局，1974.

一定的借鉴意义。

三、林木利用机构

（1）户部

户部属于综合管理机构，依据其在本时期涉林职能和下属机构的职能涉及利用较多，所以将户部列入林木利用机构类。明代户部“掌天下户口、田赋之政令”①，管理田土侵占、投献、诡寄、影射等事务，以山泽、陂池、关市、坑冶之政佐邦国。清代户部“掌军国之计，各分省民赋、钞关和杂税，以足邦用。”②掌管全国田亩、疆土、财务和户役等政令。设尚书，左右侍郎。下属十三个清吏司，各司设郎中、员外郎等官职，分管各省林业等事务。

（2）内务府

清代设专为服务皇室的内务府，职掌皇家苑囿的营造与管理，下辖十三个衙门。其下设的广储司是财政总管机构，负责皇族的衣食住行，主管银、磁、缎、皮、茶、衣库，验收各地庄园的地租钱粮。会稽、都虞、营造、庆丰四司直接管理耕地、动物、草场等资源，会稽司“掌本府出纳，凡果园地亩、户口徭役，岁终会覈以闻。”②都虞司“供应畋渔之禁令”。③营造司“掌本府缮修”②，负责宫中的屋宇修缮，薪炭供应，其“所属有六库，三作，曰木库司物材，曰铁库司铸造铁器，曰器皿库司藤竹木器，曰柴库司薪柴，曰炭库司煤炭石灰，早房库司凉棚、席蓬、絣麻。曰铁作司打造铁器，曰花爆作司造烟火花爆，曰油漆作司绘垩。”④庆丰司“掌牛羊群牧，嘉荐牺牲”。②内务府还设奉宸苑兼管大臣，“卿掌苑囿禁令，以时修葺备临幸，郎中以下各官掌分理苑囿河道。”②管理景山、瀛台、长河玉、泉山、稻田厂、南苑、圆明园、畅春园、清漪园等处事务。③此外，内务府负责供应皇室所需的木材和薪炭。其下属“木库，掌供木材……薪库，掌供内廷之薪。”⑤皇室冬季取暖使用的薪炭或燃煤，全部由木库负责，所需银两由薪库拨付。

（3）营缮司（所）

明代营缮所沿袭前代的将作监，为工部下属机构。初期称为将作司，后来改为营缮所，明孝宗弘治四年，拨定抽分局管理官。“所正一人，正七品，所副二人，正八品，所丞二人，正九品……典经营兴作之事。凡宫殿，陵寝，城郭，壇场，祠庙，营房，廨署，仓库，王府邸第之役，鸠工会材……以蓄材木的神木厂，大木厂，以贮薪苇的台基厂，均以时程督察，各以其职治理。”⑥

---

①（清）张廷玉. 明史·职官志［M］. 北京：中华书局，1974.

②（清）赵尔巽. 清史稿·职官志［M］. 北京：中华书局，1976.

③（清）清通典·职官志［M］. 北京：北京图书馆出版社，2004.

④（清）黄本骥·历代职官表［M］. 上海：上海古籍出版社，2005

⑤（清）钦定大清会典事例［M］. 北京：中华书局，1991.

⑥（清）张廷玉. 明史·职官志［M］. 北京：中华书局，1974.

清代营缮司大体沿袭了明代营缮所的基本职能，仍负责采购木材的验收、林产品税赋征收等事务，“营缮清吏司，掌营建之事，凡木税苇税皆核焉。”[①] 意思是负责政府的壇、庙、宫、府、城、垣等修缮工作，主要有：一是验收木材，“凡致物材，曰陶、曰木。皆辨其等而定直。”二是收取林产品税，主要由其辖属的各地税关负责执行。“凡木税，各定其额，与其赢余，越岁则报解。”[①] 清营缮清吏司于顺治十五年裁撤所正和所副，设所丞二员，专管砖厂，不管营缮。京城附件设置了两个存储木材的仓库，一个称为皇木厂，位置在通州；另一个称为木仓，位置在大清门内。各地运送来的大量木材，经验收合格后，全部运往以上两个仓库存放。

（4）抽分竹木局

明代承宋制，设置抽分竹木局，不论职责、规模都更加规范和明确。《明会典》载：“洪武二十六年定凡龙江，大胜港，均设立抽分竹木局。”[②]明代竹木局设置多次变化，英宗正统元年设真定抽分竹木局，为工部下属单位。《续文献通考》载：英宗正统元年设真定抽分竹木局，令真定府税课司带管。凡木植抽三十分之四编号印记从滹沱河运至通州抽分竹木局交收，其后知府委通判一员，督税课司官抽分，每年终内官监差人印烙起解。[③] 孝宗于弘治四年再次设置竹木局，据《明会典》载：弘治四年奏准庞村、北新安、磨石口三厂于芦沟分局官二员内每季轮差一员管理。当时在广积、通积、卢沟桥、通州、白河等地都设有抽分竹木局，各局设大使一人，副使一人，负责竹木薪炭的检查课税事宜。据《古今图书集成》载：“洪武二十六年，定凡宫殿门舍墙垣如奉旨承造及修理者，必先委官督匠度量材料，然后兴工……支拨其合用竹木，隶属抽分竹木局。”[④] 因竹木局为政府税收主要部门，常委任朝廷大员监督，据记载“今在京抽分竹木局五处，仍令原设官攒照例抽分，每委差御史一员与主事往来巡视提督，凡通州等五处抽分竹木局每处止差御史一员。”[⑤]

（5）柴炭司

明代设置柴炭司，置大使一人，副使一人，负责“提督易州山厂，掌督御用薪炭之事。”[②] 清代因之，主要服务皇室木炭，归内务府管辖。

（6）都水清吏司

明代主要职能是负责川泽、陂池、桥道、舟车、织造、券契等事务。清代的职能主要是“都水清吏司，掌天下河渠关梁川涂之政令，凡坛庙殿廷之供具皆掌焉。”[⑤]还具有“凡岁料，为木、为石……，凡木税船税货税，各定其额，与其赢余，盛京木税十五而取一焉。”[①]从以上记载可知，川泽、陂池、桥道和舟车制造

① （清）钦定大清会典事例［M］. 北京：中华书局，1991.
② （清）张廷玉. 明史·职官志［M］. 北京：中华书局，1974.
③ （明）王圻. 续文献通考·职官考［M］. 上海：上海古籍出版社，1988.
④ （清）陈梦雷. 古今图书集成［M］. 北京：中华书局，1985.
⑤ 陈嵘. 历代森林史略及民国林政史料［M］. 南京：中华农学会，1934.

及河渠航运、道路关塜等事务皆属都水清吏司掌管，也包括了林产品运输、征收相关赋税等。

（7）盛京工部

负责东三省的林业。“盛京工部侍郎，掌盛京营作之政令，稽其采伐，制其经费。”[①]“凡陵土采石畚土燔灰皆有定所，树桩以为界而申其禁。”[①]“左司郎中，掌分理营作之事，治其木税……凡采木山场二十有二，兴京之界其场九，开原之界其场三，凤凰城之界其场六，岫岩之界其场二，辽阳之界其场二。若商若台丁，皆与以部照而征其税。”[①]

（8）木厂（木仓）

明代在产材地设置木厂从事木材管理机构。木厂设置木道一员，督木同知一员，总领木厂采木事宜。《明会典》载：“崇文门外有神木场，旧额发虎贲等十七京卫，通州等二十五外卫军余一千，在厂工办，逃散佥補后，止存八百二十一名，内上工二百名，杂木管事四十一名，大木厂借工一百二十名，其余皆办椿木，每名月办二根，以备苫盖。朝阳门外有大木厂与神木厂相同，又凡各省采到木植，俱于二厂堆放。永乐中营造北京宫殿，遣工部侍郎刘伯耀采木于川，滇，湖，广。又遣官核诸路遗留大木。”[②]

清代皇木厂有两个，一个在通州，另一个在大清门内，并配备监督一人。“各遣笔帖式二人，验收运京木材。”[③]“皇木厂，掌监收木材。凡解木，各以其额。入厂出厂皆稽之，桅木之抵者准以限。帮木亦如之。”[①]清代木仓设满汉监督各一人，“凡各省岁输木材，自张家湾运京者，谨其储待，以待各工。”[③]“木仓监督，掌储木材，凡用木材，则取于仓而给焉。用架木者，工峻则归仓。幔城纲城亦如之。凡楠材皆储焉。”[①]

（9）皇木采办机构

明代前期，因一时的巨大工程兴起的临时性皇木采办，一般都临时由中央委派专门的督木大吏，组建相应机构配备相关官员奉旨督办。督办直接督促各省督、巡和府、州、县官员采办，也就是专官专办的形式。嘉靖三十六年专门派督木大臣驻湖广荆州节制采木，分湘黔、四川两区专理采办，各区设郎中一员和副使一员专理。[④]清代在每个采木厂还专门设有督木道一员。这些督木大吏，有的是正二品的工部尚书、正三品的工部左右侍郎、正二品的左右都御史。[⑤]从明后期以来，中央一般都不直接委派大吏，而是下诏或由工部下文督各总督、巡抚督办。到清朝，不论是临时性的大规模皇木还是每年的例木都开始用商人采办。

①（清）钦定大清会典事例［M］. 北京：中华书局，1991.

② 陈嵘. 中国森林史料［M］. 北京：中国林业出版社，1982.

③（清）黄本骥. 历代职官表［M］. 上海：上海古籍出版社，2005.

④（明）明世宗实录·明实录［M］. 台北：台湾“中央”研究院历史语言研究所，1962.

⑤（清）常明，杨芳灿. 嘉庆四川通志［M］. 成都：巴蜀书社，1984.

四、林业管理的特点

（1）林业管理机构职能分工进一步细化

明清时期是中国封建社会的最后阶段，也是最发达时期，从政治、经济、科技等方面，都处于封建社会的最高点。政府管理体系中内阁、六部、都察院等机构都涉及林业管理，特别是六部（吏、户、礼、兵、刑、工）系统分掌各项林业管理职能。明清林业管理机构在承袭前代基础上更加规范，林业管理职能逐步强化，各项职能被分配到多个管理机构之下。上到皇帝和中央机关的工部、理藩院、内务府，下到各地方政府的省、府、州、县的长官，都分别承担了林业管理职能。

（2）六部系统成为主要林业管理机构

明初承袭元制设立中书省统领六部，后来为了稳固皇权，朱元璋罢中书省、废宰辅制度。于是原本对中书省负责的六部领导人转变为直接对皇帝负责，或者说由皇帝直接领导，所以，明代六部系统地位得到大幅提升。清承明制，仍由皇帝直接负责管理六部。六部地位的提升，对林业管理领域来说主要有两大影响：一是由于部门地位的提高，林业管理工作能够直接得到皇帝的重视，有利于林业管理工作的开展；二是能够有效地加强林业管理机构与其他机构之间，以及林业管理机构上级与下级之间的联系与配合，提高林业管理工作的行政效率。

（3）内务府逐步成为专门为皇室服务的林业管理机构

自秦汉设大司农和少府分别管理全国林业一般性事务和皇室事务后，自魏晋南北朝时期专门为皇室提供服务的机构开始弱化，以致其下的林业管理机构职能也不如管理全国性事务的林业管理机构。到清朝，随着专门为皇室提供服务的机构——内务府的兴起和发展，其下设的有关林业管理机构的地位也逐渐变高，管理职能逐渐增多，这些对它们积极发挥林业管理职能起到了很好的促进作用。

第七章　中国古代林业管理的特点和启示

我国历史悠久，典籍浩如烟海，大量林业管理史料淹没于经史子集等典籍之中乏人整理，可以说中国古代林业政策和管理迄今尚是个未真正开发过的领域。中国古代历朝统治者虽然制定了各有特点的林业施政方略，但却没有形成贯彻始终的管理体系，也没有留下专门的著述，仅散见于历代各种史料之中，因此，文中不得不用大量篇幅来分析、阐明各个历史时期的有关政策和管理，虽然在分析史料的基础上提出了一些新的观点和一得之见，但还稍显不足，仍需在今后的研究中广泛而深入地展开探讨。

从本书研究结果可以看出，中国古代林业政策和管理无论是政策制定，还是管理机构设置，都得到不断完善和进步，但是实际影响效果却并不理想，作为管理对象的森林，不是越来越多而是日趋枯竭，森林生态环境不是越来越好而是逐步恶化。为了总结中国古代林业政策和管理的得失，清晰展示中国古代林业政策和管理的发展态势，最后，按照历史发展的脉络对中国古代林业政策和管理的萌芽、雏形、兴起、发展、成熟和健全六个阶段进行纵向的归纳。

第一节　中国古代林业管理的特点

中国古代的林业政策和管理是重利用，轻保护和培育，林业政策存在不稳定性，没能有效维护森林生态平衡。林政大多数情况下是在农政的覆盖之下，始终没能形成独立的行政体制。从先秦至明清林业政策也没有形成一以贯之的发展趋势，历朝历代仅根据需要制定了符合本时期要求的林业政策，存在各自表述、因需而设的现象，没有达成一致的、持续的合理利用森林资源的共识。从中央到地方也没有一套严格的林业行政管理制度，林业管理职能被不同的职官体系交替承担，管理方法也各有不同，管理力度不足，施政效果不明显，没能充分发挥其应具有的管理职能。

一、林业政策的历史特点

中国古代各个历史时期的林业政策体现了统治者对林业的认识和管理态度，受到各个时期的政治、经济和文化因素影响而各有侧重。林业管理上只要是有利于稳固皇权，统治者都会毫不犹豫地去做，不论是伐木成童山，还是焚草而遼原。森林作为掌握在统治者手中的资源，常常会无节制地砍伐和利用，而忽略保护和培育问题。从表 7-1 的统计数据和图 7-1 的演进态势可以看出，林木利用政策的数量在先秦、秦汉、魏晋南北朝和明清四个时期处于最高位置，独立或分别与林木培育、保护共同成为政策调控重点，政策数量仅在隋唐和宋元两个时期被超越，但在随后的明清时期再度处于最高位置。六个历史分期林业政策调控重点发生了两次重大变化：第一次是在隋唐时期，林木培育首次打破林木利用长期居于政策调控重点的态势，在政策数量上大大超越林木利用和林木保护，成为当时政策调控的突出重点；第二次是在宋元时期，林木保护政策数量从长期落后的状态下首次超越林木培育和利用政策，与政策数量稍少的林木培育政策共同成为政策调控重点。

表 7-1　本书涉及的中国古代林业政策汇总表

Tab.7-1　The summary of ancient Chinese forestry policies in this book

历史分期	林木保护政策/项	林木培育政策/项	林木利用政策/项
先秦时期	12	9	29
秦汉时期	13	18	16
魏晋南北朝时期	21	22	17
隋唐时期	27	44	28
宋元时期	97	90	53
明清时期	88	83	102

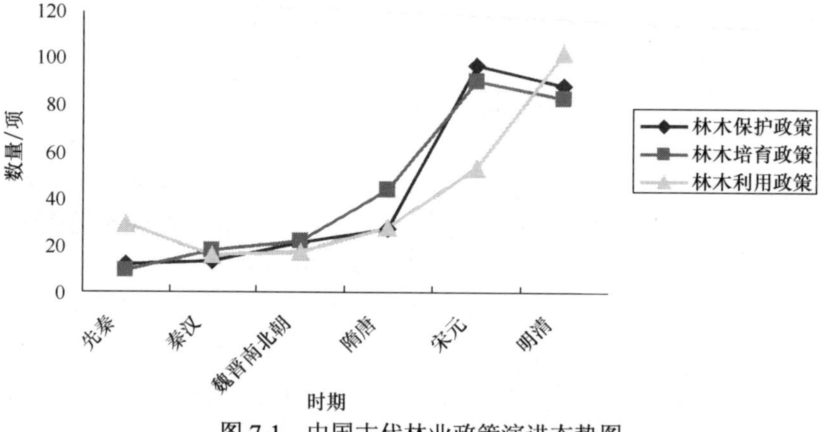

图 7-1　中国古代林业政策演进态势图

Fig.7-1　The evolution trend chart of ancient Chinese forestry policies

（1）萌芽阶段

先秦时期，森林资源非常丰富，与之对应的是人口数量稀少、生产力落后，人类对森林资源需求量或影响力远不足以破坏林业生态，所以人类与森林处于和谐相处的平衡状态。统治者视森林资源为“取之不尽、用之不竭”，制定的林业政策无论是内容还是数量都比较单一和稀少，仅有的政策也是以引导民众更好地利用森林为主。不过，随着人们对天地自然的认识逐步深入和理性，同时受当时“百家争鸣、百花齐放”的先秦文化影响，统治者逐步按照“以时禁发”的自然观念开展林业管理。

（2）雏形阶段

秦汉时期在延续先秦以利用为主的基础上，逐步有了科学利用森林的观念，当时的统治者制定了很多史无前例、影响至今的政策，其中，森林军事防御功能利用、园林文化滥觞和行道树栽培等影响深远，成为当时林政的亮点。统治者一方面不断地开山泽之禁，另一方面又带领民众植树造林，发展农桑，使人类社会对森林的认识得到升华，由统治者主导的林业管理逐步开展。但是，当时制定的林业政策仍然局限于利用和培育，涉及林木保护的内容较少，政策制定和管理还很简单。

（3）兴起阶段

魏晋南北朝时期战争不断，政权更迭频繁，社会极为动荡，从而造成社会管理的大解体和旧制度的崩溃。初期，各政权为了取得正统地位，在法规和管理上大都承袭汉制，并进行适宜调整。本期林业政策大都是在大规模战争毁林之后制定，森林由于蕴含丰富的生物资源，具有救灾济困和促进社会稳定的功能而得到统治者重视，密集出台的林业政策从政策数量、内容和影响等方面都超越前代而迅速兴起。不同民族背景的统治集团为了尽快稳固政权、发展生产，无一例外都认识到发展农桑的重要性，统治者都在继位初始就制定、颁布了多项劝课农桑、保护森林和合理利用等政策，这些政策和措施无论是内容还是职能方面都比较全面，从而有效调动了民众从事农林业生产的积极性。

（4）发展阶段

隋唐时期中国社会相对稳定，特别是唐代统治中国的近300年间，开创了中国历史上“贞观之治”、“开元盛世”等鼎盛时期，包括林政在内的各项方针政策和管理得以快速发展。统治者已认识到森林的重要性，对森林的认识转变为了以培育为主，加大官吏劝民植树的力度，并将植树造林作为富民强国的基本政策。本期政策的内容已扩展到了城市绿化、行道树、堤岸林、经济林建设等方面，特别是在唐代，很长一个时期政局稳定，使得林业政策代代相承、稳定地持续发展。

（5）成熟阶段

宋元时期中国各项社会事业得到空前的进步，科学技术水平遥遥领先于全世界，日本学者内藤湖南曾经称宋元时期是中国历史上中世纪和近世的分界点。但是，文明快速发展产生了对自然资源需求量大增的现象，再加上当时的燃料、建筑材料等全都离不开木材，导致森林消耗量和森林面积减少量都是空前的。快速的发展带来巨大的资源消耗，不断增长的林木需求量和迅速减少的森林资源的矛盾，以及天然林砍伐殆尽急需人工培育林木补充的局面，让统治者切实认识到了生态平衡的重要性，大量的、具体的以林木保护和培育为主的政策出台，同时也制定了严格的林木保护措施，控制林木利用，所以林业政策内容可以说是比较完善和成熟的。

（6）健全阶段

明清时期是我国封建社会的最后阶段，农林业、手工业、商业等产业均有了较快发展，林政管理集历代经验之大成，处于中国封建社会的顶点。林业政策和管理在承袭前代的基础上继续稳定发展，先后制定完善了皇陵保护政策、禁猎区管理政策，特别是清政府统治初期，为了保护满族发祥地的神圣不可侵犯，把东北长白山地区划为“四禁”地区，使得东北地区的珍贵森林资源保存至今。在林木利用上也采取了皇木采办政策，由政府管理木材利用。但是日益枯竭的自然资源已严重影响了社会的发展，形成了经济社会的发展受制于资源供应不足的局面，统治者已经将林业等自然资源的管理作为了重要的政治任务，深刻认识到了林木保护的重要，制定的各项林业政策和管理措施虽然没有阻止森林面积减少的趋势，但是与当代林业政策已比较接近。

二、林业管理的历史特点

我国是最早对森林资源实施行政管理的国家之一，据史料载，最早的林业管理机构出现于上古时期，之后的历朝历代都设置了相应的林业管理机构，承担着各个时期的森林管理职能，见表 7-2。

表 7-2　中国古代主要林业管理机构汇总表

Tab.7-2　The summary table of ancient Chinese main forestry management mechanism

历史时期	职能类别	机构名称
先秦时期	林木保护	司爟
	林木培育	遂人、封人、掌固、野庐氏、冢人、囿人、场人、甸师、兽人
	林木利用	大司徒、大司马、山虞、林衡、柞氏、司险、职方氏、土方氏、载师、闾师、山师、原师
秦汉时期	林木保护	少府（兼职）
	林木培育	大司农、都水长、上林苑令
	林木利用	少府、将作大匠、水衡都尉
魏晋南北朝时期	林木保护	虞部
	林木培育	大司农、上林苑令、都水台、太舟卿
	林木利用	少府、将作大匠、材官将军、度支部
隋唐时期	林木保护	虞部
	林木培育	工部、司农寺、都水监、司竹监、苑官
	林木利用	户部、少府、将作监（匠）、木炭使
宋元时期	林木保护	虞部
	林木培育	工部、司农寺（司）和仓部、苑官、司竹监（竹木务）、堤道林管理机构、军事林管理机构
	林木利用	三司、户部、度支部、将作监、都水监、采造务（都木务）
明清时期	林木保护	虞衡司
	林木培育	工部、屯田司、上林苑监、司农司、果木管属官
	林木利用	户部、内务府、营缮司（所）、柴炭司、抽分竹木局、都水清吏司、盛京工部、木厂（木仓）、皇木采办机构

（1）萌芽阶段

先秦时期统治者或部落首领带领民众采集、使用森林资源，当时的组织管理目的非常单一，仅仅是为了部落的生存和繁衍，基本属于“饥则求食、饱则弃余”的状况。“虞”作为林业管理机构在这一时期首次出现在历史舞台上，但管理职能简单而粗犷。至先秦后期周代以后，林业管理机构得到了质的发展，《周礼》对此进行了详细的记载。林木保护机构有掌管森林防火和用火的司爟；林木培育机构有掌管种植的遂人、封人、掌固、野庐氏和冢人，掌管苑囿动植物养护的囿人、场人、甸师、兽人；林木利用机构有负责林业综合管理的位列“三公”的大司徒、大司马，负责国有林木利用的机构有山虞、林衡、柞氏、司险、职方氏、土方氏，负责其他林木利用职能的机构有载师、闾师、山师、原师。周天子制定了层级合理、职能清晰的政府管理体系，而林业事务根据职能需要被分属于多个部门，从机构设置和职能分配上可以看出，承担林木利用职能的机构不论是数量还是级别都超过和高于其他机构。至此，政府管理林业的职能相对增强，可以称之为开始了统治者干预林业事务先河，也可以说本期开启了中国古代林业政策和管理的序幕。

（2）雏形阶段

秦汉时期是我国政府管理体制初步建立时期，秦代结束了四分五裂、政权林立的混乱局面，建立了中国历史上第一个统一大帝国；汉承继秦制，连续统治中国 400 余年，不论从“儒”家思想的确立，还是“汉”称谓的起始，都成为中国后世遵循的标杆。林业管理机构受这一时期政治体制的影响，也进行了相应的调整和发展。林木保护管理机构被裁撤，前代负责火禁和时禁的司爟和虞官本期没有设置，相应保护职能由少府兼管。林木培育机构主要有大司农、都水长、上林苑令。其中大司农负责涉林种植、土地事务；都水长负责林木灌溉事务；上林苑令主管皇家园林林木种植、养护。林木利用机构主要有少府、将作大匠、水衡都尉和地方管理机构。少府位居九卿之列，掌管林业赋税的征收，还承担管理政府事务与皇家事务；将作大匠位居九卿之列，掌管宗庙、路寝、宫室、陵园的林木管理，并开展街道行道树等绿化事务；水衡都尉负责皇家园林诸项事务。从机构设置和职能分配上可以看出，承担林木利用职能的机构级别普遍较高，在政府管理体系中处于主导地位。

（3）兴起阶段

魏晋南北朝时期，社会持续动荡，战争连绵不断，各个统治者逐步认识到农桑对稳定社会、发展经济具有的基础性作用，高度重视林业管理。虽然各个政权设置的林业管理机构名称、职能不尽相同，但整体林业管理水平和机构体系得到了全面进步。林木保护职能主要由虞部负责，虞部在继秦汉被裁撤之后重新得到设置，虞部的称谓、隶属、职能在这一时期随着政权更迭在不断变化，职能已由先秦的采伐管理逐步统一到林木保护方面。林木培育机构主要有大司农、上林苑令、都水台、太舟卿。大司农职能较前代没有太大变化，仍负责林业、苑囿、土地事务；上林苑令属皇室服务部门，仍负责皇家园林动植物培育、管理；都水台和太舟卿是在裁撤水衡都尉后新增设的机构，职能基本承袭水衡都尉，负责河道、湖泊林木栽培、管护等事务。林木利用机构主要有少府、将作大匠、材官将军和度支部。少府职能在本期被严重削弱，虽然仍是位居九卿，但秦汉时期林业综合管理职能被拆分到多个部门，本期仅保留有林木采伐管理职能；将作大匠仍位居九卿之列，林业职能较前代变化不大，仍负责土木建设、修造事务；材官将军隶属少府，承担木材管理事务；度支部是本期新设掌管林业赋税征收、管理事务的职官，政府林业赋税管理职能从此开始增强。这一时期受到特殊政治、社会背景的影响，林业管理得到不断提升和增强，林木保护、培育和利用三项职能得以全面发展。

（4）发展阶段

隋唐时期在前代基础上重新厘定政府官制，三公九卿制度逐步退出了历史舞台，三省六部制逐步建立并完善，六部中的户部、工部及其下属部门承担着主要的林业管理职能。林业管理机构设置在新的政治体制下发生了较大改变，林业职能进一步清晰、明确。林木保护职能仍由工部下属的虞部承担，职权较在前代负责林木采伐禁令基础上进一步扩大，禁牧、禁樵、禁火、禁猎等皆归虞部执掌。林木培育机构主要有工部、司农寺、都水监、司竹监和苑官。工部位居六部，属高级林业管理部门之一，下属工部司、屯田司、水部司，均承担山林、苑囿树木栽培、管护等主要培育职能。司农寺职能在本期发生较大变化，由前代负责国有林业事务改为专为皇家园林、苑囿种植、管护的林业机构，其下属的部门分别承担着皇家苑囿、宫馆、园池的林木种植修葺等事务。都水监职能承袭前代，仍负责沟渠湖泊堤岸林木种植、养护。司竹监和苑官都是主要服务皇家园林的专业职官。林木利用机构主要有户部、少府、将作监（匠）和木炭使。户部位居六部，属于高级林业管理部门之一，下属的户部司、度支司、金部司和仓部司均承担林业赋税、土地、运输等主要利用职能。少府和将作监（匠）均承担土木工程修建、维护职能。木炭使属于临时设置服务皇室冬季取暖用薪炭事务机构，参照钦差大臣的规制，由皇帝直接指派高官兼任。这一时期掌管林木培育职能的机构无论是级别还是体系建设都较为突出，统治者对林业管理的重点首次由利用转向林木培育，在林业管理史上产生了质的变化。

（5）成熟阶段

宋元时期林业管理承袭唐代，在原有三省六部管理体制下盐铁司、度支司和户部承担相应管理职能外，地方行政机构逐渐承担了更多份额的林业管理职能。林木保护职能仍由虞部承担，职能权限较前代有所增加，山林、苑囿、畋猎、伐木、开山、烧炭等禁令皆由虞部郎中执掌。林木培育机构主要有工部、司农寺（司）和仓部、苑官、司竹监（竹木务）和堤道林、军事林、地方管理机构。工部职能较前代变化不大，仍掌管营造、山泽、畋猎、工匠、河渠等职能。司农寺职能承袭前代，仍负责农林种植、果蔬栽培事务，南宋初裁撤后职能转交至仓部。苑官和司竹监职能承袭前代，仍负责皇家苑囿、园林栽培、养护和日常管理。堤道林、军事林和地方管理机构在这一时期承担大量林木种植任务，种植了大量具有护岸、护堤和军事防御功能的人工林，有效改善了边境地区森林生态状况和地方百姓生活环境。利用机构主要有三司、户部、将作监和都水监等。三司属于政府高级机构，下属的户部、度支部等机构承担着主要林木利用职能。将作、都水二监职能承袭前代基本未变，仍分别负责宫室、城郭修造事务和河渠湖泊疏凿浚治之事。本期保护机构数量虽仍未增加，但职能设置已较前代大大增强，培育机构层级在唐代基础上影响力继续增长，形成培育和保护机构成为主要林业管理机构的格局。

（6）健全阶段

明清时期林业管理达到中国封建社会的最高点，各项林业管理职能较前代已基本完善，林业管理机构建设不断健全。林业保护职能由虞衡司负责，职能承袭前代掌管林木采伐、陵墓、祠庙、畋猎等禁令。林木培育机构主要有工部、屯田司、上林苑监、司农司、果木管属官。工部职能较前代变化不大，下属营缮、虞衡、都水、屯田四司承担相应林业职能。屯田司隶属工部，负责林地种植、陵墓陵园树木栽培等事务。上林苑监职能较前代未变，仍负责皇家园林管理。司农司在本期职能大为削弱，仅保留劝导农桑职能。果木管属官是本期新出现的林产品管理机构，也具有经济林木管理职能，是明清政府重视经济林建设的体现。林木利用机构主要有户部、内务府、营缮司（所）、柴炭司、抽分竹木局、都水清吏司、盛京工部和木厂等。户部职能较前代未有明显变化，仍掌管山林、河渠、关市等林业利用事务。内务府本期全面承担了皇室林业事务，凭借其下属各级职官开展了赋税征管、薪炭供应、皇室苑囿等职能，发展成为专门皇室管理机构。营缮司职能承袭前代将作大匠，掌管各类修造事务。柴炭司较前代没有变化，仍负责皇室薪炭供应。抽分竹木局本期职能得到强化，下属税关和抽分厂大量增加，政府林业赋税管理职能大大增强。都水清吏司职能较前代没有变化，仍负责河渠、堤岸管理。盛京工部属清代新设立，负责管理东北满族发源地区林业事务。木厂是明清时期大量皇木采办在京城附近设置的储存、验收进贡木材的场所。这一时期林业利用机构重新占据主导地位，但同时林业保护机构职能也得到加强，体现出明清统治者对林业管理的认识已与当代接近，但是庞大的林木需求量给这一时期林业管理带来巨大压力，相对乏力的林业管理没能有效控制住森林资源持续减少的趋势。

第二节　中国古代林业管理的启示

通过对中国古代林业政策和管理发展历程的研究，可以看出中国古代的林业政策和管理各有侧重、措施多样，在中国古代封建社会的发展中起到了重要作用。

由此出发，本书末让我们对中国古代林业政策和管理史进行思考，以期对当代林政发展带来有益启示。

一、对古代林业政策和管理的思考

在人类文明发展进程中，人类与森林的关系是一个古老而深邃、亘古不变的命题。不同的历史时期和社会背景下，人类对森林的认识和思考各有侧重，在处理人与森林的关系上特征明显。人类与森林的关系可以归纳为两个方面：一是森林对人类发展的影响和制约；二是人类对森林的利用和改造。这是因为森林资源受到人类文明影响而不断变化，人类文明同时也受森林资源影响在不断发展，二者处于相互影响、相互作用的矛盾运动过程中。

据本书研究认为，早期人类依赖森林资源而生存繁衍，人的主观能动处于低级阶段，对森林生态影响甚小；后来随着社会发展和文明进步，人类改造自然的能力逐步增强，对森林资源的消耗不断增加，导致人类社会发展受制于资源不足，此时中国古代统治者才开始探索社会与森林之间相互联系的规律，寻找调和人类和森林矛盾的方法。中国古代林业政策和管理从发端至今，经历了林木培育、保护与利用交替主导，山林封禁与山林开放如影相随，林木培育和林木保护在个别阶段处于主导位置，而林木利用长期受统治者重视。各个时期的统治者一方面制定了大量的林木保护政策和培育政策，强调林木资源保护和培育的重要性；另一方面却在肆无忌惮地大量消耗林木资源，以牺牲森林为代价换取政治、经济的发展，结果造成我国由多林国变为了少林国。我国古代林政不是没有随着历史的发展而进步，各项林业政策和管理也逐步变得更科学、更健全，但是没有起到应有效果。究其原因，不外乎以下三个方面：一是君主专制体制下制定的林业政策的主要目的是维护皇权统治，而不是出于科学利用森林的初衷，一旦出现政策调控与帝王利益相左，就会被废止或形同虚设；二是受中国古代落后社会的制度影响，社会生产力无法满足民众生活需要，统治者无法协调好林业资源的利用与培育、保护的关系；三是没有建立职能清晰的林业管理体系，造成林业政策无法从中央到地方有效贯彻执行，各项管理职能没能发挥应有的作用。

二、对当代林业政策和管理的启示

我国古代林业政策和管理既有成功的经验，也有惨痛的教训。在历代皇帝诏令和律例法规中都有大量关于保护森林的记载，也留下了许多沿用至今的好的管理举措，但是，因毁林而造成水土流失、空气污染、灾害频繁的事件也在同时发生和漫延，这种教训对于我们民族来讲是十分沉痛的。鉴于当前我国经济社会发展现状，森林资源的缩减速度仍大于恢复速度，给国民经济的发展带来必然的威胁。森林不同于地下资源，地下矿藏在开发前不起作用。它也不同于水力资源，水力资源除了对人类有有利的一面外，在未治服前还有造成水害的一面。只有森林资源，在人为干预、开发前，就长期起着调节气候、保持水土、防止风沙、涵养水源和卫生保健等多种巨大的生态功能。因而，当前在经济发展对林木资源需要量不断增大的情况下，如何制定林业政策和开展林业管理就成为一项重要的工作。展望当今世界，可以看出不论是森林资源丰富国还是少林国家的林木供求关系矛盾状况都在进一步拉大，森林资源已不能满足社会需求，各个国家要维持生产发展和丰富人类生活，对森林资源的要求必将越来越高，林业管理力度也必定将越来越强。因此，当前制定林业政策必须要以保障国家和人民的生态安全作为基本方针，以生态文明和森林资源的可持续发展作为林业政策的指导和目标。重点要做好以下几点。

（1）树立生态危机意识，切实承担起生态文明建设的责任

由于历史上的诸多因素，留给我们的森林资源已经不多，森林覆盖率不断降低，生态环境仍在不断恶化。中国林业史已经以沉重的代价和惨痛的教训深刻地证明，人类对森林资源的利用态度决定着森林生态系统的变化，而森林生态系统的变化会迅速反作用于人类生存环境和社会发展，它们之间的关系是互为影响、密不可分的，森林资源始终是人类文明赖以生存和发展的基础。在历史上曾经辉煌一时的古巴比伦文明、古埃及文明及美索不达米亚、小亚细亚等繁荣地区之所以衰落，一个重要原因是人们对森林资源的严重破坏，导致生态系统的崩溃。而今天，由于工业化的发展和人为的破坏，我国森林资源的发展现状不容乐观，若不加大保护力度，在不远的将来，我们必定面临“林毁人亡”的生态危机。为此，我们要树立紧迫的生态危机意识，由追求日益强大的征服力的技术转向不断保护地球生态的技术，加大对森林资源的保护力度，加快生态文明建设步伐，保证生态安全。当今，各国政府都在探索制定更加切合实际的林业政策，这种政策既能照顾到森林对发展的贡献，又能建立起更好地保护森林生态系统的机制。鉴于我国当前林业发展水平和森林资源状况，我们既不能像过去那样过度消耗森林资源，也不能走其他国家工业化“资源高消耗、物质高消费”的路子，只能在大力促进植树造林事业发展的同时，按照“节约资源、适度消费”的思路发展林业。当前和今后一段时期，林业政策的调控重点要将森林经营逐步从木材的持续产出转换到可持续的森林经营，要将林木利用与社会、经济和环境利益紧密统一起来，切实加强对生态进程的管理，使林业管理成为生态文明建设的重要组成部分。

（2）制定更加完善的林业政策，促进林业产业健康发展

人类文明得以传承发展，是建立在极大的物质资源利用的基础之上，世界四大文明古国皆存在生态破坏、资源枯竭的问题，分析原因莫不咎于重利用、轻保护的观念，没有树立可持续的发展观。我国自先秦始至明清，林业管理随着社会的发展和科技的进步也在不断完善和调整，认识也从盲目的利用发展到以资源保护和培育为主的政策管理体系，但是为什么中国历史上森林面积还是在不断减少、林业资源还是不断退化、生态环境还是不断恶化呢？究其原因，无非是政府不重

视、政策不科学或者管理不到位等因素，也或许是兼而有之。但有一点是可以肯定的，那就是没有将认识转化为行动，没有将政策抓好落实，没有将管理进行到位。林业管理问题是经济社会发展到一定阶段的产物，也必然会在发展过程中找到解决的办法，只要我们做到以生态文明建设为指导制定各项林业政策，实际工作中做到有令必行，有法必依，严格遵守，共同维护，一定可以实现林业产业健康发展。

（3）加强林业管理体系建设，树立大林业观念

当前林业发展中，我们要树立大林业观念，跳出单纯就林业看林业，将传统部门林业观念升华到全局林业观念的高度，从而彻底解脱为发展林业而发展林业的狭隘观念的束缚。大林业发展观注重林业综合发展，强调林业发展在受制于经济和社会发展的大环境的同时，也会对经济和社会的发展产生反作用。因此，在今后的林业发展中，林业政策的制定要考虑经济和社会发展的实际情况，使林业政策同经济和社会政策相互协调。同时，经济和社会政策的制定，也要切实考虑到森林资源的实际承受能力，只有这样才能切实提高林业政策的有效性。因此，就今天而言，政府更要发挥在林业发展中的主导作用，同时广泛吸引社会力量参与林业发展。另外，林业属于社会公益事业，森林资源属于社会公共产品，具有很强的外部性，国家应对林业实行轻税赋政策，把切实减轻林农负担作为政府税费改革的重要内容。国家应加大对林业的支持力度，建立稳定的以各级公共财政投入为主的财政管理制度，将林业生态建设纳入公共财政预算，切实做到林业可持续发展。

观今亦鉴古，无古不成今。本书通过对我国古代林业政策和管理开展通史研究，首次采用林木保护、林木培育和林木利用三个指标体系分析各个时期林业政策和管理的特点，展示了中国古代林业政策和管理的演进态势，对于当前在中国特色社会主义理论体系下制定林业管理的大政方针，具有一定的借鉴作用。历史一再告诫我们“童山濯濯”必将遭到大自然的报复，这一预言今天正在一些地方变本加厉地发生着。让我们树立科学的生态文明观念，更加重视森林保护，重视森林和生物资源的挽救，采取各种相应的措施管理好祖国广袤大地的林业资源，建设好山川秀美的生态文明社会，让林业发展为中华民族伟大复兴起到应有的作用。

主要参考文献

现代期刊：

[1] 白宏刚. 南宋时期的军事防御林建设 [J]. 乐山师范学院学报，2010，(4)：97-99.

[2] 白宏刚. 宋代林业职官述略 [J]. 绵阳师范学院学报，2009，(12)：99-102.

[3] 陈业新. 秦汉政府行为与生态 [J]. 淮南师范学院学报，2004，(4)：63-68.

[4] 陈植，凌大燮. 近百年来我国森林破坏的原因初析 [J]. 中国农史，1982，(2)：15-27.

[5] 樊宝敏. 明清时期环北京地区的林业政策 [J]. 北京林业大学学报（社科版），2002，(1)：56-61.

[6] 樊宝敏，董源. 中国历代森林覆盖率的探讨 [J]. 北京林业大学学报（社科版），2001，(4)：60-65.

[7] 樊宝敏，张钧成. 中国林业政策思想的历史渊源 [J]. 世界林业研究，2002，(2)：56-62.

[8] 冯祖祥. 明代采木之役及其弊端 [J]. 北京林业大学学报（社科版），2008，(2)：48-51.

[9] 郭文佳. 简论宋代的林业发展与保护 [J]. 中国历史，2003，(2)：28-34.

[10] 郭友亮. 两宋时期林业政策述论 [J]. 农业考古，2009，(4)：244-246.

[11] 蓝勇. 明清时期的皇木采办 [J]. 历史研究，1994，(6)：86-98.

[12] 李飞，袁婵. 魏晋南北朝林政初探 [J]. 北京林业大学学报（社科版），2009，(1)：21-24.

[13] 李志坚. 明代皇木采办的形式 [J]. 安庆师范学院学报（社科版），2006，(6)：44-47.

[14] 林鸿荣. 隋唐五代时期的林业法制 [J]. 北京林业大学学报（社科版），2006，(1)：24-28.

[15] 林鸿荣. 隋唐五代林业官制 [J]. 北京林业大学学报（社科版），2007，(1)：29-33.

[16] 林鸿荣. 隋唐五代社会的林业税制 [J]. 古今农业，2002，(4)：34-41.

[17] 林鸿荣. 唐《田令》永业田植树管窥 [J]. 中国农史，2000，(3)：32-34.

[18] 凌大燮. 我国森林资源的变迁 [J]. 中国农史，1983，(2)：26-36.

[19] 刘春香. 魏晋南北朝时期环境问题及环境保护 [J]. 许昌师专学报，2002，(1)：41-46.

[20] 刘锡涛. 唐代林政与唐人植树 [J]. 陕西师范大学继续教育学报（西安），2003，(2)：77-79.

[21] 刘锡涛. 唐代用林特点及其影响 [J]. 陕西师范大学继续教育学报（西安），2007，(2)：71-73.

[22] 刘瑞赞. 周代林业政策及其生态思想探析 [J]. 绿色科技，2012，(1)：165-167.

[23] 米立功. 满城发现清康熙年间护林碑 [J]. 河北林业，1986，(3)：36.

[24] 倪根金. 明清护林碑研究 [J]. 中国农史，1995，(4)：176-184.

[25] 倪根金. 明清护林碑知见录（续）[J]. 农业考古，1997，(1)：179-191.

[26] 史念海. 论历史时期我国植被的分布及其变迁 [J]. 中国历史地理论丛，1988，(1)：43-73.

[27] 史念海. 河山集二集自序 [J]. 陕西师范大学学报（哲学社会科学），1980，(2)：43-49.

[28] 谭其骧. 何以黄河在东汉以后会出现长期安流的局面 [J]. 学术月刊，1962，(2)：23-35.

[29] 仝晰刚. 秦汉郡国农官考实 [J]. 史林，1996，(4)：23-26.

[30] 王澈. 清代楠木采办史料选 [J]. 历史档案，1993，(3)：13-23.

[31] 王希亮. 中国古代林业职官考 [J]. 中国农史，1983，(4)：49-61.

[32] 文焕然，何业恒. 中国森林资源分布的历史概况 [J]. 自然资源，1979，(2)：72-85.

[33] 谢志诚. 宋代的造林毁林对生态环境的影响 [J]. 河北学刊，1996，(4)：95-99.

[34] 徐丽娟. 隋唐生态管理机构考述 [J]. 新西部，2007，(6)：187-188.
[35] 袁清林. 先秦环境保护的若干问题 [J]. 中国科技史料，1985，(1)：35-41.
[36] 余明. 夏商林政雏形 [J]. 自贡师范高等专科学校学报，2000，(1)：22-24.
[37] 余明. 秦朝林政初探 [J]. 四川理工学院学报（社会科学版），2005，(1)：36-38.
[38] 余明. 西周林政初探 [J]. 四川师范大学学报（社会科学版），2000，(3)：72-75.
[39] 赵亮. 清前中期的农林政策研究 [J]. 安徽农业科学，2010，(31)：17986-17988.
[40] 张钧成，印嘉佑. 国内外林业史研究概况 [J]. 林业史学会通讯，1989，(3)：41-46.
[41] 郑辉. 曹魏时期邺城园林文化研究 [J]. 北京林业大学学报（社科版），2012，(2)：39-43.
[42] 郑辉. 宋代花馔文化探析 [J]. 北京林业大学学报（社科版），2012，(4)：24-27.

古籍文献：

[43]（春秋）孔子. 论语 [M]. 哈尔滨：黑龙江人民出版社，2004.
[44]（春秋）孟轲. 孟子 [M]. 北京：中国书店，1992.
[45]（春秋）管仲. 黎翔凤校点. 管子校注 [M]. 北京：中华书局，2004.
[46]（战国）商鞅. 商君书 [M]. 上海：上海古籍出版社，1989.
[47]（战国）吕不韦. 吕氏春秋 [M]. 上海：学林出版社，1982.
[48]（汉）班固. 汉书 [M]. 北京：中华书局，1962.
[49]（汉）董仲舒. 春秋繁露 [M]. 北京：中华书局，1991.
[50]（汉）刘向. 新序 [M]. 武汉：湖北人民出版社，1986.
[51]（汉）司马迁. 史记 [M]. 北京：中华书局，1982.
[52]（汉）郑玄. 周礼注疏 [M]. 北京：北京大学出版社，2000.
[53]（汉）郑玄. 礼记 [M]. 长沙：岳麓书社，2004.
[54]（晋）陈寿. 三国志 [M]. 北京：中华书局，1959.
[55]（南朝宋）范晔. 后汉书 [M]. 北京：中华书局，1965.
[56]（南朝梁）沈约. 宋书 [M]. 北京：中华书局，1974.
[57]（南朝梁）萧子显. 南齐书 [M]. 北京：中华书局，1972.
[58]（北齐）魏收. 魏书 [M]. 北京：中华书局，1974.
[59]（隋）杜宝. 大业杂记 [M]. 台北：新兴书局，1981.
[60]（唐）杜佑. 王文锦点校. 通典 [M]. 北京：中华书局，1988.
[61]（唐）房玄龄. 晋书 [M]. 北京：中华书局，1974.
[62]（唐）李百药. 北齐书 [M]. 北京：中华书局，1972.
[63]（唐）李林甫. 陈仲夫点校. 唐六典 [M]. 北京：中华书局，1992.
[64]（唐）李延寿. 南史 [M]. 北京：中华书局，1974.
[65]（唐）令狐德棻. 周书 [M]. 北京：中华书局，1971.
[66]（唐）魏征. 隋书 [M]. 北京：中华书局，1973.
[67]（唐）姚思廉. 梁书 [M]. 北京：中华书局，1973.
[68]（唐）姚思廉. 陈书 [M]. 北京：中华书局，1972.
[69]（唐）长孙无忌. 刘俊文点校. 唐律疏议 [M]. 北京：中华书局，1983.
[70]（五代）刘昫. 旧唐书 [M]. 北京：中华书局，1975.
[71]（宋）程俱. 文渊阁四库全书·北山集 [M]. 台北：台湾商务印书馆，1983.

[72]（宋）窦仪．宋刑统［M］．北京：中华书局，1984．
[73]（宋）黄裳．文渊阁四库全书·演山集［M］．台北：台湾商务印书馆，1983．
[74]（宋）李焘．续资治通鉴长编［M］．北京：中华书局，1979．
[75]（宋）李如虎．东园丛说［M］．台北：台湾商务印书馆，1937．
[76]（宋）李攸．宋朝事实［M］．北京：中华书局，1955．
[77]（宋）梁克家．文渊阁四库全书·淳熙三山志［M］．台北：台湾商务印书馆，1983．
[78]（宋）欧阳修，宋祁．新唐书［M］．北京：中华书局，1975．
[79]（宋）欧阳修．文渊阁四库全书·文忠集［M］．台北：台湾商务印书馆，1983．
[80]（宋）宋敏求．唐大诏令集［M］．北京：中华书局，2008．
[81]（宋）司马光．资治通鉴［M］．北京：中华书局，2011．
[82]（宋）苏洵．嘉祐集［M］．台北：台湾商务印书馆，1936．
[83]（宋）苏轼．苏轼诗集［M］．北京：中华书局，1982．
[84]（宋）王溥．唐会要［M］．北京：中华书局，1955．
[85]（宋）王溥．五代会要［M］．北京：中华书局，1998．
[86]（宋）王钦若．册府元龟［M］．北京：中华书局，1960．
[87]（宋）王十朋．王十朋全集［M］．上海：上海古籍出版社，1998．
[88]（宋）王应麟．玉海［M］．台北：华联出版社，1964．
[89]（宋）文莹．玉壶清话［M］．北京：中华书局，1981．
[90]（宋）谢深甫．庆元条法事类［M］．北京：中国书店，1981．
[91]（宋）薛居正．旧五代史［M］．北京：中华书局，1976．
[92]（宋）徐天麟．东汉会要［M］．北京：中华书局，1955
[93]（宋）徐天麟．西汉会要［M］．北京：中华书局，1955．
[94]（宋）徐自明．宋宰辅编年录［M］．北京：中华书局，1986．
[95]（宋）叶适．水心先生文集［M］．上海：上海书店，1989．
[96]（元）马端临．文献通考［M］．北京：中华书局，1986．
[97]（元）脱脱．宋史［M］．北京：中华书局，1977．
[98]（元）脱脱．辽史［M］．北京：中华书局，1974．
[99]（元）脱脱．金史［M］．北京：中华书局，1975．
[100]（元）佚名．宋季三朝政要［M］．北京：中华书局，2010．
[101]（明）陈子龙．明经世文编（影印本）［M］．北京：中华书局，1962．
[102]（明）冯梦龙．太平广记钞［M］．南京：江苏古籍出版社，1993．
[103]（明）邝露．文渊阁四库全书本·赤雅［M］．台北：台湾商务印书馆，2005．
[104]（明）明实录［M］．台北：台湾“中央”研究院历史语言研究所，1962．
[105]（明）宋镰．元史［M］．北京：中华书局，1976．
[106]（明）申时行．明会典［M］．北京：中华书局，1989．
[107]（明）王圻．续文献通考［M］．上海：上海古籍出版社，1988．
[108]（明）徐光启．农政全书［M］．台北：台湾商务印书馆，1986．
[109]（明）余继登．典故纪闻［M］．北京：中华书局，1981．
[110]（明）张可述．嘉靖洪雅县志［M］．上海：上海古籍书店，1963．
[111]（清）常明，杨芳灿．四川通志［M］．成都：巴蜀书社，1984．

[112]（清）陈梦雷．古今图书集成［M］．北京：中华书局，1985．
[113]（清）大清诏令［M］续修四库全书．上海：上海古籍出版社，1997．
[114]（清）大清律例［M］//四库全书．上海：上海古籍出版社，1987．
[115]（清）董诰．全唐文［M］．北京：中华书局，1983．
[116]（清）鄂尔泰，张廷玉．文渊阁四库全书・授时通考［M］．台北：台湾商务印书馆，1983．
[117]（清）顾炎武．日知录集释全校本［M］．上海：上海古籍出版社，2006．
[118]（清）黄本骥．历代职官表［M］．上海：上海古籍出版社，2005．
[119]（清）陆心源．唐文拾遗［M］．北京：中华书局，1983．
[120]（清）嵇璜．钦定续通典［M］．杭州：浙江古籍出版社，2000．
[121]（清）钦定大清会典事例［M］．北京：中华书局，1991．
[122]（清）清实录［M］．北京：中华书局，1986．
[123]（清）孙星衍．尚书今古文注疏［M］．北京：中华书局，1986．
[124]（清）孙诒让．周礼正义［M］．北京：中华书局，1987．
[125]（清）王先谦．荀子集解［M］．北京：中华书局，1988．
[126]（清）汪钟霖．九通分类总纂［M］．台北：艺文印书馆，1974．
[127]（清）吴任臣．徐敏霞，周莹点校．十国春秋［M］．北京：中华书局，1983．
[128]（清）徐本，三泰，刘统勋．大清律例［M］//四库全书（第 672 册）．上海：上海古籍出版社，1987．
[129]（清）徐松．宋会要辑稿［M］．北京：中华书局，1957．
[130]（清）杨宾．柳边纪略［M］//丛书集成初编（第 3115 册）．北京：中华书局，1985．
[131]（清）赵尔巽．清史稿［M］．北京：中华书局，1976．
[132]（清）张鹏一．汉律类纂［M］//史料．格致堂排印本，1907．
[133]（清）张廷玉．明史［M］．北京：中华书局，1974．
[134]（清）郑珍，莫友芝．遵义府志［M］．遵义：遵义市编纂委员会办公室，1986．

学位论文、专著：

[135] 白宏刚．宋代林业政策研究［D］．桂林：广西师范大学硕士学位论文，2007．
[136] 白寿彝．中国通史［M］．上海：上海人民出版社，1999．
[137] 陈登林，马建章．中国自然保护史纲［M］．哈尔滨：东北林业大学出版社，1991．
[138] 陈嵘．中国森林史料［M］．北京：中国林业出版社，1982．
[139] 陈嵘．历代森林史略及民国林政史料［M］．南京：中华农学会，1934．
[140]《当代中国丛书编辑部》编辑委员会．当代中国的林业［M］．北京：中国社会科学出版社，1985．
[141] 刁田丁，兰秉洁，冯静．政策学［M］．北京：中国统计出版社，2000．
[142] 董智勇．中国森林史资料汇编［M］．北京：中国林学会林业史学会，1993．
[143] 樊宝敏．中国清代以来林政史研究［D］．北京：北京林业大学博士学位论文，2002．
[144] 樊宝敏，李智勇．中国森林生态史引论［M］．北京：科学出版社，2008．
[145] 樊金玲．秦汉时期林业的发展及对社会影响考述［D］．长春：吉林大学硕士学位论文，2006．
[146] 傅璇琮．全宋诗［M］．北京：北京大学出版社，1993．
[147] 范文澜．中国通史简编（第 2 编）［M］．北京：人民出版社，1965．
[148] 干铎．中国林业技术史料初步研究［M］．北京：农业出版社，1962．
[149] 郭庆藩．庄子集释［M］．北京：中华书局，1961．

[150]《惠中权纪念文集》编委会. 惠中权纪念文集 [C]. 北京: 中国林业出版社, 1997.
[151] 焦国模. 林政学 [M]. 台北: "国立" 编译馆, 1981.
[152] 焦国模. 中国林业史 [M]. 台北: "国立" 编译馆, 1998.
[153] 金麾. 清代森林变迁史研究 [D]. 北京: 北京林业大学博士学位论文, 2008.
[154] 李铁. 中国文官制度 [M]. 北京: 中国政法大学出版社, 1989.
[155] 梁明武. 明清时期木材商品经济研究 [D]. 北京: 北京林业大学博士学位论文, 2008.
[156] 刘平康. 林政学 [M]. 哈尔滨: 东北林业大学出版社, 1989.
[157] 罗桂环. 中国环境保护史稿 [M]. 北京: 中国环境科学出版社, 1995.
[158] 罗桂环, 舒俭民. 中国历史时期的人口变迁与环境保护 [M]. 北京: 冶金工业出版社, 1995.
[159]《罗玉川纪念文集》编委会. 罗玉川纪念文集 [C]. 北京: 中国林业出版社, 1992.
[160] 盛冬铃. 六韬译注 [M]. 石家庄: 河北人民出版社, 1992.
[161] 宋希庠. 中国历代劝农考 [M]. 南京: 正中书局, 1936.
[162] 司义祖. 宋大诏令集 [M]. 北京: 中华书局, 1962.
[163] 孙光. 现代政策科学 [M]. 杭州: 浙江教育出版社, 1998.
[164] 王福生. 政策学研究 [M]. 成都: 四川人民出版社, 1991.
[165] 王丽. 宋代国家林木经营管理研究 [D]. 西安: 陕西师范大学硕士学位论文, 2009.
[166] 王先慎. 韩非子集解 [M]. 北京: 中华书局, 1998.
[167] 乌廷玉. 中国历代土地制度史纲 [M]. 长春: 吉林文史出版社, 1987.
[168]《吴中伦文集》编委会. 吴中伦文集 [C]. 北京: 中国林业出版社, 1998.
[169] 席裕福. 皇朝政典类纂 [M]. 台北: 文海出版社有限公司, 1982.
[170] 薛英群. 居延新简释粹 [M]. 兰州: 兰州大学出版社, 1988.
[171] 杨伯峻. 孟子译注 [M]. 北京: 中华书局, 1960.
[172] 杨伯峻. 论语译注 [M]. 北京: 中华书局, 1980.
[173] 杨伯峻. 春秋左传注 [M]. 北京: 中华书局, 1981.
[174] 游修龄. 稻作史论集 [M]. 北京: 中国农业科技出版社, 1993.
[175] 袁清林. 中国环境保护史话 [M]. 北京: 中国环境科学出版社, 1989.
[176] 赵冈, 陈钟毅. 中国土地制度史 [M]. 北京: 新星出版社, 2006.
[177] 张浩良. 绿色史料札记 [M]. 昆明: 云南大学出版社, 1990.
[178] 张钧成. 中国古代林业史先秦篇 [M]. 北京: 北京林业大学林业史研究室, 1994.
[179] 张钧成. 中国林业传统引论 [M]. 北京: 中国林业出版社, 1992.
[180] 张晋藩. 中国法制史 [M]. 北京: 商务印书馆, 2010.
[181] 中国历代食货典 [M]. 台北: 台湾中华书局, 1983.
[182] 周方高. 宋朝农业管理初探 [D]. 杭州: 浙江大学博士学位论文, 2005.

外国文献:

[183] 戴维·伊斯顿. 政治生活的系统分析 [M]. 北京: 人民出版社, 2012.
[184] 李约瑟. 中国科学技术史 (第二卷) 科学思想史 [M]. 北京: 科学出版社, 1990.
[185] 詹姆斯 E. 安德森. 公共政策制定 [M]. 北京: 中国人民大学出版社, 2009.
[186] Eugene P O, Barrett G W. 生态学基础 [M]. 5 版. 陆健健, 王伟, 王天慧, 等译. 北京: 高等教育出版社, 2009.

[187] 船越昭治．林业政策的课题［J］．东京：日本林业调查会，1983．
[188] 船越昭治．日本林业史［M］．东京：日本林业调查会，1960．
[189] 岛田锦藏．林政学概要［M］．东京：日本地球编集室，1973．
[190] 荻野敏雄．日本近代林政的发展过程［M］．东京：日本林业调查会，1990．
[191] 谷勉氏．林政学［M］．东京：日本地球编集室，1973．
[192] 松波秀实．明治林业史要［M］．东京：日本林业调查会，1924．
[193] 筒井迪夫．日本林政史研究序说［M］．东京：东京大学出版会，1978．
[194] 小关隆祺．日本林业经济情况［M］．北京：全国林业经济教学资料交流中心，1982．
[195] Carron L T．A History of Forestry in Australia［M］．Canberra：Australian National University Press，1985．
[196] Graves P F．Forest Policy and Administration［M］．Seattle：University of Washington Press，1964．
[197] Kirby K J，Watkins C．The Ecological History of European Forests［M］．London：C．A．B．International，1998．
[198] Worrell A C．Principles of Forest Policy［M］．New Haven：Yale University Press，1970．

附 录 一

中国历史朝代年表

夏			约公元前2070—约公元前1600年
商			约公元前1600—约公元前1046年
周	西周		约公元前1046—约公元前771年
	东周		公元前770—公元前256年
	春秋		公元前770—公元前476年
	战国		公元前475—公元前221年
秦			公元前221—公元前206年
汉	西汉		公元前206—公元9年
	新		公元9—公元25年
	东汉		公元25—公元220年
三国	魏		公元220—公元265年
	蜀		公元221—公元263年
	吴		公元222—公元280年
西晋			公元265—公元317年
东晋十六国	东晋		公元317—公元420年
	十六国		公元304—公元439年
南北朝	南朝	宋	公元420—公元479年
		齐	公元479—公元502年
		梁	公元502—公元557年
		陈	公元557—公元589年

南北朝	北朝	北魏	公元386—公元534年
		东魏	公元534—公元550年
		北齐	公元550—公元577年
		西魏	公元535—公元556年
		北周	公元557—公元581年
隋			公元581—公元618年
唐			公元618—公元907年
五代十国	后梁		公元907—公元923年
	后唐		公元923—公元936年
	后晋		公元936—公元946年
	后汉		公元947—公元950年
	后周		公元951—公元960年
	十国		公元902—公元979年
宋	北宋		公元960—公元1127年
	南宋		公元1127—公元1279年
辽			公元907—公元1125年
西夏			公元1038—公元1227年
金			公元1115—公元1234年
元			公元1206—公元1368年
明			公元1368—公元1644年
清			公元1616—公元1911年

[注] 十国：前蜀、后蜀、吴越、闽、楚、吴、荆南（南平）、南汉、北汉、南唐。

附　录　二

中国历史朝代年号索引表

朝代	年号	元年	末年	朝代	年号	元年	末年
汉（西汉）	建元	B.C.140	B.C.135		永始	B.C.16	B.C.13
	元光	B.C.134	B.C.129		元延	B.C.12	B.C.9
	元朔	B.C.128	B.C.123		绥和	B.C.8	B.C.7
	元狩	B.C.122	B.C.117		建平	B.C.6	B.C.3
	元鼎	B.C.116	B.C.111		元寿	B.C.2	B.C.1
	元封	B.C.110	B.C.105		元始	1	5
	太初	B.C.104	B.C.101		居摄	6	8
	天汉	B.C.100	B.C.97		初始	8	8
	太始	B.C.96	B.C.93		始建国	9	13
	征和	B.C.92	B.C.89		天凤	14	19
	后元	B.C.88	B.C.87		地皇	20	23
	始元	B.C.86	B.C.81		更始	23	25
	元凤	B.C.80	B.C.75		建武	25	56
	元平	B.C.74	B.C.74		建武中元	56	57
	本始	B.C.73	B.C.70		永平	58	75
	地节	B.C.69	B.C.66		建初	76	84
	元康	B.C.65	B.C.62		元和	84	87
	神爵	B.C.61	B.C.58		章和	87	88
	五凤	B.C.57	B.C.54		永元	89	105
	甘露	B.C.53	B.C.50		元兴	105	105
	黄龙	B.C.49	B.C.49		延平	106	106
	初元	B.C.48	B.C.44		永初	107	113
	永光	B.C.43	B.C.39		元初	114	119
	建昭	B.C.38	B.C.34		永宁	120	121
	竟宁	B.C.33	B.C.33		建光	121	122
	建始	B.C.32	B.C.29		延光	122	125
	河平	B.C.28	B.C.25		永建	126	132
	阳朔	B.C.24	B.C.21		阳嘉	132	135
	鸿嘉	B.C.20	B.C.21		永和	136	141

续表

朝代	年号	元年	末年	朝代	年号	元年	末年
	汉安	142	144		嘉禾	232	238
	建康	144	144		赤乌	238	251
	永嘉	145	145		太元	251	252
	本初	146	146		神凤	252	252
	建和	147	149		建兴	252	253
	和平	150	150		五凤	254	256
	元嘉	151	152		太平	256	258
	永兴	153	154		永安	258	264
	永寿	155	158		元兴	264	265
	延熹	158	167		甘露	265	266
	永康	167	167		宝鼎	266	269
	建宁	168	172		建衡	269	271
	熹平	172	178		凤凰	272	274
	光和	178	184		天册	275	276
	中平	184	189		天玺	276	276
	初平	190	193		天纪	277	280
	兴平	194	194	晋（西晋）	泰始	265	274
	建安	196	220		咸宁	275	280
	延康	220	220		太康	280	289
三国（魏）	黄初	220	226		太熙	290	290
	太和	227	233		永熙	290	291
	青龙	233	237		永平	291	291
	景初	237	239		元康	291	299
	正始	240	249		永康	300	301
	嘉平	249	254		永宁	301	302
	正元	254	256		太安	302	303
	甘露	256	259		永安	304	304
	景元	260	264		建武	304	304
	咸熙	264	265		永安	304	304
（蜀）	章武	221	223		永兴	304	306
	建兴	223	237		光熙	306	306
	延熙	238	257		永嘉	307	313
	景耀	258	263		建兴	313	316
	炎兴	263	263	（东晋）	建武	317	317
（吴）	黄武	222	229		大兴	318	321
	黄龙	229	231		永昌	322	323

续表

朝代	年号	元年	末年	朝代	年号	元年	末年
	太宁	323	326	（梁）	天监	502	519
	咸和	326	334		普通	520	527
	咸康	335	342		大通	527	529
	建元	343	344		中大通	529	534
	永和	345	356		大同	535	546
	升平	357	361		中大同	546	547
	隆和	362	363		太清	547	549
	兴宁	363	365		大宝	550	551
	太和	366	371		天正	551	552
	咸安	371	372		承圣	552	555
	宁康	373	375		天成	555	555
	太元	376	396		绍泰	555	556
	隆安	397	401		太平	556	557
	元兴	402	404	（陈）	永定	557	559
	义熙	405	418		天嘉	560	566
	元熙	419	420		天康	566	566
南北朝（宋）	永初	420	422		光大	567	568
	景平	423	424		太建	569	582
	元嘉	424	453		至德	583	587
	孝建	454	456		祯明	587	589
	大明	457	464	（北魏）	登国	386	395
	永光	465	465		皇始	396	397
	景和	465	465		天兴	398	403
	泰始	465	471		天赐	404	408
	泰豫	472	472		永兴	409	413
	元徽	473	477		神瑞	414	415
	昇明	477	479		泰常	416	423
（齐）	建元	479	482		始光	424	427
	永明	483	493		神䴥	428	431
	隆昌	494	494		延和	432	434
	延兴	494	494		太延	435	439
	建武	494	498		太平真君	440	451
	永泰	498	498		正平	451	452
	永元	499	501		承平	452	452
	中兴	501	502		兴安	452	453

续表

朝代	年号	元年	末年	朝代	年号	元年	末年
	兴光	454	454		大成	579	579
	太安	455	459		大象	579	581
	和平	460	465		大定	581	581
	天安	466	467	（北齐）	天保	550	559
	皇兴	467	471		乾明	560	560
	延兴	471	476		皇建	560	561
	承明	476	476		太宁	561	561
	太和	477	499		河清	562	565
	景明	500	503		天统	565	569
	正始	504	508		武平	570	576
	永平	508	512		隆化	576	577
	延昌	512	515		承光	577	577
	熙平	516	518	隋	开皇	581	600
	神龟	518	520		仁寿	601	604
	正光	520	525		大业	605	617
	孝昌	525	527		义宁	617	618
	武泰	528	528	唐	武德	618	626
	建义	528	528		贞观	627	649
	永安	528	530		永徽	650	656
	建明	530	531		显庆	656	661
	普泰	531	531		龙朔	661	663
	中兴	531	532		麟德	664	666
	太昌	532	532		乾封	666	668
	永兴	532	532		总章	668	670
	永熙	532	534		咸亨	670	674
（东魏）	天平	534	537		上元	674	676
	元象	538	539		仪凤	676	679
	兴和	539	542		调露	679	680
	武定	543	550		永隆	680	681
（西魏）	大统	535	551		开耀	681	682
（北周）	武成	559	560		永淳	682	683
	保定	561	565		弘道	683	684
	天和	566	572		嗣圣	684	704
	建德	572	578	（周）	文明	684	684
	宣政	578	578	（周）	光宅	684	684

续表

朝代	年号	元年	末年	朝代	年号	元年	末年
（周）	垂拱	685	688		长庆	821	824
（周）	永昌	689	690		宝历	825	827
（周）	载初	690	690		太和	827	835
（周）	天授	690	692		开成	836	840
（周）	如意	692	692		会昌	841	846
（周）	长寿	692	694		大中	847	860
（周）	延载	694	694		咸通	860	874
（周）	证圣	695	695		乾符	874	879
（周）	天册万岁	695	695		广明	880	881
（周）	万岁登封	696	696		中和	881	885
（周）	万岁通天	696	697		光启	885	888
（周）	神功	697	697		文德	888	888
（周）	圣历	698	700		龙纪	889	889
（周）	久视	700	700		大顺	890	891
（周）	大足	701	701		景福	892	893
（周）	长安	701	705		乾宁	894	898
	神龙	705	707		光化	898	901
	景龙	707	710		天复	901	904
	景云	710	711		天祐	904	907
	太极	712	712	五代（后梁）	开平	907	911
	延和	712	712		乾化	911	915
	先天	712	713		贞明	915	921
	开元	713	741		龙德	921	923
	天宝	742	756	（后唐）	同光	923	926
	至德	756	758		天成	926	930
	乾元	758	760		长兴	930	933
	上元	760	760		应顺	934	934
	宝应	762	763		清泰	934	936
	广德	763	764	（后晋）	天福	936	944
	永泰	765	766		开运	944	946
	大历	766	779	（后汉）	天福	947	947
	建中	780	783		乾祐	948	950
	兴元	784	784	（后周）	广顺	951	954
	贞元	785	805		显德	954	959
	永贞	805	805	宋（北宋）	建隆	960	963
	元和	806	820		乾德	963	968

续表

朝代	年号	元年	末年	朝代	年号	元年	末年
	开宝	968	976		乾道	1165	1173
	太平兴国	976	984		淳熙	1174	1189
	雍熙	984	987		绍熙	1190	1194
	端拱	988	989		庆元	1195	1200
	淳化	990	994		嘉泰	1201	1204
	至道	995	997		开禧	1205	1207
	咸平	998	1003		嘉定	1208	1224
	景德	1004	1007		宝庆	1225	1227
	大中祥符	1008	1016		绍定	1228	1233
	天禧	1017	1021		端平	1234	1236
	乾兴	1022	1022		嘉熙	1237	1240
	天圣	1023	1032		淳祐	1241	1252
	明道	1032	1033		宝祐	1253	1258
	景祐	1034	1038		开庆	1259	1259
	宝元	1038	1040		景定	1260	1264
	康定	1040	1041		咸淳	1265	1274
	庆历	1041	1048		德祐	1275	1276
	皇祐	1049	1054		景炎	1276	1277
	至和	1054	1056		祥兴	1278	1279
	嘉祐	1056	1063	辽	神册	916	921
	治平	1064	1067		天赞	922	926
	熙宁	1068	1077		天显	926	938
	元丰	1078	1085		会同	938	947
	元祐	1086	1094		大同	947	947
	绍圣	1094	1098		天禄	947	951
	元符	1098	1100		应历	951	969
	建中靖国	1101	1101		保宁	969	979
	崇宁	1102	1106		乾亨	979	982
	大观	1107	1110		统和	983	1012
	政和	1111	1118		开泰	1012	1021
	重和	1118	1119		太平	1021	1030
	宣和	1119	1125		景福	1031	1031
	靖康	1126	1127		重熙	1032	1055
（南宋）	建炎	1127	1130		清宁	1055	1064
	绍兴	1131`	1162		咸雍	1065	1074
	隆兴	1163	1164		太康	1075	1084

续表

朝代	年号	元年	末年	朝代	年号	元年	末年
	大安	1085	1094		福圣承道	1053	1056
	寿昌	1095	1100		奲都	1057	1062
	乾统	1101	1110		拱化	1063	1068
	天庆	1111	1120		乾道	1069	1070
	保大	1121	1125		天赐礼盛国庆	1071	1075
金	收国	1115	1116		大安	1076	1085
	天辅	1117	1122		天安礼定	1086	1086
	天会	1123	1137		天仪治平	1087	1089
	天眷	1138	1140		天祐民安	1090	1098
	皇统	1141	1149		永安	1099	1101
	天德	1149	1153		贞观	1102	1114
	贞元	1153	1155		雍宁	1115	1119
	正隆	1156	1161		元德	1120	1126
	大定	1161	1189		正德	1127	1134
	明昌	1190	1196		大德	1135	1138
	承安	1196	1200		大庆	1139	1143
	泰和	1201	1208		人庆	1144	1148
	大安	1209	1211		天盛	1149	1170
	崇庆	1212	1212		乾祐	1171	1193
	至宁	1213	1213		天庆	1194	1205
	贞祐	1213	1217		应天	1206	1209
	兴定	1217	1222		皇建	1210	1210
	元光	1222	1223		光定	1211	1222
	正大	1224	1231		乾定	1223	1225
	开兴	1232	1232		宝义	1226	1227
	天兴	1232	1234	元	中统	1260	1263
西夏	显道	1032	1033		至元	1264	1294
	开运	1034	1034		元贞	1295	1297
	广运	1034	1035		大德	1297	1307
	大庆	1036	1037		至大	1308	1311
	天授礼法延祚	1038	1048		皇庆	1312	1313
	延嗣宁国	1049	1049		延祐	1314	1320
	天祐垂圣	1050	1052		至治	1321	1323

续表

朝代	年号	元年	末年	朝代	年号	元年	末年
	泰定	1324	1328		隆庆	1567	1572
	致和	1328	1328		万历	1573	1620
	天历	1328	1330		泰昌	1620	1620
	至顺	1330	1333		天启	1621	1627
	元统	1333	1334		崇祯	1628	1644
	至元	1335	1340	清	天命	1616	1626
	至正	1341	1367		天聪	1627	1635
明	洪武	1368	1398		崇德	1636	1643
	建文	1399	1402		顺治	1644	1661
	永乐	1403	1424		康熙	1662	1722
	洪熙	1425	1425		雍正	1723	1735
	宣德	1426	1435		乾隆	1736	1795
	正统	1436	1449		嘉庆	1796	1820
	景泰	1450	1457		道光	1821	1850
	天顺	1457	1464		咸丰	1851	1861
	成化	1465	1487		同治	1862	1874
	弘治	1488	1505		光绪	1875	1908
	正德	1506	1521		宣统	1909	1911
	嘉靖	1522	1566				

编　后　记

《博士后文库》（以下简称《文库》）是汇集自然科学领域博士后研究人员优秀学术成果的系列丛书。《文库》致力于打造专属于博士后学术创新的旗舰品牌，营造博士后百花齐放的学术氛围，提升博士后优秀成果的学术和社会影响力。

《文库》出版资助工作开展以来，得到了全国博士后管理委员会办公室、中国博士后科学基金会、中国科学院、科学出版社等有关单位领导的大力支持，众多热心博士后事业的专家学者给予积极的建议，工作人员做了大量艰苦细致的工作。在此，我们一并表示感谢！

《博士后文库》编委会

跋

本书是在我的博士论文基础上整理而成的，只能算是一得之见、一家之言，绝不敢完全代言历史原旨。作为本人关于此方向研究之阶段成果，若能在学界起到抛砖引玉之效，将倍感欣喜，期待海内外积学有道之士有更完善的研究出现。同时，感谢科学出版社编辑老师的鼎力相助，得以使本书面世。

寒来暑往，时光荏苒，弹指间毕业已近两载，回首在北京林业大学攻读博士学位的求学岁月，仍然令我心潮起伏、思绪万千，其间经历了欢笑与悲伤、渴望与彷徨、执著与挣扎……在此以短短百字小文实难抒心绪之万一！读博期间，师长、家人、同学、朋友给予的众多无私关怀和帮助像一部精美的影片帧帧浮现，满腔的挚爱与感激之情如潮水般在心头迭迭涌动，正是这种大爱陪伴我度过那段难忘的人生路程。

感谢恩师严耕教授。从我入学之初的选课学习到学位论文的选题及写作，从做研究的理论方法到生活中做事做人，无不渗透着先生的心血。先生博学睿智，治学严谨，天资愚钝的我幸得先生慧眼洞察，因材施教，乃有小成，长忆先生恩威并济，谢无尽焉！今虽已辞师门，必常怀乌鸟之情，反哺之心，诚不失其所望也！

感谢我的博士后合作导师潘焕学教授，感谢北京林业大学经济管理学院陈建成教授、北京林业大学校友会王平秘书长、河南农业职业学院杨海蛟教授，我在流动站工作学习期间得到了他们的悉心指导。

感谢北京林业大学人文社会科学学院刘祥辉书记、林震教授、盛双庆副院长、阎景娟教授、李莉副教授、张连伟副教授、赵亮副教授在论文选题上提出的许多建设性意见。感谢北京林业大学人文社会科学学院李飞副教授、吴明红副教授、周景勇老师、仲亚东老师在研究内容和结构设计上给予的指导。感谢同窗冯尕才、刘阳、毕季菡、时圣刚的倾力相助。

感谢父母，养育之恩重于泰山，他们永远健康快乐是我最大的心愿。感谢夫人王保梅，她的全力支持是我坚强的后盾。感谢儿子郑家轩，他的茁壮成长给我的生活增添了无穷的乐趣。

在本书即将付诸出版之际，谨以此文作为向诸位尊师、同窗和亲友的汇报。吾将谨记“知山知水、树木树人”之训，坚守“替山河装成锦绣，把国土绘成丹青”的信念，积极投身于国家生态建设的伟大事业，上下而求索，回报恩师、回报母校、回报国家！